Der Luftkrieg von
1914 bis 1945

Williamson Murray

Der Luftkrieg von 1914 bis 1945

Aus dem Englischen von Ralf Naumann

Brandenburgisches Verlagshaus

Für SIR MICHAEL HOWARD,
welcher in den dunklen Tagen der 70er-Jahre unseres Jahrhunderts die Militärgeschichte am Leben erhalten hat.

Die Deutsche Bibliothek –
CIP-Einheitsaufnahme
Der Titeldatensatz für diese Publikation ist bei der Deutschen Bibliothek erhältlich.

ISBN 3-89488-131-3

Erstveröffentlichung bei: Cassell & Co., Wellington House, 125 Strand, London, WC2R 0BB
Titel der englischen Originalausgabe:
War in the Air 1914–45

Übersetzung ins Deutsche: Ralf Naumann, Leipzig

Umschlaggestaltung: Behrend & Buchholz, Hamburg
Koordination und Bearbeitung der deutschen Ausgabe:
Neumann & Nürnberger, Leipzig
Satz: XYZ-Satzstudio, Naumburg
Printed in Italy
Gedruckt auf alterungsbeständigem Papier mit chlorfrei gebleichtem Zellstoff.
Die Schreibweise entspricht den Regeln der neuen Rechtschreibung.
03 02 01 00 4 3 2 1

DANKSAGUNG

Ich danke der Luftfahrtabteilung des National Air and Space Museum, Smithsonian Institution, durch deren Großzügigkeit ich für die Übernahme des Charles-Lindbergh-Lehrstuhls nominiert wurde und somit die Zeit erhielt, dieses Buch zu schreiben.

Williamson Murray

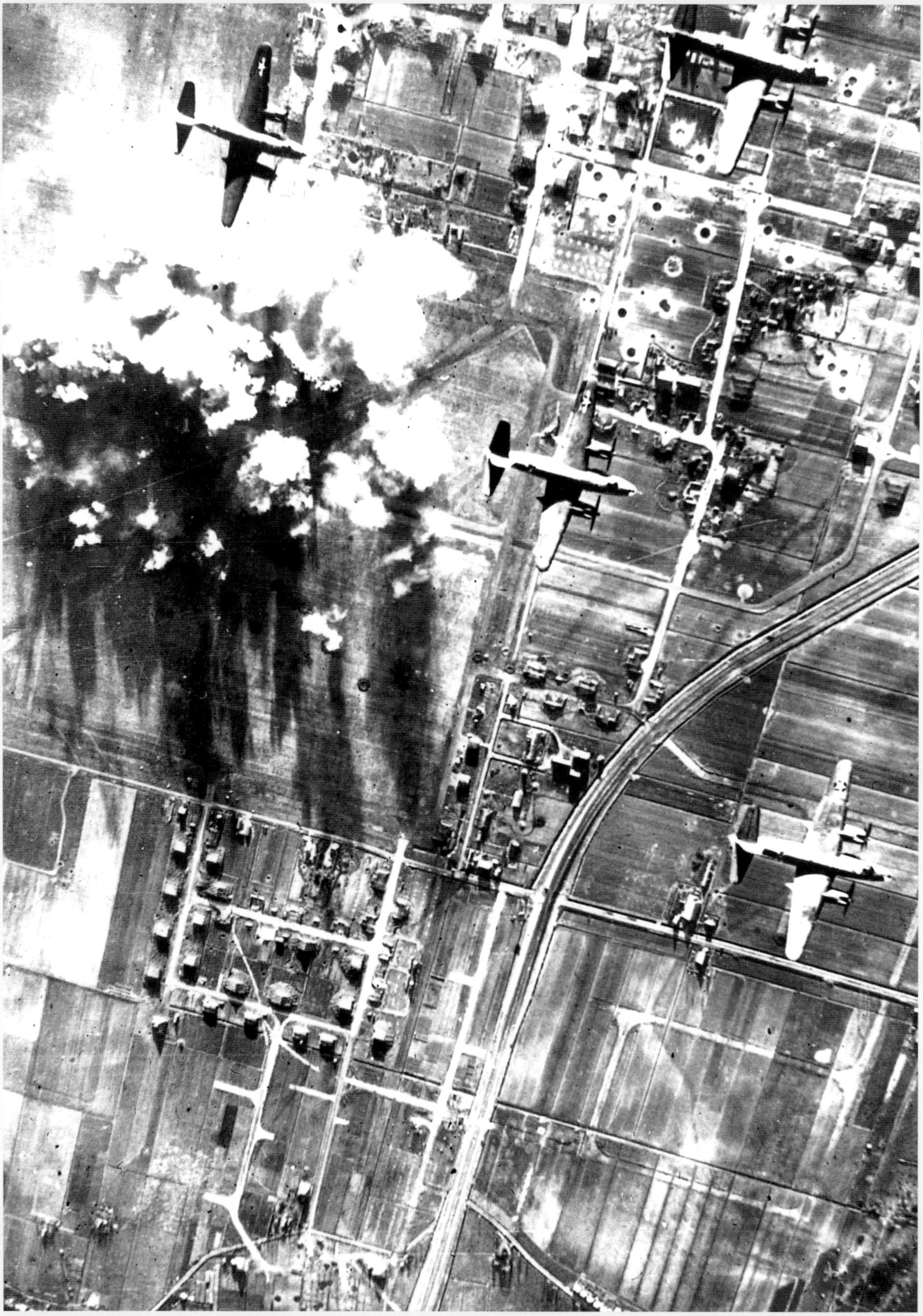

Januar 1945: Martin B-26 „Marauder" der 8. US Air Force beim Angriff auf einen deutschen Flugplatz nahe Amsterdam in Holland.

Inhalt

Danksagung 5
Legende zu den Karten 8
Kartenverzeichnis 9
Zeittafel 10

Einführung 15

1. Der Erste Weltkrieg
Der Krieg im Westen: 1915 – 1916; Der Luftkrieg an anderen Schauplätzen: 1914 – 1916; Ergebnislose Schlachten: 1917; Das letzte Kriegsjahr: 1918; Strategische Bombenangriffe; Der Luftkrieg 25

2. Die Jahre zwischen den Weltkriegen
Theorien und Lehrsätze zum Luftkrieg; Nationale Entwicklungen; Großbritannien; Die Vereinigten Staaten von Amerika; Deutschland; Die Luftstreitkräfte anderer Nationen; Schlussfolgerungen 77

3. Der Luftkrieg in Europa
Die ersten Feldzüge des Zweiten Weltkrieges; Unternehmen „Barbarossa“ und die Ostfront; Der Seekrieg; Der Mittelmeerraum; Die Niederlage der Luftwaffe; Luftherrschaft und Kriegsgewinn 115

4. Der Krieg im pazifischen Raum
Die Hintergründe; Japan über alles; Die Zermürbungsschlacht; Salomonen und Neuguinea; Die Wende zugunsten der Amerikaner; Luftkrieg über dem Schauplatz China – Burma – Indien; Die Niederlage der Japaner 175

Schlussfolgerungen 210
Biografien 212
Weiterführende Literatur 216
Register 218
Bildnachweis 224

LEGENDE ZU DEN KARTEN

Militärische Verbände

- Infanterie
- Panzer
- Luftlandeeinheiten
- Fallschirmspringer

Starke militärische Verbände

- XXX Korps
- XX Division
- X Brigade
- III Regiment
- II Bataillon

Farben militärischer Verbände

- Alliierte Truppen
- Deutsche Truppen

Richtung der Truppenbewegung

- Bodenangriffe
- Luftangriffe

Allgemeine militärische Symbole

- Feldgeschütz
- Absprungstelle
- Flugplatz

Geografische Symbole

- Städtisches Gebiet
- Straße
- Eisenbahnlinie
- Fluss
- Jahreszeitlich bedingt fließender Fluss
- Kanal
- Grenze
- Brücke

Kartenverzeichnis

1.	Raid gegen Cuxhaven, 25. September 1914	28–29
2.	Luftschiffangriffe auf Grossbritannien, 1915	38–39
3.	Der Flug des Marineluftschiffes L59, 21.–25. November 1917	48
4.	Reichweite und Geschwindigkeit im Vergleich, zwischen 1914 und 1918	54–55
5.	Die Angriffe der Gotha-Bomber, 25. Mai – 12. August 1917	69
6.	Die ersten Transatlantikflüge, 1919–1939	80–81
7.	Das britische Luftreich	84–85
8.	Der Spanische Bürgerkrieg, Francos Luftbrücke	110–111
9.	Die Schlacht um England, Juli – Oktober 1940	124–125
10.	Die Luftbrücke von Stalingrad, September 1942 – Februar 1943	138–139
11.	Die Schlacht im Atlantik, 1942–1945	145
12.	Die Angriffe der Dambusters, 16.–17. Mai 1943	154–155
13.	Eine kalte Nacht über Deutschland, 22.–23. Oktober 1943	156–157
14.	Operation „Market Garden", September 1944	158
15.	Bombenangriffe der Alliierten, 1944–1945	166–167
16.	Japanische Luftangriffe, 7. Dezember 1941	178–179
17.	Bombenangriffe gegen Japan, Juni 1944 – August 1945	207
18.	Nagasaki, 9. August 1945	209

ZEITTAFEL

Der Erste Weltkrieg

1910 – 1914

Europäische Armeen beginnen mit der Entwicklung von Militärflugzeugen.

1910

Bildung der französischen Luftstreitkräfte.

1911

Italien setzt erstmals im Italienisch-Türkischen Krieg in Libyen Flugzeuge und Luftschiffe gegen türkische Truppen ein. Zum Abwurf kommen Kali-Nitrat-Bomben.
Flugzeuge werden zur Aufklärung während der Revolution in Mexiko verwendet.

1913

Mit der Heeresvorlage 1913 entstehen in Deutschland erstmals eigene Kommandobehörden der Fliegerkräfte, darunter die Inspektion der Luftschiffertruppen und die Inspektion der Flieger. Heeresluftschiffer- und -fliegerformationen verblieben aber im Verantwortungsbereich der Generalinspektion des Militärverkehrswesens.

1914

August	Großbritannien verfügt über 113 Militärflugzeuge; Frankreich 138; Deutschland 384; Russland 45; Österreich 36.
August	Deutsche Luftschiffe bombardieren Lüttich.
August	Britische und französische Aufklärungsflugzeuge registrieren die Truppenbewegungen für den Schlieffenplan.
26. August	Erster dokumentierter Luftkampf.
2. September	Der französische Pilot Korporal Louis Breguet erstattet vor der Marneschlacht Bericht über das Einschwenken der deutschen Armee vorbei an Paris.
Dezember	Erster Einsatz eines Funkgerätes von einem Flugzeug aus um das Feuer der eigenen Artillerie zu leiten.

1915

Januar	Britische Flugzeuge greifen Deutschland an.
März	Der bekannte französische Flieger Roland Garros rüstet seine Morane-Saulnier mit einer frühen Synchronisationseinrichtung aus, damit die Geschosse des Maschinengewehrs nicht den Propeller treffen.
April	Fokker entwickelt die ersten Maschinengewehre, mit denen man synchronisiert durch den Luftschraubenkreis nach vorn schießen kann.
31. Mai	Erster Luftschiffangriff auf London durch deutsche Marineluftschiffe.
August	Fokker-Eindecker zerstören alliierte Aufklärungsflugzeuge.
Herbst	Bildung deutscher Kampfgeschwader unter Führung erfolgreicher Flieger-Asse.

1916

Januar	Die deutschen Flieger-Asse Max Immelmann und Oswald Boelcke erhalten den Orden „Pour le mérite“ für den Abschuss ihres achten Feindflugzeugs.
Frühling	Die Franzosen erringen die Luftüberlegenheit über dem Schlachtfeld von Verdun. Sie bilden die Elitefliegereinheiten Cigognes (Störche) um den Deutschen gewachsen zu sein.
Juni	Russische Aufklärungsflüge spielen eine entscheidende Rolle für das Gelingen der Brussilow-Offensive.
Sommer	Schwere Luftschlachten zwischen britischen und deutschen Fliegern um die Luftüberlegenheit über dem Schlachtfeld an der Somme. Zum ersten Mal setzen die Briten Flugzeuge im Zuge von Bodenangriffen ein.
2. September	Erstes Luftschiff über Großbritannien abgeschossen.

1917

April	Die verheerende Niederlage der Franzosen bei der Nivelle-Offensive ist zum Teil auf deutsche Luftüberlegenheit zurückzuführen.
„Blutiger April“	Royal Flying Corps erleidet schwere Verluste während der Schlacht von Arras (ein Drittel der britischen Flugzeugbesatzungen).
April	Einsatz großer Kampfflugzeugverbände im Wettstreit um Luftüberlegenheit.
Frühling	Beginn der Einsätze zur direkten Luftunterstützung.
Mai	Erster Angriff von Gotha-Bombern auf Großbritannien: 95 Tote und 260 Verwundete bei Folkestone. Zum ersten Mal Krieg gegen Zivilisten.
13. Juni	Zweiter Gotha-Angriff auf London zerstört Liverpool Street Station: 162 Tote, 432 Verwundete. Es war der schwerste Luftangriff des Ersten Weltkrieges.
Sommer	Ersteinsatz der britischen S.E.5; Sopwith „Camel“ und Bristol-Jäger erkämpfen vorübergehende Luftüberlegenheit der Alliierten an der Westfront.
September	Die Angriffe der Gotha-Bomber zwingen die britische Regierung zu einer erheblichen Verbesserung der britischen Luftabwehr. Die

	Deutschen sind zu Nachtangriffen gezwungen.
November	Britische Flugzeuge haben gemeinsam mit Panzern großen Anteil am Erfolg bei Cambrai.

1918

März	Die Einführung des neuen deutschen Flugzeugs Fokker D.VII verleiht Deutschland in den ersten Tagen der Märzoffensive die technische Überlegenheit in der Luft.
Frühling	40 zum Angriff auf London gestartete Gotha-Bomber werden durch die britische Luftabwehr abgeschossen bzw. zum Abdrehen gezwungen. Damit enden die Gotha-Angriffe auf Großbritannien.
April	Schaffung der Royal Air Force (RAF) unter Air Vice-Marshal Hugh Trenchard.
April	Der „Rote Baron“ Manfred Freiherr von Richthofen kommt bei einem Abschuss ums Leben.
Mai	Trenchard unternimmt den Versuch eines strategischen Bombardements, dessen Ziel das wirtschaftliche Zentrum Deutschlands im Ruhrgebiet ist.
8. August	Panzereinheiten unterstützende RAF-Flugzeuge tragen erheblich zum Erfolg einer britischen Offensive bei.

Die Jahre zwischen den Weltkriegen

1919

Der Vertrag von Versailles verbietet Deutschland den Besitz von Militärflugzeugen.

Anfang der 20er-Jahre

Giulio Douhet legt seine Theorien für strategische Bombardements dar. Die RAF kämpft um ihr Überleben und entwickelt eigene Vorstellungen zu diesem Thema.

1922

Mit dem Washingtoner Flottenabkommen beginnt der Bau von Flugzeugträgern.

1925

Der US-amerikanische General William Mitchell wird wegen seiner Kritik an der nationalen Verteidigung vor ein Militärgericht gestellt.

1933

30. Januar	Machtergreifung Hitlers in Deutschland: Göring wird zum Reichskommissar für die Luftfahrt ernannt. Die Luftwaffe leitet insgeheim das Sturzkampfbomber-Programm ein.

1935

	Erste Experimente mit Radar in Großbritannien.
März	Deutschland gibt Bestehen der Luftwaffe bekannt.
Herbst	Italien setzt anfangs Tränengas und später auch das tödliche Senfgas gegen abessinische Soldaten ein.

1936

Sommer	Ju-52-Transportflugzeuge spielen eine wesentliche Rolle im Spanischen Bürgerkrieg, indem sie Angehörige der spanischen Fremdenlegion und marokkanische Kampftruppen auf das spanische Festland fliegen. Die in Spanien handelnde Legion Condor verfügt über die neuesten Kampfflugzeuge und kämpft nach den Regeln eines modernen Luftkrieges.

1937

Hugh Dowding übernimmt die Führung des Fighter Command und arbeitet an der Verbesserung der Luftverteidigung mit Hilfe von Radar und Funkverkehr.

1938

Frühling	Die RAF nimmt die Spitfire in Dienst; Der Ju-87B-Stuka wird an die Luftwaffe ausgeliefert.
September	Das Münchener Abkommen ist zum Teil die Folge der Angst vor den Möglichkeiten der Luftwaffe.
Herbst	Das Fighter Command erhält eine große Zahl von Hawker „Hurricanes“.

Der Zweite Weltkrieg: Europa

1939

September	Die direkte Luftunterstützung spielt eine wesentliche Rolle beim deutschen Erfolg in Polen.

1940

9. April	Deutsche Fallschirmjäger nehmen den Flughafen von Oslo ein und stoßen damit die Tür zur Einnahme der norwegischen Hauptstadt auf.
10. Mai	Von deutschen Lastenseglern abgesetzte Einheiten nehmen Fort Eben Emael in Belgien ein und ebnen den Weg für den Vormarsch der Heeresgruppe B.
13. Mai	Deutsche Angriffe mit direkter Luftunterstützung gegen französische Stellungen um Sedan zerstören die französische Artillerie und ermöglichen dem XIX. Panzerkorps die Überquerung der Maas.
Juli – September	Die Luftschlacht um England: Diese erste, lediglich aus der Luft geführte Schlacht fügt der deutschen Kriegsmaschinerie die erste schwere Niederlage zu.
September	Die Luftwaffe setzt ihre Angriffe auf London und andere britische Städte fort.
Oktober	Die italienische Luftwaffe bombardiert Athen.
November	Swordfish-Doppeldecker starten von Bord des Trägers *Illustrious* zum Angriff auf die italienische Flotten-

	basis Tarent und zerstören bzw. beschädigen mehrere Schlachtschiffe.

1941

6. April	Beim deutschen Bombardement auf Belgrad sterben über 1500 Jugoslawen.
20. Mai	Deutsche Fallschirmjäger landen auf Kreta.
Juni	Das US Army Air Corps wird in US Army Air Force umbenannt.
22. Juni	Unternehmen „Barbarossa“ – der deutsche Einmarsch in die Sowjetunion beginnt mit massiven Angriffen der Luftwaffe auf sowjetische Flugplätze; über 1000 sowjetische Flugzeuge werden zerstört.
11. Dezember	Hitler erklärt den Vereinigten Staaten den Krieg und ruft damit die mächtige amerikanische Flugzeugindustrie auf den Plan.

1942

Januar	Die Luftwaffe ist dem Zusammenbruch nahe, da sie seit dem Beginn des Unternehmens „Barbarossa“ 36 % der Kampfflieger und 56 % der Bomberbesatzungen verloren hat.
Ende Mai	Das britische Bomber Command führt den ersten Tausend-Bomber-Angriff auf eine deutsche Stadt durch. Seine Frontstärke beträgt ca. 420 Flugzeuge und es verliert etwa eins von zwanzig.
Juni	Nach schweren Bombardements nimmt die deutsche 11. Armee Sewastopol ein.
19. November	Die Sowjets starten massive Angriffe auf beide Flanken der deutschen Streitkräfte im Raum Stalingrad und schließen diese in der Stadt ein. Die 6. Armee kann nur über eine Luftbrücke versorgt werden. Trotz Görings Versprechen an den Führer, verhindern winterliche Verhältnisse und die sowjetische Zermürbungstaktik die Versuche der Luftwaffe die eingeschlossenen Truppen ausreichend zu versorgen.

1943

April	Die Alliierten schließen die bisher ungesicherte Lücke im Luftraum über dem mittleren Atlantik durch Geleitträger und Fernkampfflugzeuge.
April	Die Luftherrschaft der Alliierten schneidet die deutsche Luftbrücke nach Tunesien ab.
Frühling	Schlacht um das Ruhrgebiet: Das britische Bomber Command richtet schwere Zerstörungen an.
Juli	Die Deutschen können keine Luftüberlegenheit über dem Schlachtfeld bei Kursk erlangen.
Juli	Operation „Husky“: Nach wochenlangen vorbereitenden Luftangriffen landen die Alliierten auf Sizilien.
27. Juli	Operation „Gomorrah“: Die Hamburger Innenstadt wird durch mehrere Nachtangriffe des Bomber Command zerstört; 30 500 Tote und 800 000 Obdachlose.
17. August	Die 8. US Air Force greift mit 376 B-17 „Flying Fortress“ Schweinfurt und Regensburg an. 60 ihrer Bomber werden abgeschossen.
8. – 14. Oktober	Die 8. US Air Force verliert bei einem weiteren Angriff auf Schweinfurt erneut 60 Bomber und 148 im Verlauf einer Woche.
Winter 1943/44	Das Bomber Command zerstört einen Großteil Berlins, erleidet selbst jedoch furchtbare Verluste.

1944

Ende Februar	„Big Week“: US-Bombenangriffe mit umfassender Unterstützung durch Fernbegleitjäger P-51 zielen auf die deutschen Kugellagerfabriken und auf die Produktions- und Montagebetriebe für Jagdflugzeuge.
1. April	US-amerikanische und britische strategische Bomberverbände werden unter Eisenhowers Befehl gestellt und unternehmen Anstrengungen zur Zerstörung des französischen Verkehrsnetzes.
Mai	Die Jagdfliegerverbände der Luftwaffe erleiden Rückschläge, von denen sie sich nie wieder völlig erholen.
12. Mai	Die 8. US Air Force fliegt Angriffe gegen die deutsche Erdöl verarbeitende Industrie.
6. Juni	Operation „Overlord“: Massiver Einsatz von Luftstreitkräften zum Absetzen von Fallschirmjägern, zur Unterstützung des Angriffs und um zu verhindern, dass deutsche Verstärkungseinheiten die Normandie erreichen.
August	Erste Tagesangriffe des Bomber Command auf Deutschland. Spezielle Ziele stellen in diesem Monat die Standorte der V-Waffen dar.
17. September	Operation „Market Garden“: Der alliierte Plan einer Luftlandung zur Einnahme einer Reihe von Brücken über niederländische Flüsse und Kanäle. Zum Einsatz kommen drei Luftlandedivisionen der Alliierten und eine polnische Fallschirmjägerbrigade.
September	Westliche Alliierte intensivieren ihre Anstrengungen zur Zerstörung des deutschen Eisenbahnnetzes.

1945

13./14. Februar	Ein umstrittener und massiver Nachtangriff auf Dresden wird von 773 Lancaster-Bombern geflogen. Er löst einen Feuersturm aus, der die gesamte Innenstadt verwüstet.
8. Mai	Tag des Sieges in Europa. Das Bomber Command

verlor im Verlauf des Krieges über 50 % seiner Flugzeugbesatzungen (55 753 Mann des fliegenden Personals).

Der Zweite Weltkrieg: Der pazifische Raum

1937

Juli — Ein Zwischenfall an der Marco-Polo-Brücke löst den Chinesisch-Japanischen Krieg aus. Japanische Flugzeugbesatzungen sammeln Kampferfahrungen.

1939

Erster Einsatz japanischer Jagdflugzeuge vom Typ A6M „Zero". In den ersten Monaten des Krieges im Pazifik schienen sie unbesiegbar.

1941

Jahresmitte — Clare Chennaults berühmte Freiwilligen-Fliegereinheit „Flying Tigers" zerstört innerhalb von sechs Monaten von ihrem Luftwaffenstützpunkt in Burma aus fast 300 japanische Flugzeuge.

7. Dezember — Die Japaner greifen Pearl Harbor mit 355 Trägerflugzeugen an und zerstören u. a. einen Großteil der amerikanischen Schlachtflotte.

8. Dezember — Bei einem Angriff der Japaner auf Clark Field (Philippinen) werden 200 amerikanische Flugzeuge am Boden zerstört. Nur noch 57 Flugzeuge sind kampftüchtig.

10. Dezember — 90 japanische Jagdflugzeuge greifen britische Schiffe vor Malaya an und versenken die Schlachtschiffe HMS *Repulse* und *Prince of Wales*.

1942

Ende Januar — US-amerikanische Trägerangriffe auf die Marshall-Inseln.

18. April — Lieutenant Colonel James Doolittle führt vom Flugzeugträger USS *Hornet* einen Angriff mit 16 B-25-Bombern auf Tokio aus.

7. – 8. Mai — Die Schlacht im Korallenmeer: Trägerschlacht von seekriegsgeschichtlicher Bedeutung, da zum ersten Mal zwei Flotten gegeneinander kämpften, ohne dass die daran beteiligten Kriegsschiffe sich jemals in Sichtweite befanden.

4. Juni — Schlacht bei den Midway-Inseln: Die US-amerikanische Flotte versenkt vier japanische Träger und verliert selbst einen. Die Japaner verlieren viele nicht ersetzbare Piloten.

August — US-Marines landen auf Guadalcanar um die dortige Startbahn einzunehmen und fertig zu stellen, die den Namen Henderson Field erhält. Es entbrennt ein fünf Monate währender Kampf um die Insel. Ziel ist die Kontrolle der Salomonen.

Oktober — US-amerikanische Marinegeschwader werden mit dem äußerst wirkungsvollen „Hellcat"-F6F-Jagdflugzeug ausgestattet.

1943

2. – 4. März — Schlacht in der Bismarcksee: Landgestützte US-amerikanische Luftstreitkräfte versenken einen japanischen Konvoi mit acht Truppentransportschiffen vor der Küste Neuguineas.

November — Der Vorstoß der US-Amerikaner im mittleren Pazifik beginnt auf dem Tarawa-Atoll (Gilbert-Inseln). Er wird ausschließlich von trägergestützten Luftstreitkräften ausgeführt, die die japanischen landgestützten Luftstreitkräfte schlagen.

1944

Frühling — Der neue „Superbomber" B-29 kommt nach einem langen und kostspieligen Entwicklungsprogramm zum Kriegseinsatz.

11. Juni — Beginn der Schlacht im Philippinischen Meer („Das Große Truthahnschießen bei den Marianen"). US-amerikanische Einheiten sichern Stützpunkte an Land, von wo aus sie Bombenangriffe gegen weit entfernte Ziele auf den japanischen Mutterinseln fliegen.

Oktober — Die Luftherrschaft ist entscheidend für den Ausgang der Schlacht im Golf von Leyte. Hier fanden auch die ersten Kamikaze-Angriffe japanischer Piloten statt.

November — Durch Kamikaze-Angriffe werden vier US-amerikanische Träger, zwei Schlachtschiffe, zwei Zerstörer und zwei leichte Kreuzer beschädigt.

1945

Januar — Die Angriffe mit „Superfortress"-Bombern B-29 auf japanische Städte werden von China und Saipan aus fortgeführt.

Februar — US-amerikanische Streitkräfte nehmen die strategisch wichtige Insel Iwo Jima ein, von der aus Tokio in der Reichweite der US-amerikanischen Fliegerkräfte liegt.

8. – 9. März — Major-General LeMay befiehlt ein Bombardement Tokios aus geringer Höhe. Die japanische Hauptstadt wird zerstört und 83 000 Menschen sterben.

7. April — Die US-amerikanische Flotte wird vor Okinawa von 700 japanischen Flugzeugen angegriffen, die Hälfte davon Kamikaze-Flieger.

6. August — Abwurf der ersten Atombombe auf Hiroshima von Bord der B-29 *Enola Gay*; 80 000 Tote.

9. August — Abwurf der zweiten Atombombe auf Nagasaki.

15. August — Kapitulation Japans.

Einführung

Der Luftkrieg von 1914 – 1945

Ein französisches Kampfflugzeug in einer Höhe von 3000 m über der Westfront, aufgenommen von einem anderen Flugzeug am 19. Januar 1918.

EINFÜHRUNG

Ende des 19. Jahrhunderts war aus technologischer Sicht der Gedanke an das Fliegen mit einem Flugkörper, der schwerer als Luft ist, noch ein Traum. Doch bereits weniger als fünf Jahrzehnte nach Beginn des blutigsten Jahrhunderts in der Geschichte der Menschheit war das Flugzeug zu einem allgegenwärtigen und bedeutsamen Bestandteil militärischer Operationen geworden. Der Abwurf von Atombomben auf Hiroshima und Nagasaki deutete an, dass allein die Herrschaft in der Luft genügen dürfte um das Menschengeschlecht auszulöschen.

Schon seit frühester Zeit träumt der Mensch vom Fliegen und davon, sich von den Schranken zu befreien, die ihm Land und Meer auferlegen. Soldaten und Seeleute haben oft darüber nachgedacht, welche Bedeutung die Fähigkeit zu fliegen für sie haben könnte. Während der Französischen Revolution gestatteten Ballonfahrten einigen wenigen einen Ausblick in die Zukunft der Luftfahrt. In den 20er-Jahren unseres Jahrhunderts erkannte man bereits, welche vernichtenden Fähigkeiten das Flugwesen militärischen Institutionen verleiht. Diese Fähigkeiten sollten es Armeen in Zukunft erlauben, bis in das Herz des feindlichen Landes vorzudringen um seine Städte und Industrie zu zerstören. Das 20. Jahrhundert ist in vielerlei Hinsicht diesen Erwartungen gerecht geworden. Die Reichweite und das zerstörerische Potential von Kriegen haben sich vervielfacht. Zwar ist der Aktionsradius der Militärs größer geworden, doch die Häufigkeit von Konflikten hat sich deshalb nicht verringert. Stattdessen sind Kriege nur noch verheerender, furchterregender und zerstörerischer geworden. Darüber hinaus hat sich im 20. Jahrhundert erwiesen, dass die Führung eines Luftkrieges unmittelbar von der technischen Entwicklung und der Leistungsfähigkeit der Wirtschaft abhängt.

Der Krieg in der Luft ist vor allem ein Krieg von Maschinen gegen Maschinen geworden. Doch der Bezug zu seinen romantischen Ursprüngen ist nie verloren gegangen. Das Bild der Jagdflieger des Ersten Weltkrieges wie Ball, von Richthofen, Immelmann und Boelcke ist auch gegen Ende des 20. Jahrhunderts noch lebendig und kraftvoll. Der forsche Jagdflieger, Herr über seine Maschine, formt noch immer das Selbstbild jener Menschen, die die Nachkommen der Spad, Fokker und Nieuport fliegen. In den Augen der Öffentlichkeit stellt er den Inbegriff des neuzeitlichen Fliegers dar. Überraschenderweise verblasst dieses Bild auch nicht angesichts der schrecklichen Zahl von Opfern des Zweiten Weltkrieges. Winston Churchills glühende Bewunderung für jene, die im Fighter Command (Jägerkommando) flogen, trug auch zur Bewahrung dieses Mythos bei. Seine Worte zählen zu den wohlgesetztesten in der englischen Sprache: „Niemals in der Geschichte menschlicher Auseinandersetzungen hatten so viele so wenigen so viel zu verdanken."

In einer Szene des britischen Revueprogramms *Beyond the Fringe* versucht ein junger Mann, sich zu „den wenigen" einziehen zu lassen. Er erhält die Antwort, dass es „bei weitem zu viele" gäbe. Den Autoren dieses Sketches war nicht klar, wie nahe sie den Tatsachen kamen, denn der Luftkrieg wurde letzten Endes eher an der Zahl der Opfer als an der Zahl der Sieger gemessen. Auf jedes Flieger-As entfielen wenigstens fünf abgeschossene feindliche Piloten und darüber hinaus noch eine ganze Reihe jener, die ihr Leben bei Unfällen verloren durch schlechte Witterungs- oder Nachtflugbedingungen bzw. durch ihren eigenen Leichtsinn.

Besonders im Ersten Weltkrieg vollzog sich eine Trennung zwischen dem Idol vom Ritter des industriellen Zeitalters und der bitteren Wirklichkeit für jene, die mit ihren Maschinen zu Boden stürzten. Der Historiker eines Geschwaders aus dem Ersten Weltkrieg beschreibt die Überreste eines Flugzeugs, das direkt auf einen Berg geprallt war, als eine Masse, in welcher Metall, Holz, Fleisch und Gewebe nicht mehr zu unterscheiden waren. Tausende von Fliegern ohne Fallschirm kamen in Maschinen ums Leben, deren Entwicklung ebenso auf technischem Sachverstand wie auf Vermutungen beruhte. Ihre Überlebensrate war so gering wie die von Infanterieeinheiten mit Ausnahme der blutigsten Schlachten. Von den 1437 RAF-Piloten, die zwischen Juli und Dezember 1917 nach Frankreich gesandt wurden, kamen bis zum 1. November 1918 18 Prozent ums Leben, 26 Prozent wurden verletzt oder krankgemeldet, 20 Prozent galten als vermisst und 25 Prozent wurden aus verschiedensten Gründen – u. a. aufgrund von Gefechtsneurose – nach Hause geschickt. Ab jenem Tag verblieben nur noch 11 Prozent in Frankreich.

Das britische Jagdflieger-As Albert Ball überlebte selbst eine Bruchlandung nach dem Abschuss seines 43. Feindflugzeugs.

Wenigstens ereilte der Tod seine Opfer relativ schnell. Nur wenige hatten das fragliche Glück lediglich dauerhafte Verstümmelungen oder Entstellungen davonzutragen. Der Sturz aus den Wolken in einer brennenden oder demolierten Maschine bedeutete unweigerlich die Zerstörung des Flugzeugs und fast immer den Tod des Piloten und jener, die das Pech hatten mit an Bord zu sein.

Der Vorteil der Flieger gegenüber den bedauernswerten Infanteristen war, dass sie nach einer Begegnung mit dem Tod in warme Kasernen, zu guten Mahlzeiten und sogar in saubere Betten zurückkehrten. Dort vertrieben das Gedränge bei Rugby-Spielen, die Schlägereien von Betrunkenen und leeres Geschwätz gelegentlich den Gedanken an die Allgegenwart der eiskalten Hand des Todes. Der Befehlshaber eines Geschwaders im Ersten Weltkrieg bemerkte über seine australischen und kanadischen Piloten: „Prima Kerle, wie der Wind im weiten Raum!“

Im Verlauf des nächsten Krieges war die Zahl der Opfer noch entsetzlicher. Als die Schlacht um England in vollem Gange war, verloren die Geschwader des Fighter Command jeden Monat fast ein Viertel ihrer Piloten. Sie wurden getötet, ver-

stümmelt oder vermisst. Junge Deutsche, die 1941 volljährig wurden, hatten bessere Überlebenschancen, wenn sie in der Waffen-SS an der Ostfront kämpften, als wenn sie in die Luftwaffe eintraten und in den großen Luftschlachten von 1943/44 einen Jäger flogen. Gleiches gilt für junge Amerikaner, die den Krieg eher überlebten, wenn sie im US Marine Corps auf den Pazifikinseln kämpften, anstatt 1943 und Anfang 1944 in B-17-Bombern über Deutschland fliegen zu müssen.

Die Statistiken des Bomber Command unterstreichen das Gesagte; sie wiesen eine typische Opferzahl unter dem in beiden Weltkriegen eingesetzten Personal aus. Von jeweils 100 Angehörigen aktiver Einheiten des Kommandos kamen 51 in Einsätzen ums Leben, 9 starben bei Abstürzen in Großbritannien, 3 wurden bei Abstürzen schwer verwundet, 12 wurden von den Deutschen gefangen genommen (manche von ihnen verletzt), 1 Pilot wurde abgeschossen, konnte sich jedoch der Gefangennahme entziehen und nur 24 überlebten den Krieg unbeschadet. Bezeichnenderweise ziehen diese Angaben auch die relativ große Anzahl von Besatzungen in Betracht, die sich im letzten Halbjahr 1944 und in der ersten Jahreshälfte 1945 im aktiven Dienst befanden, als das Kommando verhältnismäßig wenig Opfer zu beklagen hatte.

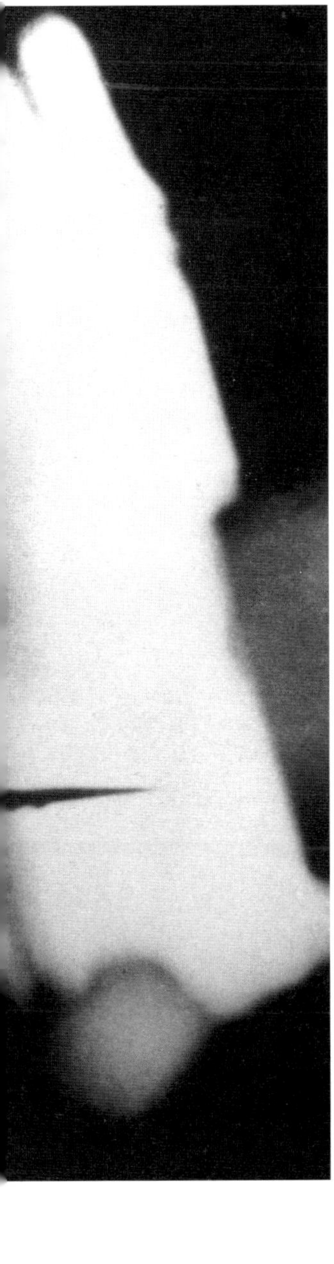

Kein allzu beruhigender Anblick – eine Spitfire, aufgenommen von Bord einer Heinkel 111 während der Luftschlacht um England im Sommer 1940.

Für die meisten Flugzeugbesatzungen bestand das Leben aus einem ständigen verbissenen Versuch, einer Übermacht zu entrinnen. Nur für wenige war das anders. Sie besaßen die Reflexe, die Instinkte und die naturgegebene Selbstdisziplin um erfolgreich zu sein. Überlebten sie ihre ersten Einsätze, so konnten aus ihnen großartige Kampfflieger oder Bomberpiloten werden. Irgendwann verschmolzen sie dann mit ihrem Flugzeug und wurden zu Wesen, die „zum Töten geboren" waren. Im Ersten Weltkrieg ging die Hälfte der von den französischen Kampffliegern abgeschossenen deutschen Flugzeuge auf das Konto der Flieger-Asse, die nur 4 Prozent ausmachten. Doch ihnen gelang es, 50 Prozent jener deutschen Flugzeuge abzuschießen, die offiziell auf das aller französischen Kampfflieger gingen. Hans-Ulrich Rudel, letzter Kommodore des Stuka-Geschwaders „Immelmann", war nur ein mittelmäßiger Pilot, der kaum die Flugausbildung geschafft hatte. Doch irgendwann wandelte sich seine Fähigkeit zu fliegen vom Mittelmaß zur vollkommenen Beherrschung der Maschine. Einigen wenigen gelang es, im Kielwasser der Begabten mitzuschwimmen und von deren Erfolgen zu zehren. Die meisten konnten zwar wie Patroklos die Rüstung des Achilles tragen, dienten aber nur als Kanonenfutter und waren damit zufrieden, „herrlich ahnungslos mitzufliegen und auf das Beste zu hoffen", um mit den Worten Kiffin Rockwells von der Lafayette Escadrille zu sprechen.

Zu Beginn des Luftkrieges waren die Piloten dem Tod immer außerordentlich nahe. Der Franzose Albert Deullin, der zugegebenermaßen eine Schwäche für das Töten aus allernächster Entfernung hatte, kehrte Anfang 1917 von einem Einsatz zurück. Flugzeug und Flie-

Im April 1941 wurde London besonders heftig bombardiert, als die Luftwaffe etwa 700 Flugzeuge für ihre Angriffe einsetzte.

geranzug waren mit dem Blut eines deutschen Piloten und Beobachters getränkt, den er aus Nahdistanz hingerichtet hatte. Seinem fassungslosen Vorgesetzten hielt er entgegen: „Es ist nichts weiter passiert. Ich war beim Abschuss nur recht nahe dran."

Der Mythos des Luftkampfes beruht zwar auf dem romantischen Bild des Jagdfliegers, doch die Hoffnungen und Träume der Theoretiker und Propheten wurden von jenen getragen, die die Bomber flogen. Dennoch blieb für den Großteil des Zeitraums von 1914–1945 der Luftkampf nur auf die theoretische Möglichkeit beschränkt, Bomben mit Präzision abzuwerfen. Bereits von Clausewitz hatte gegen Ende der napoleonischen Kriege gewarnt: „Es ist alles im Kriege sehr einfach, aber das Einfachste ist schwierig. Diese Schwierigkeiten häufen sich und bringen eine Friktion hervor, die sich niemand richtig vorstellt, der den Krieg nicht gesehen hat. Durch den Einfluss unzähliger kleiner Umstände, die auf dem Papier nie gehörig in Betracht kommen können, stimmt sich im Kriege alles herab, und man bleibt weit hinter dem Ziel." Die gleichen Faktoren, die den Krieg an Land oder auf dem Meer bestimmen – Friktion, Mehrdeutigkeit und Ungewissheit –, beherrschen ihn auch in der Luft. Schlechte Witterung, mangelhafte Arbeit der Nachrichtendienste, Wind, Nachtbedingungen, schadhafte Maschinen und unzulängliche Technik bewirkten, dass die Auswirkungen von Bombardements weit hinter den Vorhersagen zurückblieben. Flieger hätten eine ganze Menge lernen können, wenn sie Clausewitz gelesen hätten. Doch ihr technischer Determinismus war so stark, dass die Lehren der Vergangenheit nur eine geringe Bedeutung für ihre Welt oder Kultur besaßen.

Die Betrachtung des Krieges in der dritten Dimension stellt Historiker und Analytiker vor hartnäckige Probleme bei der Schaffung eines zusammenhängenden Bildes der Operationen oder beim Erfassen ihrer Wirkungen. Die Geschichte der Land- und Seekriegsoperationen des 20. Jahrhunderts lässt sich hingegen leichter bewerten. Landkrieg mit seinem Auf und Ab bietet Muster an, aus denen man Schilderungen entwickeln kann. Die wichtigsten Ereignisse machen sich von allein bemerkbar. Gewöhnlich sind Sieger und Besiegte offensichtlich und Ergebnisse lassen sich spezifischen Ereignissen zuordnen, die zu einer Wende oder Entscheidung auf dem Schlachtfeld führten. Ähnliche Klarheit scheint bei Seekriegsoperationen und bei den Gefechten der Flotten zu herrschen.

Diese Klarheit liegt jedoch bei Luftoperationen kaum vor. Das ihnen eigene Chaos, ihre Geschwindigkeit und das Fehlen markanter Punkte machen es schwer, auch nur die Struktur der Ereignisse zu rekonstruieren. Das größte Problem ist jedoch, dass die Auswirkungen von Luftoperationen zumeist indirekter Natur sind. Wie beurteilt man z. B. den Einfluss der Luftstreitkräfte auf die Fähigkeit des Feindes seine Wirtschaft zu führen und in Gang zu halten? Man hat es hierbei mit völlig unbestimmbaren Größen zu tun, auch wenn der Krieg vorüber ist. Welche militärischen oder wirtschaftlichen Möglichkeiten hätte der Feind besessen, wenn er keinen Luftangriffen ausgesetzt gewesen wäre? Haben diese Angriffe die Moral der Zivilbevölkerung und der Militärangehörigen des Feindes gesenkt und, falls das der Fall war, welche Folgen hatte das auf seine Fähigkeit zu kämpfen und zu produzieren? Welchen Produktionsausstoß hätte die feindliche Wirtschaft ohne die Zerstörungen durch Luftangriffe erzielen können? Solche Fragen können Historiker auch ein halbes Jahrhundert später nur schwer beantworten.

Die Auswirkungen des Luftkrieges lassen sich nicht leicht abschätzen, auch nachdem entsprechende Dokumente freigegeben oder von Historikern entdeckt worden sind. Für die unmittelbar am Luftkrieg Beteiligten war es sogar noch schwieriger, den militärischen Nutzen ihrer Handlungen und Einsätze zu erfassen. In einer

5→

Beschreibung der Luftoperationen der 8. US Air Force gegen Nazideutschland 1942/43 haben die Autoren die Atmosphäre der Ungewissheit eingefangen, welche für den Luftkrieg von 1914 bis zum Golfkrieg typisch gewesen ist:

> Die schwere Bomberoffensive stellte eine unpersönliche und eigentümlich monotone Art des Krieges dar. Täglich flogen die B-17- und B-24-Bomber los, wenn es das Wetter und der Zustand der Maschinen erlaubten, warfen ihre Last ab und kehrten um in Richtung Heimat. Die unmittelbaren Folgen ihrer Luftschläge konnten fotografiert und von Offizieren des Nachrichtendienstes analysiert werden. Danach ordneten sie sie Kategorien zu, die an Gymnasialnoten erinnerten. So waren Bombardements entweder ausgezeichnet, gut, ausreichend oder ungenügend. Selten jedoch hatte ein einzelner Einsatz oder eine Reihe von ihnen entscheidenden Charakter, ganz gleich welche Theorien früher über die plötzliche Lähmung einer Nation durch strategische Bombardements gelehrt wurden … Die Auswirkungen der Bombenangriffe wurden nur über längere Zeiträume durch ihre Häufigkeit erkennbar und ließen sich im Verlauf eines Feldzuges kaum mit Gewissheit ermessen … Jedes startende Flugzeug war von

Ein britischer Beaufighter in Sichtschutzfarben, Frühjahr 1944.

> einer Dramatik umgeben, ... doch das eigentliche Drama der großen Auseinandersetzung von 1942 – 1943 blieb matt, wiederholte sich ständig und besaß keinen Höhepunkt. Die Bomberbesatzung maß ihre Errungenschaften an ihrem 25. Einsatz, der zumindest theoretisch ihre Auswechslung zur Folge hatte, und nicht an einer eroberten Insel oder an der Kapitulation einer feindlichen Armee.

Dieser Abschnitt spiegelt das Wesen des Luftkrieges in der Vergangenheit, Gegenwart und vielleicht auch in der Zukunft wider.

Für diejenigen, die über den Luftkrieg lasen oder Flugzeuge vom Boden aus sahen, blieb ein romantisches Element erhalten. Doch für jene, die in den Operationen der Jahre 1914 – 1918 oder 1939 – 1945 zum Einsatz kamen, besaß das Leben kaum eine Romantik. Der Krieg in der Luft war ein erbitterter Kampf um widrigste Umstände zu überleben und psychisch im Gleichgewicht zu bleiben, wenn ringsum andere starben. In dem Gedicht Gavin Ewarts „Wenn ein Beau dahingeht" ist von einem Beaufighter des Zweiten Weltkrieges die Rede, der vom Coastal Command (Küstenkommando) eingesetzt wurde. Es betrachtet die dunkle Seite dieses Kampfes auf eine Weise, wie es kein Geschichtsbuch tun kann, und ist eine bittere Erinnerung daran, was Krieg wirklich für jene bedeutete, die in zwei vernichtenden Weltkriegen als Flieger zum Einsatz kamen.

Wenn ein Beau dahingeht,
In den Bach,
Dann fängt man an zu grübeln,
Denn, weißt du, sie versinken immer,
Doch keiner sagt „Armer Kerl"
Oder läuft traurig herum,
Denn, weißt du, es ist Krieg,
Es ist das unveränderliche Gesetz,

Obwohl vollkommen klar ist,
Der Pilot ist hinüber
Und auch der Beobachter,
So hat das doch nichts mit dir zu tun.
Und wenn sie beide dahingehen sollten,
In ein Land, wo kein Regen und Hagel
fällt
und auch kein Schneetreiben herrscht –
Hier, da oder irgendwo,
Meinst du, das kümmert sie?

Du solltest nicht weinen,
ein Gebet aufsagen oder schluchzen.
In das kalte Meer, in die Dunkelheit
Es ist keine Lärche
Doch auch keine Erbsünde –
Es ist nur ein Beau, der dahingeht.

(nach Ralf Naumann)

KAPITEL EINS

Der Erste Weltkrieg

Der Tod eines Adlers: Manfred von Richthofens letzter Kampf im Luftkrieg 1918.

DER ERSTE WELTKRIEG

Im August 1914 brach der lang erwartete Sturm über Europa herein. Wie schon so oft zuvor zerstampften Armeen die europäische Erde. Doch diesmal wurden die Truppen von Flugapparaten begleitet, die schwerer als Luft waren. Hoch über den Köpfen der Soldaten zogen diese frühen Flugmaschinen einsam ihre Kreise um die Bewegung der großen schlangenähnlichen Kolonnen zu verfolgen. Mitunter schenkten die Generale den Berichten der Piloten Glauben. Oftmals weigerten sie sich aber auch, Meldungen über unerwartete gegnerische Handlungen als wahr anzuerkennen, die ihre bisherigen Annahmen zunichte machten.

Doch zum entscheidenden Zeitpunkt des deutschen Vormarsches auf die Marne bestätigten nahe Paris stationierte französische Piloten Informationen darüber, dass der Feind östlich an der Hauptstadt vorbeischwenke. Am 2. September 1914 rapportierte Korporal Louis Breguet, Kolonnen in feldgrauen Uniformen marschierten von West nach Ost, weg von Paris in Richtung Ourcq-Tal. Dieser Bericht wurde durch weitere Flüge bestätigt. General Joseph-Simon Galliéni, der Kommandeur

Einer der frühen britischen Doppeldecker, die B.E.2C, im Jahr 1914. Mit einem Flugzeug aus Holz und Gewebe ging es in den Krieg.

von Paris und der 6. Armee, der sich schon vor dem Krieg stark für das Flugwesen ausgesprochen hatte, machte sich diese Informationen zunutze, indem er Entscheidungen fällte, die schließlich zur Marneschlacht führten.

An der Ostfront erwiesen sich Flugzeuge als ebenso nützlich, doch diesmal für die gegnerische Seite. Deutsche Aufklärungsflugzeuge spielten eine entscheidende Rolle, indem sie die Bewegungen der russischen Streitkräfte ausmachten und verfolgten. Bei Tannenberg wurden die gegnerischen Truppen durch Hindenburgs 8. Armee eingekesselt und zerschlagen. Flugzeuge übernahmen allerdings nicht nur Aufklärungsfunktionen: Während des deutschen Angriffs auf Lüttich starteten Luftschiffe von ihren Basen im Raum Köln und bombardierten die belgische Stadt. Die Alliierten schlugen jedoch im Oktober zurück, als britische Marineflieger den Luftschiffhafen in Düsseldorf angriffen und ein Luftschiff in seiner Halle zerstörten.

Alles in allem hatten Flugzeuge einen überraschenden Einfluss auf die Ereignisse des Jahres 1914, was eine recht bemerkenswerte Errungenschaft darstellte. Noch vor 1910 hatten Maschinen, die schwerer als Luft waren, nicht über jene Fähigkeiten verfügt, die dem Militär einen Nutzen eingebracht hätten. Dann jedoch griffen die meisten europäischen Heere und Flotten diese Fähigkeiten enthusiastisch auf. Unter Generalen und in deren Stäben sowie unter Politikern herrschte

Ein deutscher Feldflugplatz bei Lódz, Polen 1914.

die Ansicht vor, dass der bevorstehende Krieg kurz und dynamisch sein würde. Die Kämpfenden warfen darum ihre gesamten Luftstreitkräfte in die Schlacht und hielten nur wenige Reserven für eine Neuordnung der Kräfte und eine Ausweitung des Krieges zurück.

Der Krieg im Westen: 1915–1916

Der Krieg war jedoch weder kurz noch wurde er – zumindest nicht im Westen – zu einem Bewegungskrieg. Nach dem Fehlschlagen des Schlieffenplans an der Marne bemühten sich die gegnerischen Seiten, ihren Feind im Wettlauf zum Meer auszustechen. Diese Anstrengungen erreichten ihren Höhepunkt, als die British Expeditionary Force (BEF) in Flandern voller Courage in den Einsatz ging und schließlich dem deutschen Vormarsch Einhalt gebot. In der Schlacht bei Langemark wurde ein ganzes Korps deutscher Universitätsstudenten getötet oder verstümmelt, aber

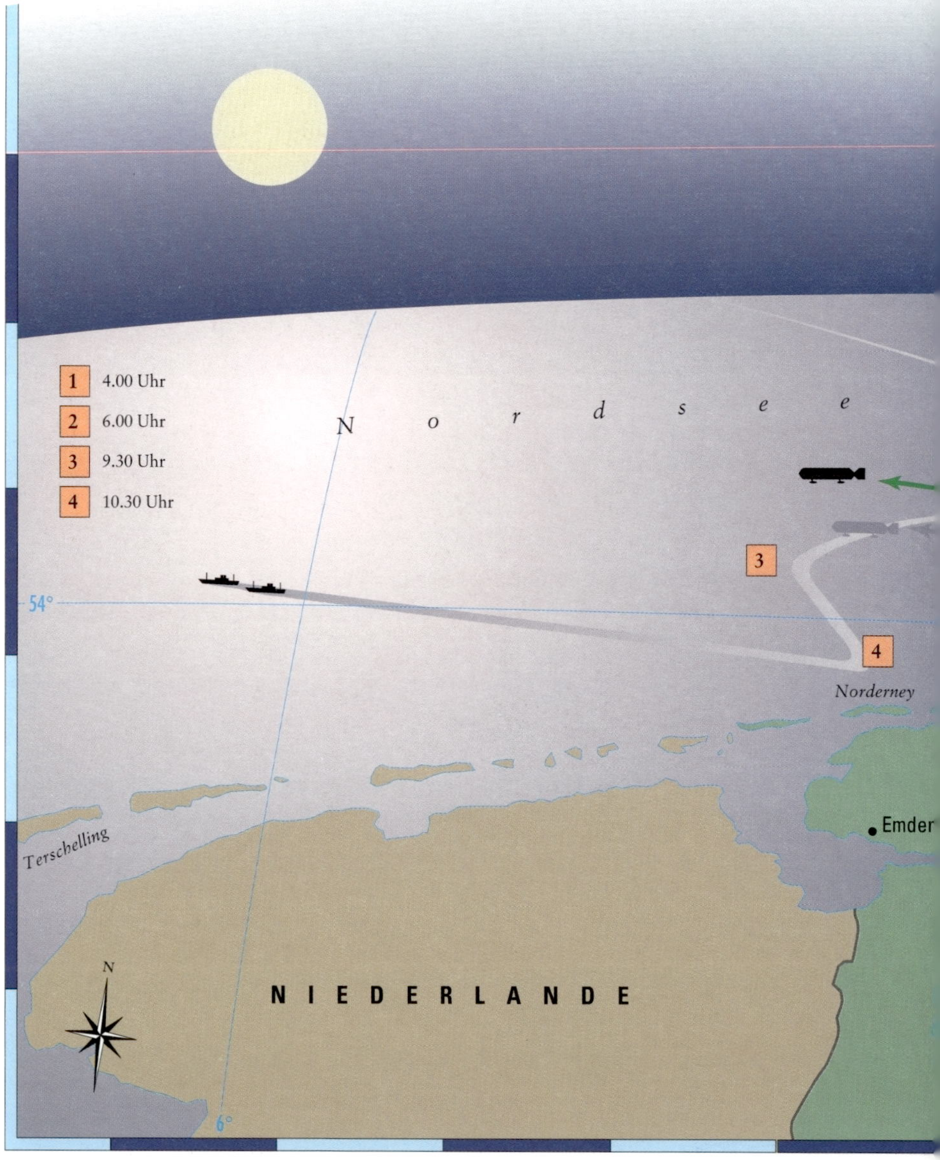

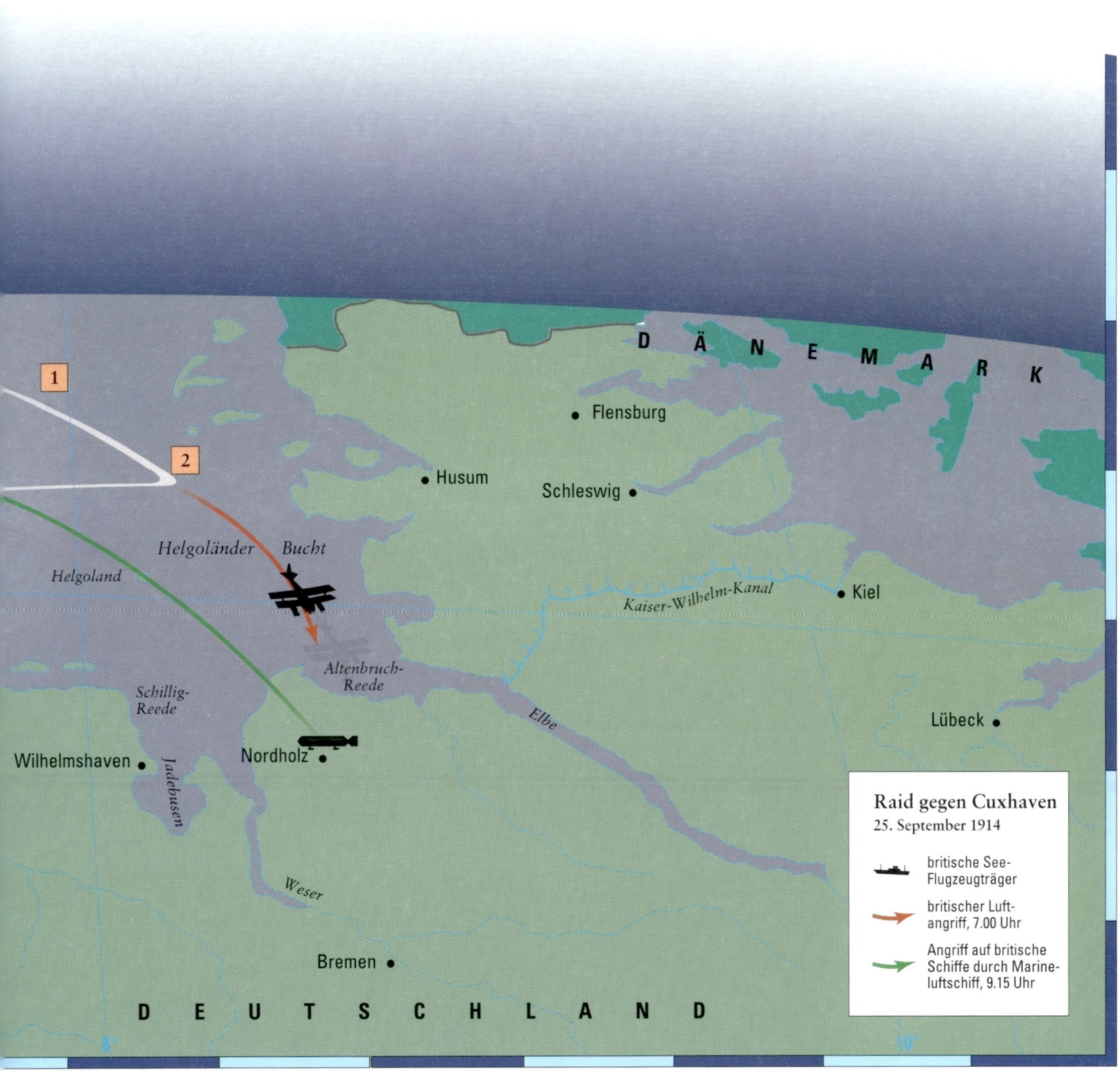
D Ä N E M A R K
1
2
Flensburg
Husum
Schleswig
Helgoländer Bucht
Helgoland
Kaiser-Wilhelm-Kanal
Kiel
Altenbruch-Reede
Schillig-Reede
Elbe
Lübeck
Wilhelmshaven
Nordholz
Jadebusen
Weser
Bremen
D E U T S C H L A N D
Raid gegen Cuxhaven
25. September 1914
britische See-Flugzeugträger
britischer Luft-angriff, 7.00 Uhr
Angriff auf britische Schiffe durch Marine-luftschiff, 9.15 Uhr

auch die Berufsarmee der Briten zerschlagen. Sowohl im Osten als auch im Westen hatten die sich gegenüberstehenden Armeen Opfer zu beklagen, deren Zahl in die Hunderttausende geht. Die Überlebenden gruben sich ein, wo immer die Schlachtlinien zum Stehen kamen und es begann eine große Belagerung der Mittelmächte Deutschland und Österreich-Ungarn. Die Angehörigen der kleinen Fliegereinheiten rangen darum, ihre Maschinen unter winterlichen Bedingungen fernab ihrer heimatlichen Stützpunkte einsatzbereit zu halten. Ende Dezember zerstörte ein hef-

Fünfseitenansicht einer B.E.2C aus dem Jahr 1914.

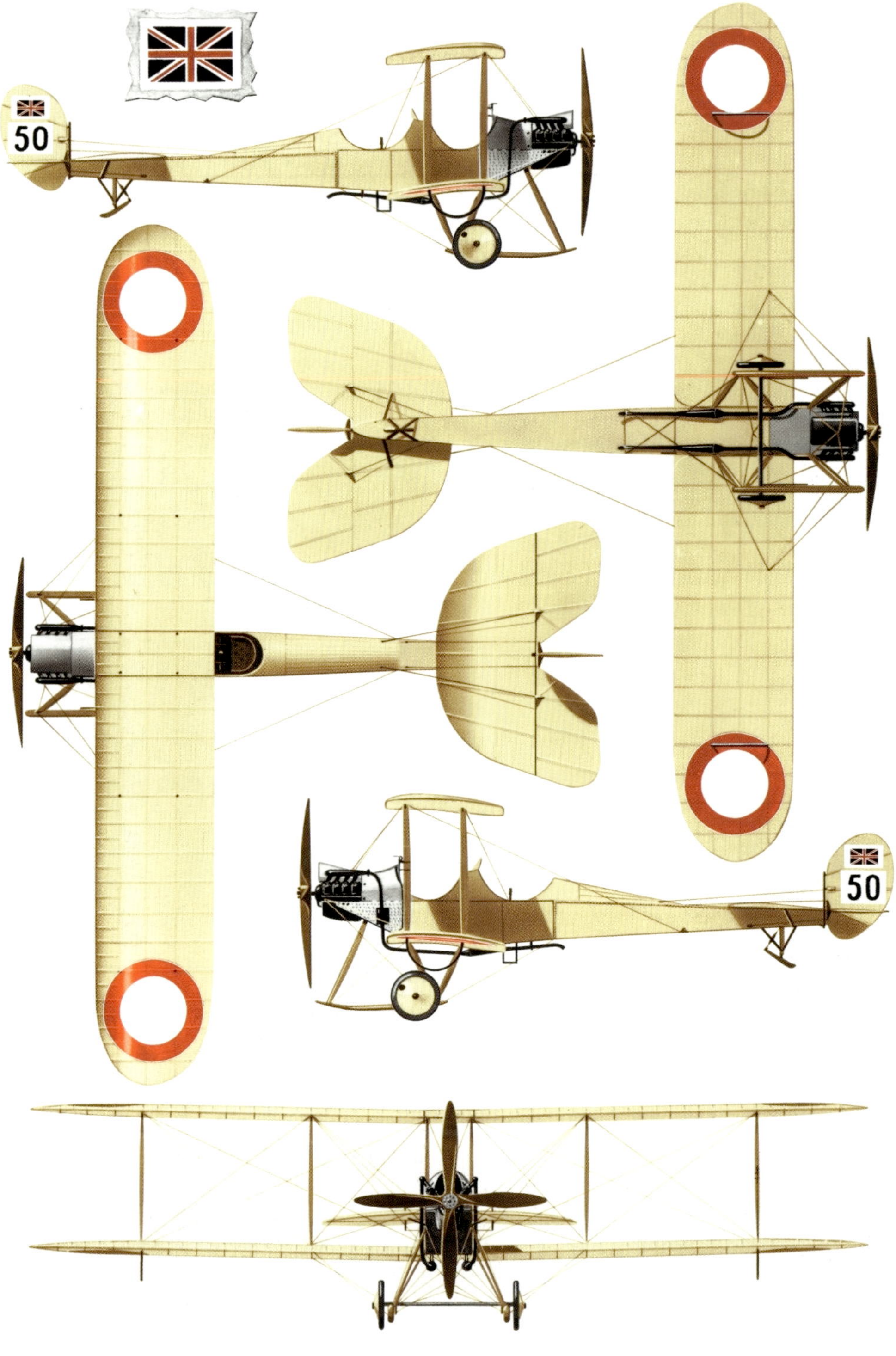

tiges Unwetter die Hälfte der zerbrechlichen Flugzeuge vom No 6 Squadron des Royal Flying Corps (RFC) in ihrem französischen Fliegerhorst.

Die Alliierten standen an der Westfront anfangs vor zwei Problemen. Einerseits besaßen die Deutschen moderne Gewehre und Maschinengewehre und damit einen wichtigen Vorteil bezüglich der Feuerkraft, zumal sie sich über die nächsten drei Jahre weitestgehend in der Defensive befanden. Der umfangreiche Einsatz von Stacheldraht vor ihren Schützengräben verstärkte diesen Vorteil. Andererseits hat-

Bombenwerfer bei ihrer Tätigkeit: Keine Bombenzielgeräte, keine Richtpunkte, keine richtigen Bomben. Luftkrieg in seiner primitivsten Form. Eine Illustration aus The Sphere *vom 10. Oktober 1914.*

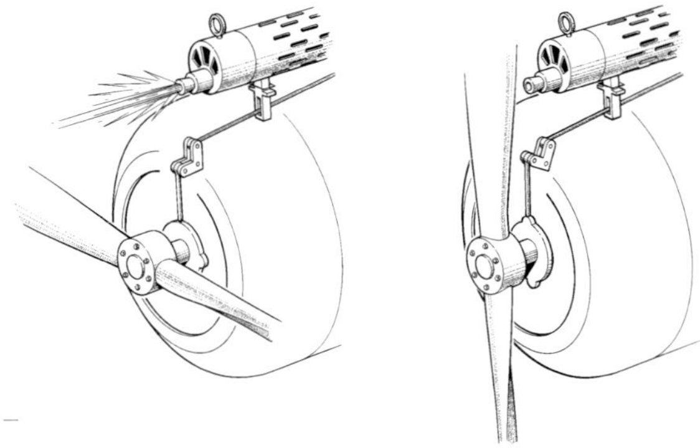

ten zwar die Geschützführer bereits vor dem Krieg die Grundsätze eines indirekten Artilleriebeschusses verstanden, doch erst 1917 konnten sie die Komplexität der Faktoren erfassen, die die Genauigkeit ihres Feuers beeinflusste: die Auswirkungen des Wetters, der Feuchtigkeit und der hohe Verschleiß der Geschütze.

Die erste große Aufgabe für die Alliierten bei der Artilleriekriegführung war recht profaner Natur: Es mussten genaue Karten angefertigt werden, da die Franzosen ihr Gebiet seit dem Ende des Ersten Kaiserreichs nicht mehr vermessen hatten. Auf Seiten der Alliierten stellte das Vermessen zunächst kaum ein Problem dar, doch um deutsches Territorium zu erfassen, mussten Vermessungsgutachten mit Luftaufnahmen in Einklang gebracht werden. Ebenso wichtig für ein genaues Artilleriefeuer war die Anfertigung von Luftbildern der feindlichen Verteidigungsstellungen. Außerdem waren die Luftaufklärung und die Beobachtung des Feindes entscheidend für die Aufklärungstätigkeit während der Operationen. Infolgedessen erhielt ab dem Winter 1914/15 die Aufklärung eine unerwartete Bedeutung. Die Armeen der Großmächte waren nicht nur bemüht Flugschulen wieder aufzubauen, sondern erweiterten diese sogar.

Dieser Mechanismus unterbrach das Maschinengewehrfeuer, wenn ein Propellerblatt sich vor dem Gewehrlauf befand. Der Niederländer Anthony Fokker schlug aus den Ideen des französischen Fliegers Roland Garros Kapital, indem er 1915 den ersten erfolgreichen Unterbrechermechanismus für die Deutschen fertigte.

Als die entstehenden Luftstreitkräfte sich 1915 mit dem technischen Problem der Luftaufklärung und den Schwierigkeiten der Entwicklung und Herstellung auseinanderzusetzen begannen, wurde klar, dass feindliche Flugzeuge eine bedeutende Rolle in der Rechnung spielten. Im Mittelpunkt der Luftoperationen stand nun bis zum Ende des Ersten Weltkrieges die Frage, wie feindliche Aufklärungsflugzeuge anzugreifen und die eigenen gleichzeitig zu schützen sind. Kein Wunder, dass manche im Flugzeug bald mehr sahen als nur ein Mittel zur Beobachtung, zur Aufklärung und für Angriffe auf Aufklärungsflugzeuge des Feindes. Vielleicht ließen sich Flugzeuge auch für Angriffe auf Verbindungswege und Versorgungslinien des Feindes oder gar für Schläge gegen sein Heimatland verwenden?

1915 dominierte das erstere Vorhaben den Einsatz von Flugzeugen. Sie übernahmen die Aufgabe, Artilleriestellungen zu orten. Bereits im Dezember 1914 hatten britische Flugzeuge das Artilleriefeuer aus der Luft geleitet. Manche von ihnen verfügten sogar über Funktelegrafie. Schon vor der Schlacht bei Loos im September 1915 hatten britische Flieger einen Kode entwickelt, mit dessen Hilfe sie für die Artillerie eine Zielzuweisung vornahmen. Im besten Falle konnten Flugzeuge jedoch lediglich bei Feuerwechseln zwischen ein paar Artilleriebatterien Unterstützung gewähren. Ihr Haupteinsatzgebiet bestand in der Bereitstellung von Luftaufnahmen, mit deren Hilfe die Stäbe von Divisionen und Korps ihre Operationen planen konnten. Über den größten Zeitraum des Krieges trugen Ballons die Hauptlast bei der Ortung von Artilleriestellungen. Sie wurden mit einem Seil am Boden befestigt und stiegen bis zu einer Höhe von 900 m, von wo aus sich ein hervorragender Überblick über die Umgebung bot. Mittels direkter Telefonverbindungen zu Artilleriebatterien ließ sich das indirekte Artilleriefeuer auf feindliche Stellungen und Batterien steuern, die sich außer Sichtweite der Bodenbeobachter befanden.

Direkt unter dem mit Wasserstoff gefüllten Ballon hing ein Korb, von dem aus Artilleriebeobachter ihre Arbeit verrichteten. Aufgrund ihrer Beschaffenheit waren Ballons so gefährlich, dass die Mannschaften mit Fallschirmen ausgestattet waren und den Befehl hatten, beim Auftauchen feindlicher Flugzeuge sofort abzuspringen. Ab 1916 führten französische Flugzeuge Raketen für Angriffe auf deutsche Ballons

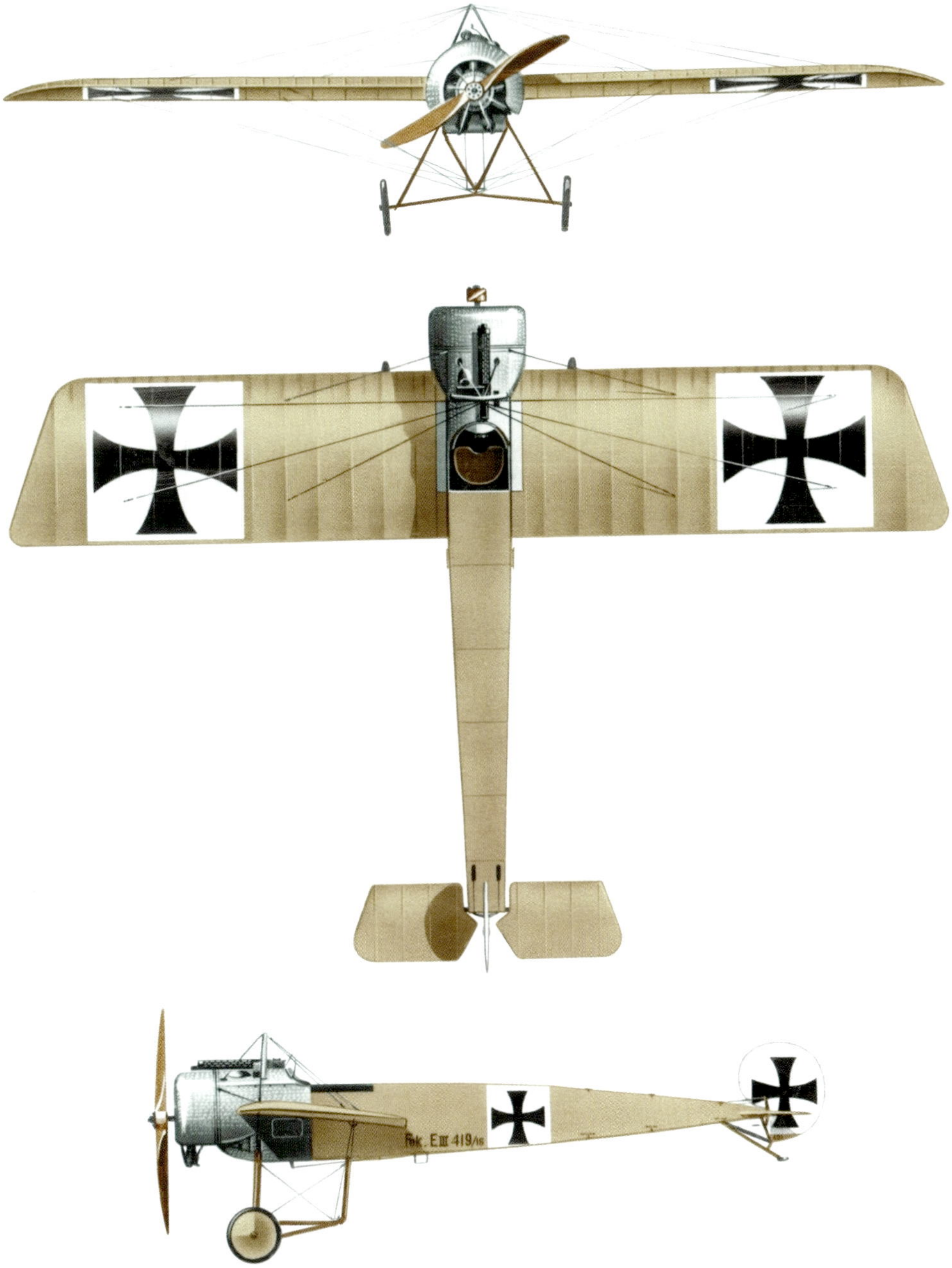

Dreiseitenansicht eines Fokker-Eindeckers, des ersten Kampfflugzeugs überhaupt.

mit sich, wodurch die Überlebenschancen noch geringer wurden. Schon bald lösten Brandgeschosse diese Raketen ab. Da Ballons so bedeutsam für die Artillerie waren, errichteten die Bodentruppen starke Luftabwehrstellungen in deren Einsatzbereich. Wegen ihrer geringen Einsatzhöhe und aufgrund der starken Luftabwehr wurden die Ballons alsbald zu einem lohnenden Ziel für feindliche Kampfflieger.

Bereits Ende 1914 begannen Luftangriffe auf Aufklärungsflugzeuge des Feindes. Die ersten Opfer im Kampf um die Vorherrschaft in der Luft waren bei den flüchtigen Aufeinandertreffen von Flugzeugen im Jahr 1914 zu verzeichnen. Mit Gewehren und Pistolen bewaffnete Besatzungen schossen aufs Geratewohl aufeinander. Eventuelle Erfolge waren eher auf eine glückliche Hand als auf ihre Geschicklichkeit zurückzuführen. Noch im Frühjahr 1915 bemühten sich die Gegner

Max Immelmann, einer der Väter der Jagdfliegertaktik. Die Darstellung zeigt den berüchtigten Immelmann-Turn, die erste wirkliche Luftkampf-Methode.

mit verbesserten Methoden Angriffe auf Feindflugzeuge zu fliegen. Am 10. Mai 1915 flog Captain L. A. Strange vom Royal Flying Corps mit einem 45 m langen Drahtseil los, an dem ein Bleigewicht angebracht war. Er hoffte, dass das Seil sich im Propeller eines deutschen Flugzeugs verheddern könnte. Außerdem führte er ein Maschinengewehr mit sich. In etwa 2400 m Höhe sichtete er ein deutsches Flugzeug, das sich auf dem Weg nach Menin befand. Er schlussfolgerte, dass das Seil nutzlos sei, und griff mit seinem Maschinengewehr an. Während er gerade mit dem Wechseln der Munitionstrommel beschäftigt war, drehte sich die Martinsyde um. Strange, der keinen Sicherheitsgurt besaß, hing kopfüber und hielt sich – da ihm sein Leben teuer war – an einer Strebe und der Munitionstrommel fest, die eigentlich über einen Schnellverschluss verfügte. Während die Maschine allmählich der Erde entgegentrudelte, gelang es Strange, sich ins Cockpit zu ziehen und in 760 m Höhe die Kontrolle wiederzugewinnen. Es ist nicht bekannt, was die Deutschen von diesem Vorfall hielten.

Die Franzosen waren die Ersten, die entdeckten, worin der Schlüssel zum erfolgreichen Luftkampf lag, der dann von den Deutschen verfeinert wurde. Gegen Ende 1914 begann Roland Garros, einer der führenden französischen Flieger der Vorkriegszeit, mit der Arbeit an einem Synchronisationsgetriebe, welches verhindern

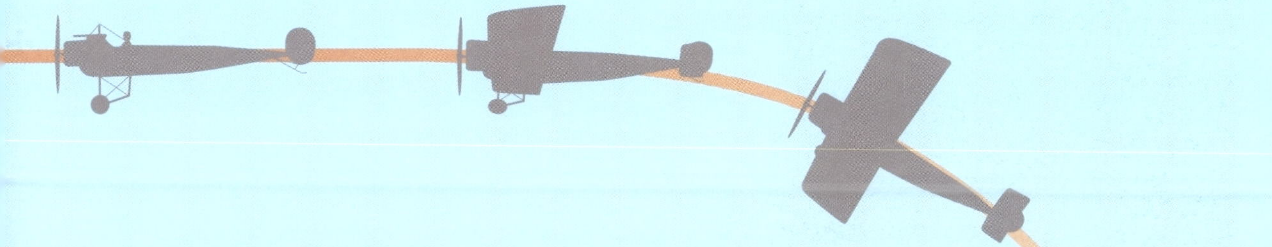

sollte, dass das Maschinengewehr schoss, wenn sich die Propellerblätter vor seinem Lauf befanden. Da das Synchronisationsgetriebe nicht immer funktionierte, schützte er den Propeller mit kleinen Ablenkplatten vor Geschossirrläufern. Innerhalb von 18 Tagen beginnend mit dem 1. April 1915 schoss Garros drei deutsche Flugzeuge ab. Doch am 18. April wurde er selbst vom Flakfeuer getroffen, sodass er und sein Flugzeug in die Hände der Deutschen fielen. Wie so oft im Verlauf des Ersten Weltkrieges griffen die Deutschen eine erstklassige Idee der Franzosen auf und verfeinerten sie. Sie hatten bereits an einer solchen Vorrichtung gearbeitet, wurden nun jedoch von dem Wissen vorangetrieben, dass die Franzosen sich ebenfalls mit dem Problem beschäftigten. Der niederländische Unternehmer Anthony Fokker und sein Konstruktionsteam entwickelten in Deutschland ein erfolgreiches Unterbrechergetriebe, das das Feuer des Maschinengewehrs stoppte, sobald sich der Propeller direkt vor ihm befand. Fokker wurde die Möglichkeit geboten, den Mechanismus selbst zu testen, doch er lehnte im letzten Augenblick ab und überließ es deutschen Piloten, die neue Technik auszuprobieren.

Von August 1915 an zerstörten im Westen die mit Fokker-Eindeckern fliegenden Deutschen immer mehr britische und französische Flugzeuge. Da die Deutschen an diesem Schauplatz in der Defensive waren, blieben die Eindecker über deutschem Gebiet und keiner fiel in die Hände der Alliierten. Die Piloten der Alliierten probierten verschiedenste Behelfsmechanismen aus um das Propellerproblem zu umgehen. Captain Lanoe Hawker band ein MG leicht nach unten geneigt an der Seite seiner Scout fest um am Propeller vorbeizuschießen. Ende Juli 1915 schoss er tatsächlich ein deutsches Aufklärungsflugzeug ab, das geradeaus und auf gleicher

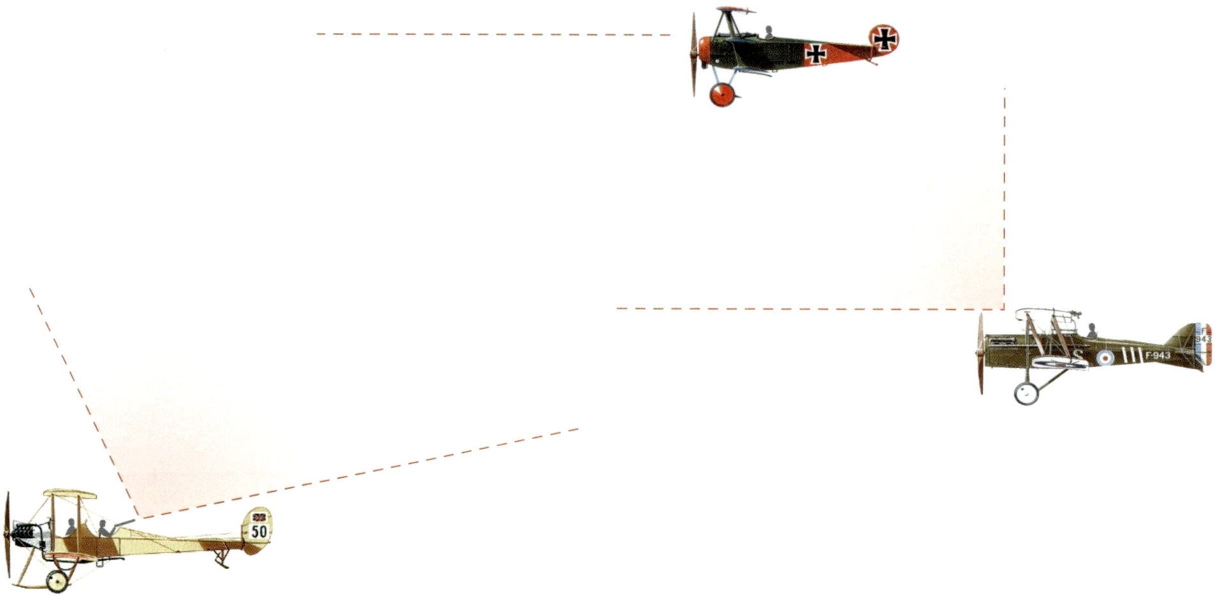

Höhe flog. Er erhielt dafür das Viktoriakreuz, wohl eher wegen seines fliegerischen Könnens als für seinen Mut.

Durch ihre bessere Technik im Vorteil begann eine kleine Schar von Fokker-Piloten damit, immer mehr Flugzeuge der Alliierten abzuschießen. Unter Führung zweier hervorragender Piloten – Max Immelmann, dem „Adler von Lille", und Oswald Boelcke, die beide gemeinsam flogen – entwickelten die Deutschen die ersten Luftkampftaktiken. Mit einem Höhenvorteil griffen sie aus der Sonne kommend ihren Gegner an, sodass dieser sie nie zu Gesicht bekam. Der daraus abgeleitete Aphorismus „Beware the Hun in the sun", was so viel bedeutet wie „Hüte dich vor dem Hunnen in der Sonne", fand seine Bestätigung in zwei Weltkriegen. Die Fokker waren so erfolgreich, dass Sir Hugh Trenchard, der Kommandeur des Royal Flying Corps in Frankreich, die Deckung von Aufklärungsflügen durch mindestens drei Jagdflugzeuge anordnete.

Noch im Sommer 1915 hatten die Franzosen über ihren Linien beträchtliche Erfolge erzielen können. Doch die Indienststellung der Fokker Ende Sommer hatte auf ihre Operationen einen noch entscheidenderen Einfluss als auf die der Briten, da sie zu lange an den Flugzeugtypen festhielten, die ihnen im Frühjahr 1915 die Luftüberlegenheit beschert hatten. Der Einsatz der Fokker wirkte sich verheerend auf die französischen Operationen an der gesamten Front aus. Die Franzosen sahen sich außerdem gezwungen, von Bombenangriffen bei Tag auf Nachtangriffe mit all den damit verbundenen Schwierigkeiten der Navigation und Zielortung überzugehen.

Immelmann und Boelcke waren die ersten wirklichen Helden des Luftkrieges. Beide erhielten Mitte Januar 1916 den auch „Blauer Max" genannten Orden „Pour le mérite" für den Abschuss ihres achten Feindflugzeugs. Ihr Ruhm hatte viel mit dem erbitterten Kampf zu Lande zu tun, dessen Helden einzeln zu benennen trotz ihres Heldenmuts unmöglich war. Die taktische Herangehensweise der Deutschen blieb jedoch weitestgehend defensiv. Sie flogen kleine Patrouillen über ihrem eigenen Gebiet. Darüber hinaus teilte die deutsche Oberste Heeresleitung die Fokker auf die verschiedenen Aufklärungs- und Ballongeschwader auf. Daher gelang es den Deutschen niemals, auch nur annähernd die Luftüberlegenheit zu erringen, obwohl sie ihren Gegnern immer schwerere Verluste zufügten.

LINKS, OBEN:
Der Erhöhungswinkel von Flugzeug-Maschinengewehren im Jahr 1915.

LINKS, UNTEN:
Dieser MG-Schütze trägt die Kleidung, die ihn vor der in großer Höhe herrschenden Kälte schützt.

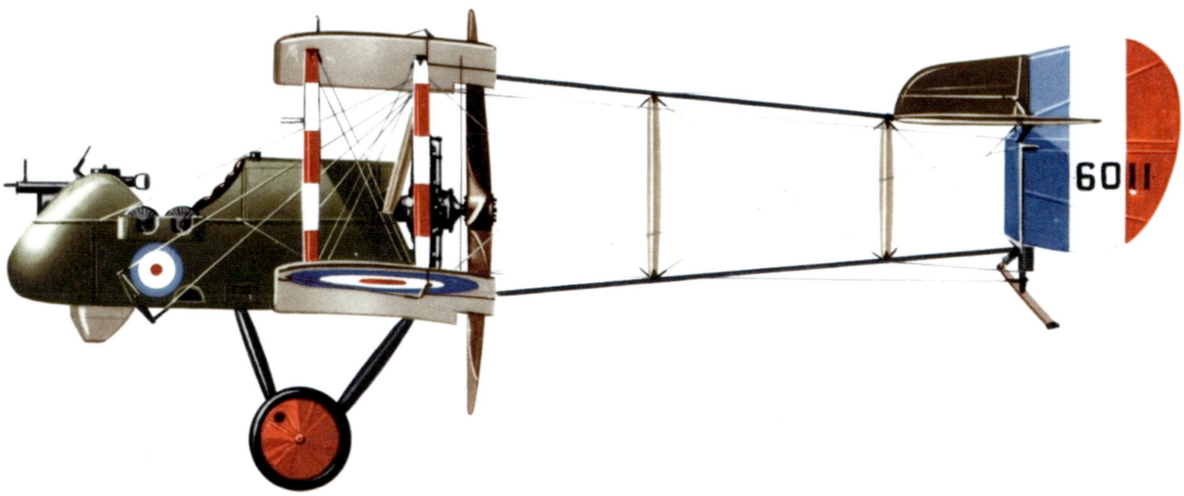

Die britische DH-2 war als Druckschraubenflugzeug konstruiert, was dem Piloten erlaubte, mit dem Maschinengewehr ohne Behinderung durch einen Propeller, nach vorn zu schießen.

Im gesamten Jahr 1915 blieben die Deutschen in der Defensive und setzten ihre militärischen Reserven gegen Russland und auf dem Balkan ein. Die Alliierten starteten unter großen Opfern – insbesondere auf französischer Seite – eine Reihe von Offensiven. Die zunehmenden Verbesserungen bei der Artillerietaktik, die von der Luftbeobachtung und -aufklärung abhängig waren, genügten nicht um aus der Sackgasse an der Westfront herauszuführen. Auf der anderen Seite des Niemandslands errichteten die Deutschen immer ausgeklügeltere Verteidigungsanlagen mit tiefen Unterständen, massiven Stacheldrahtstreifen und zusätzlichen Grabensytemen, in die sich die Verteidiger zurückziehen konnten. Beide Seiten mussten sich unter dem Druck des Krieges sowohl am Boden als auch in der Luft immer neu anpassen und Neuerungen einführen. Die Ereignisse an der Westfront stellten einen komplexen Anpassungsprozess dar, aus dem schließlich unter enormen Opfern eine moderne Art der Kriegführung hervorging.

Die Briten verstärkten ihre Probleme in der Luft noch durch eine legere Herangehensweise an die Flugausbildung. Sie schickten Piloten in den Einsatz über dem europäischen Festland, die erst über fünf Stunden Erfahrung im Alleinflug verfüg-

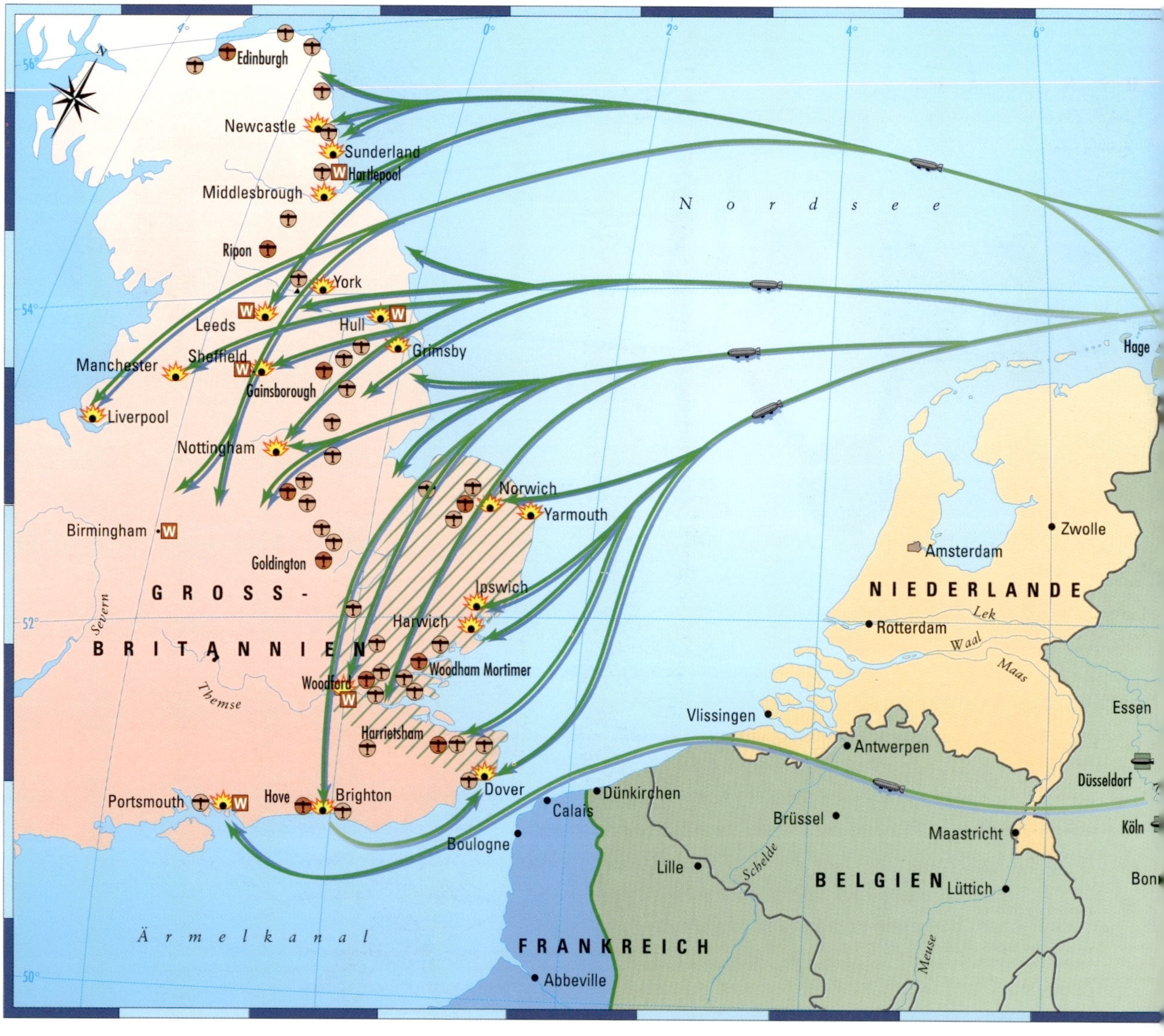

ten, und handhabten die Ausbildung von Beobachtern mit äußerster Gleichgültigkeit. Der spätere Air Marshal Sholto Douglas beschrieb diese Ausbildungsweise treffend als „reinen Mord". Auch die Schwierigkeiten bei der wirtschaftlichen Mobilisierung, auf die keine der Großmächte vorbereitet gewesen war, hatten ihre Auswirkungen auf alle Bereiche, angefangen bei der Produktion von Artilleriegranaten bis zur Fertigung von Flugzeugen.

Im Dezember 1915 beschloss der Chef des Generalstabs des Feldheeres General Erich von Falkenhayn bei Verdun eine Zermürbungsschlacht zu führen um die französische Armee auszubluten. Der deutsche Angriff begann im Februar mit einem massiven Artilleriebombardement, dem schwere Infanterieangriffe folgten. In seiner konfusen Denkweise, die so oft im Ersten Weltkrieg den militärischen Sachverstand überwog, beabsichtigte Falkenhayn zu keinem Zeitpunkt die französischen Verteidigungsstellungen zu überwinden. Stattdessen hoffte er die Franzosen dazu verleiten zu können, ihre Reserven in eine zermürbende Schlacht zu werfen, in deren Verlauf die deutsche Artillerie die französische Armee zerschlagen könne. Während der ersten Angriffshandlungen kamen die Deutschen auf

Der französische Jäger Nieuport 11 war ein bemerkenswert schnelles und wendiges Flugzeug.

ihrem Vormarsch entlang des rechten Ufers der Maas jedoch unter schweren Artilleriebeschuss der am linken Ufer stehenden Franzosen. Marschall Philippe Pétain brachte es auf den Punkt: „Diese Leute verstehen nichts von ihrem Fach." In der Luftschlacht über Verdun versagten die Deutschen ebenso. Sie führten Verteidigungseinsätze durch – das so genannte „Sperrefliegen" – und minderten dadurch den Vorteil, den sie zu Beginn der Schlacht mit den Fokkern besessen hatten. Die Franzosen führten jedoch schon bald ein neues Flugzeug ein: die Nieuport 11, von ihren Piloten „Bébé" genannt. Als erstes ausschließlich für Kampfeinsätze entwickeltes Flugzeug war sie der Fokker in Geschwindigkeit und Wendigkeit überlegen. Da die Franzosen noch nicht über synchronisierte Maschinengewehre verfügten, brachten sie die Waffen der Nieuport auf den oberen Tragflächen an. Zwar wurde es dadurch schwieriger, neue Munitionstrommeln einzulegen, doch die anderen Merkmale des Flugzeugs verliehen den Franzosen eine beträchtliche Überlegenheit gegenüber ihren Gegnern.

Das Chaos der Luftkämpfe in einer Rekonstruktion der Nachkriegszeit.

Im Frühjahr 1916 verfügten sie aufgrund ihrer besseren Flugzeuge und schlechter deutscher Kampfmethoden über bedeutende Vorteile in den Artilleriegefechten. Außerdem besaßen sie nun Raketen, mit denen sie deutsche Artillerieballons vernichten konnten – einmal sogar fünf an einem Tag. Im Juni war der Angriff auf Verdun abgewehrt. Zwar hatten die Bodentruppen der Franzosen beängstigende Verluste zu verzeichnen, doch auch die Deutschen verloren beinahe ebenso viele Soldaten. Letztere konnten sich diese Zahl von Opfern nicht leisten, da sie gegen eine internationale Koalition kämpften.

Auch anderswo an der Westfront liefen 1916 die Dinge für die Deutschen nicht besser. Nach einer heftigen Artillerievorbereitung ging am 1. Juli 1916 die britische Infanterie aus ihren Schützengräben an der Somme. Der Angriff des ersten Tages endete mit einem Fiasko für die Angreifer, die beinahe 50 Prozent ihrer Soldaten verloren (über 57 000 Mann). Angesichts dieses Desasters sollte jedoch auch der große Druck erwähnt werden, den britische Einheiten während der gesamten Schlacht an der Somme auf die Deutschen ausübten, bis sie schließlich Ende Oktober zum Erliegen kam. Falkenhayn forderte, dass die deutschen Einheiten jeden Quadratmeter ihrer Schützengräben halten oder verlorene Abschnitte sofort zurückerobern sollten, ganz gleich welche Bedeutung diese besaßen. In die Gräben an der Frontlinie gepfercht und dem schweren britischen Artilleriefeuer ausgesetzt, zahlten die Verteidiger einen hohen Tribut.

Noch zwei andere Faktoren verschärften die Lage der Deutschen. Einerseits versorgte die Mobilisierung der britischen Wirtschaft die BEF mit unzähligen Granaten für die Zerstörung der deutschen Verteidigungsstellungen. Diese Angriffsmethode war zwar nicht elegant aber wirkungsvoll, zumal der Feind seine vordersten Gräben gern voll mit Infanteriesoldaten besetzte, die allesamt durch die britische Artillerie gut erreichbar waren. Somit begannen die von den Deutschen als „Materialschlacht" bezeichneten Auseinandersetzungen mit einer Vergeltung. Nach und nach konnte diese Schlacht die ausgezeichneten Fähigkeiten der Deutschen in der Taktik und im Truppeneinsatz bezwingen.

Der zweite gegen die Deutschen arbeitende Faktor hatte etwas mit der Luftkriegführung über der Somme zu tun. Anders als in der Schlacht bei Verdun wendete sich das Blatt nun zu ihren Ungunsten. Anfang Juli 1916 gelang es dem RFC mit Unterstützung französischer Nieuport-11-Kampfflugzeuge, seine Unterlegenheit gegenüber den Fokkern wettzumachen. Zahlenmäßig überlegen beherrschten die Briten nun den Himmel über der Somme – ein entscheidender Vorteil für die Artilleriegefechte am Boden. Ihre Aufklärungsflugzeuge bewegten sich nahezu unbehelligt von den Deutschen, während die Kampfflugzeuge die deutsche Aufklärung weitestgehend verhinderten.

Die Zahl der Opfer jedoch war beträchtlich. In den ersten Tagen der Gefechte an der Somme verloren die Briten 20 Prozent ihrer Flugstärke. Cecil Lewis, der in jenen Tagen und auch später noch als Flieger im Einsatz war, schrieb in einem der großen Werke der Kriegsliteratur, dass Piloten während der schweren Kämpfe selten mehr als drei Wochen überstanden. Hugh Dowding setzte beinahe seiner Karriere ein Ende, als er darum bat, sein Geschwader nach dem Verlust von 50 Prozent des Bestands abzulösen. Man beorderte ihn nach Hause, wo er ein Ausbildungsgeschwader zu kommandieren hatte, und er kehrte nie wieder an die Westfront zurück. Während der gesamten Schlacht waren große Verluste zu verzeichnen und noch immer schickten die Briten erbärmlich ausgebildeten Ersatz in den Kampf. Die Opfer, die Trenchard seinen Fliegereinheiten abverlangte, waren aufgrund der Bedeutung des RFC für die Schlacht am Boden zweifellos gerechtfer-

Manfred von Richthofen, das As unter den Flieger-Assen.

tigt. Aber er kümmerte sich kaum um die Verbesserung des planlosen Ausbildungsprogramms daheim, welches direkt zu den hohen Verlusten in Frankreich beitrug. Mitte November hatte das RFC bereits 308 Piloten eingebüßt, die entweder getötet, verwundet oder vermisst wurden. Weitere 268 waren heimgeschickt worden, was eine Gesamtzahl von 576 Mann ergab. Bei Beginn der Schlacht hatte die Einsatzstärke 426 Piloten betragen.

Die Schuld war größtenteils der halbherzigen Herangehensweise der Briten an die Flugausbildung zuzuweisen. Im Oktober 1916 berichtete der Chef des RFC in Großbritannien, dass die große Zahl der Opfer eine kurze Ausbildung erzwinge und nicht umgekehrt. Diese Auffassung beschleunigte jedoch das Wiedererstarken des Gegners, als dieser Ende 1916 eine neue Generation von Flugzeugen in Dienst stellte. Auch führte sie ein Jahr später bei den Behörden in Großbritannien dazu, dass ein Vorschlag zur Einführung von Fallschirmen abgelehnt wurde – nicht nur, weil diese zu schwer und zu unhandlich waren, sondern weil man befürchtete, sie könnten eine Herabsetzung des Kampfeswillens bei den Fliegern bewirken. Im Gegensatz zu den Luftstreitkräften der anderen Mächte lehnte das RFC eine Flugausbildung für Unteroffiziere ab. Als 1917 keine Schulabgänger mehr zur Verfügung standen, begannen die Briten mit der Rekrutierung innerhalb des British Empire, insbesondere in Kanada und Australien. Abgesehen davon waren ihre Bemühungen von einer Laienhaftigkeit gekennzeichnet, die im krassen Gegensatz zur strengen Professionalität der Deutschen stand. Boelcke, ein wahrhaft romantischer Held, der sein Leben riskierte, als er einen französischen Jungen vor dem Ertrinken rettete, stellte sogar Richtlinien für den Luftkampf auf, die heute beinahe noch ebenso relevant sind wie damals. Demzufolge muss sich ein Jagdflieger zunächst einen Vorteil verschaffen, bevor er den Feind angreift: Eine größere Höhe sowie die Sonne im Rücken bzw. in den Augen des Feindes waren dabei entscheidend. Im Luftkampf mussten kurze Salven aus geringer Distanz abgefeuert werden, anstatt Schüsse über den gesamten Himmel zu verteilen. Im Falle eines Angriffs hatte ein Jagdflieger sich seinem Kontrahenten zuzu-

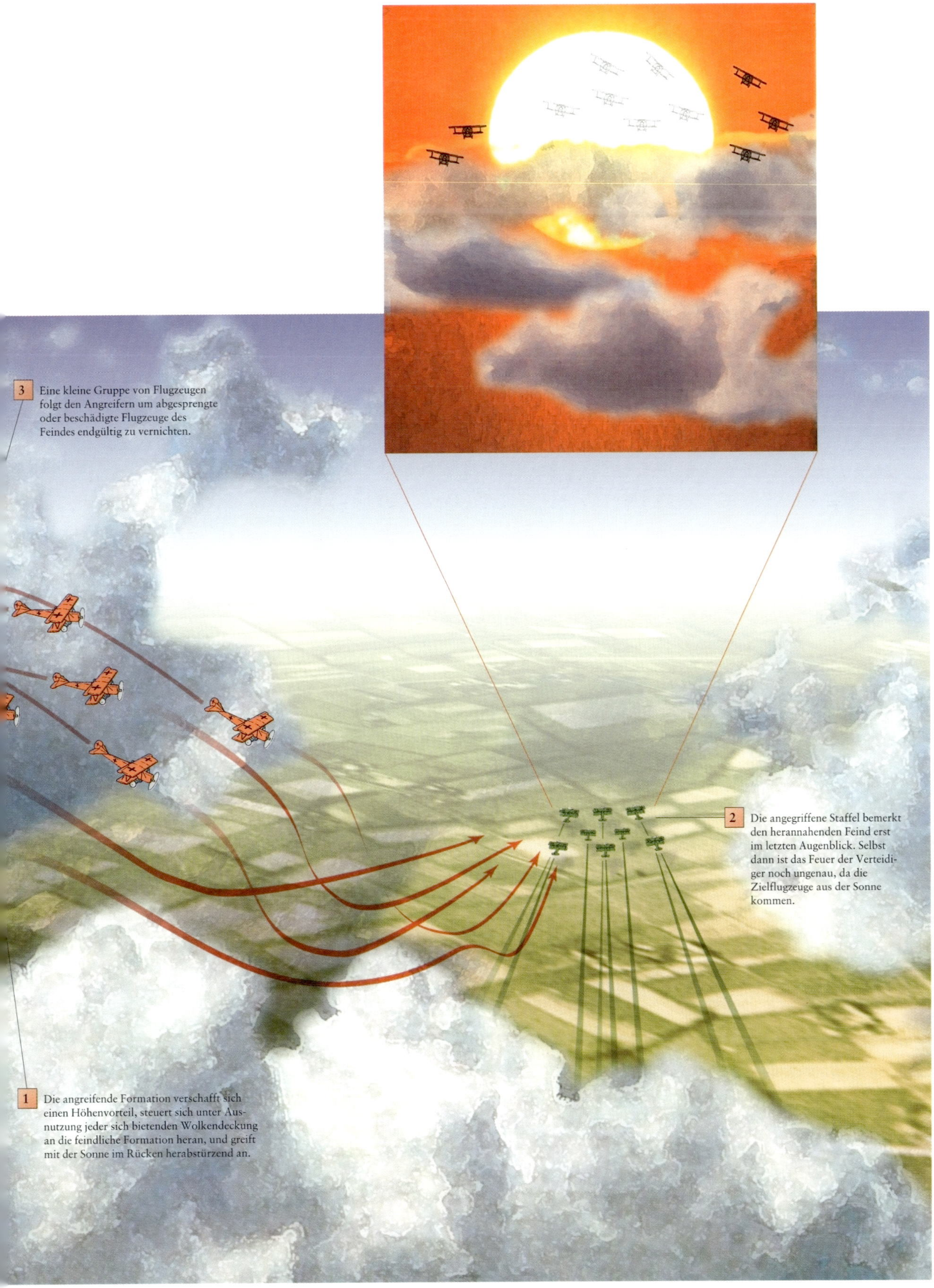
3 Eine kleine Gruppe von Flugzeugen folgt den Angreifern um abgesprengte oder beschädigte Flugzeuge des Feindes endgültig zu vernichten.
2 Die angegriffene Staffel bemerkt den herannahenden Feind erst im letzten Augenblick. Selbst dann ist das Feuer der Verteidiger noch ungenau, da die Zielflugzeuge aus der Sonne kommen.
1 Die angreifende Formation verschafft sich einen Höhenvorteil, steuert sich unter Ausnutzung jeder sich bietenden Wolkendeckung an die feindliche Formation heran, und greift mit der Sonne im Rücken herabstürzend an.

Britische Flugzeug über Galiläa.

wenden und zum Gegenangriff überzugehen. Außerdem empfahl Boelcke, dass Jagdflugzeuge gemeinsame Einsätze fliegen sollten.

Zu jener Zeit herrschte eine breite Kluft zwischen den romantischen Zeitungsberichten und der Wirklichkeit des Luftkampfs. Aufgrund der geringen Feuerkraft von Kampfflugzeugen erfolgte der Luftkampf aus Nahdistanz. Der Historiker John Morrow jr. zitiert den französischen Piloten Albert Deullin, der den Tod eines engen Freundes rächte, indem er eine Fokker aus zehn Meter Entfernung ausradierte: „Der Kerl wurde so durchlöchert, dass das Blut auf meine Motorhaube, die Windschutzscheibe sowie auf die Fliegerhaube und Schutzbrille

spritzte. Natürlich war schon allein der Gedanke an den Überfall aus 2600 m ein Genuss."

Da im Krieg lange Zeit nur wenige Flieger einen Fallschirm mit sich führten, sprangen viele von ihnen in den Tod, anstatt in ihrer abgeschossenen Maschine zu verbrennen, die trudelnd der Erde entgegenstürzte. Für diejenigen, die das Pech hatten abgeschossen zu werden oder abzustürzen, waren die Folgen schrecklich. Ein Gedicht drückt das so aus:

Im Hangar lag sterbend der junge Flieger.
Und sprach zu den Mechanikern um ihn herum
Die letzten Worte des Abschieds:

Aus meinen Nieren entfernt die Zylinder,
Die Pleuelstange aus meinem Hirn,
Aus dem Kreuz nehmt mir die Nockenwelle,
Und setzt den Motor wieder zusammen.

(nach Ralf Naumann)

Der Luftkrieg an anderen Schauplätzen: 1914 – 1916

Im Frühjahr 1915 griff Großbritannien die Dardanellen an um Zugang nach Konstantinopel zu erlangen und die Türkei zum Kriegsaustritt zu zwingen. Eine erfolgreiche Operation hätte wieder freie Versorgungswege nach Russland geschaffen, die den in die Enge getriebenen zaristischen Armeen beträchtlich geholfen hätten. Der Fall der Stadt hätte aber auch noch weitere, indirekte Konsequenzen haben können, weil weder Bulgarien noch Rumänien bislang einen Entschluss gefasst hatten, welcher Seite sie sich anschließen sollten. Ein britischer Erfolg bei Gallipoli hätte sie dazu bewegen können, sich dem Lager der Alliierten anzuschließen. Die sich daraus ergebende Bedrohung gegen Österreich-Ungarn hätte wiederum die Deutschen gezwungen ihre Russlandoffensive zu beenden und sich gänzlich dem Balkan zuzuwenden.

Doch von Pech heimgesucht und unter schlechtem Kommando ausgeführt war der Gallipoli-Feldzug ein kläglicher Misserfolg. Winston Churchill meinte dazu: „Die furchtbaren Wenn und Aber häufen sich an." Von Anfang an kamen Flugzeuge zum Einsatz. Commander Charles Samson von der Royal Navy stationierte eine kleine Einheit von Flugzeugen auf der griechischen Insel Tenedos, doch von den dreißig im Jahr 1915 aus Großbritannien gelieferten Maschinen befanden sich nur fünf in flugbereitem Zustand. Mit diesen Maschinen machten Samson und seine Piloten Aufnahmen von den türkischen Stellungen und der Halbinsel und übergaben General Sir Ian Hamilton und dessen Stab umfangreiches Material über die feindliche Verteidigung. Aus Mangel an Maschinengewehren versuchten sie den Türken zuzusetzen, indem sie Stahlpfeile auf den Feind herabwarfen. Was die Türken von den pfeifend herabstürzenden Pfeilen hielten, die kaum etwas trafen, ist nicht bekannt.

Samsons Flugzeuge unterstützten dann britische und Anzac-Truppen (Einheiten aus Australien und Neuseeland) an Land bei der Leitung des Feuers der Schiffsartillerie. Mit Hilfe eines als Sender benutzten Funktelegrafen meldeten sie den Schiffen der Royal Navy, wo die Granaten einschlugen. Diese antworteten dann mit ihren Suchscheinwerfern und Morsezeichen. Die Landungen begannen am

Die russische „Ilja Muromez" war der erste Bomber.

25. April. Samson musste vom Logenplatz in seinem Flugzeug mit ansehen, wie britische Soldaten, die versuchten türkische Maschinengewehre wieder vom Deck des Landungsschiffs *River Clyde* zu schaffen zu Hunderten erschossen wurden. Von seinem Aussichtspunkt beobachtete Samson, wie sich das blaue Meer um die *River Clyde* rot verfärbte und die Meereswogen ein abscheuliches Rosa annahmen. 1915 konnten Flugzeuge bereits Luftaufnahmen und Informationen liefern. So meldeten sie bei den Ereignissen in der Bucht von Suvla, dass die Berge frei von türkischen Stellungen und Einheiten seien. Der Angriff auf die Bucht von Suvla endete im August 1915 mit einem Fiasko. Gleichzeitig versäumten die Alliierten die strategische Chance aus der Sackgasse an der Westfront herauszukommen.

An anderen Schauplätzen spielten Flugzeuge eine nützliche, jedoch weniger dominante Rolle. Im Osten gelang es Österreich-Ungarn und Russland nicht, Luftstreitkräfte von der Güte und Zahl derer an der Westfront aufzustellen. Der Druck durch die Briten und Franzosen zwang die Deutschen ihre besten Fliegereinhei-

ten im Westen einzusetzen. Die Schwierigkeiten, mit denen die russischen Heeres- und Fliegerkräfte konfrontiert waren, spiegelten sowohl die Unfähigkeit des zaristischen Regimes und seiner Verwaltung auf militärischem und zivilem Gebiet als auch die Rückständigkeit des Landes wider. Bereits im August 1914 hatte Igor Sikorski, dem in der Luftfahrt nach dem Krieg eine außerordentliche Karriere in den Vereinigten Staaten vergönnt war, ein großartiges Militärflugzeug entwickelt und gebaut, die viermotorige „Ilja Muromez". Es besaß eine Reichweite von 300 – 400 km, doch die russische Führung bevorzugte weniger leistungsfähige, einmotorige Flugzeuge, weil sich davon größere Stückzahlen fertigen ließen.

Da die Deutschen den Kampfhandlungen an der Ostfront außerordentliche Bedeutung beimaßen, erhielt die Schlacht bei Tannenberg besondere Aufmerksamkeit. Während die Russen in jener Schlacht eine ernste Niederlage erlitten, fügten sie am Ende des Sommers sowie im Herbst 1914 den österreichisch-ungarischen

Armeen schwere Niederlagen zu, wodurch die Habsburger Feinde beinahe zum Kriegsaustritt getrieben wurden. Die Gefechte an der Ostfront dauerten bis weit in den Winter an und nur mit beträchtlicher Hilfe der Deutschen konnte die russische Walze von den ungarischen Ebenen fern gehalten werden. In der zäh geführten Schlacht verbrauchten die Russen einen Großteil ihrer Munitions- und Ausrüstungsreserven einschließlich ihrer Flugzeuge. Die zaristischen Bürokraten hatten mit einem kurzen Krieg gerechnet und mobilisierten daher Russlands Reserven sowie das wirtschaftliche Potential des Landes zu spät. Die russischen Armeen und Fliegerkräfte befanden sich in einem beklagenswerten Zustand, als die Deutschen im Mai 1915 im Raum Gorlice – Tarnów angriffen. Sikorskis „Ilja Muromez“ erwiesen sich als nützlich, doch aufgrund mangelnden Weitblicks standen nur wenige davon zur Verfügung.

Im Allgemeinen brachten Flugzeuge im Osten einen geringeren Nutzen, weil die eingesetzten Streitkräfte über weitaus größere Räume als im Westen disloziert

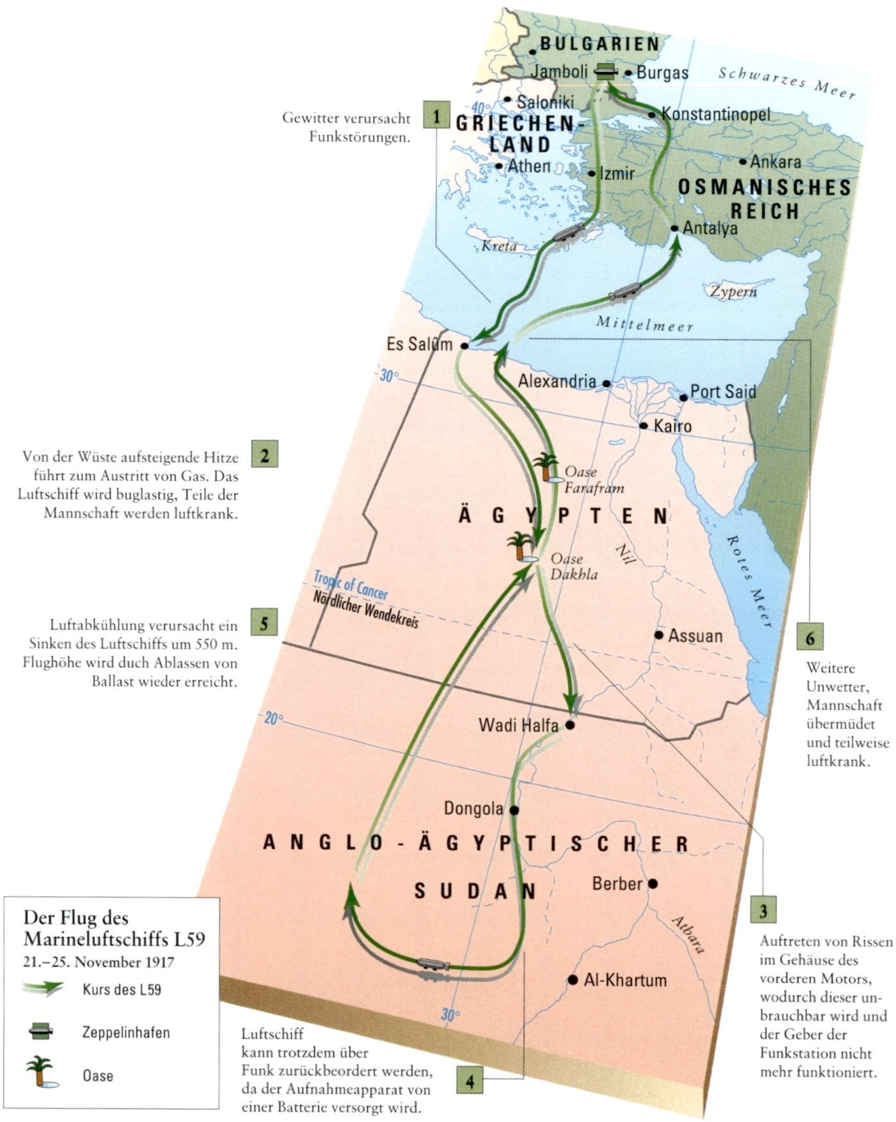

waren. Durchbrüche waren daher leichter zu erzielen und die Front schwerer wieder zu stabilisieren, wenn sich den feindlichen Truppen erst einmal der Raum geöffnet hatte. Der deutsche Vormarsch hielt bis in den Spätsommer an und die Russen wurden vollständig aus Polen vertrieben. Die deutschen Flieger besaßen die Luftüberlegenheit, was einerseits auf das Versagen der Russen zurückzuführen war, andererseits aber auch darauf, dass deutsche Flugzeuge und Piloten einfach besser waren. Die Fähigkeiten der Flugzeuge verhalfen den Deutschen zu einem bedeutenden Vorteil bei der Aufklärung: Während die Russen zumeist die Schritte des Gegners bestenfalls ahnen konnten, besaßen die Deutschen eine relativ klare Vorstellung von den Feindbewegungen.

Trotz des Plädoyers von General Erich Ludendorff und Feldmarschall Paul von Hindenburg für einen Einmarsch in Russland beendete Falkenhayn die Offensive im Osten und gruppierte deutsche Streitkräfte für den Angriff auf Verdun nach Westen um. Im Frühjahr 1916 verlegten die österreichischen Verbündeten den Großteil ihrer Reserven für eine große Offensive nach Italien, ohne jemanden in Berlin darüber zu unterrichten. Doch im folgenden Sommer waren die russischen Streitkräfte bereits überraschend wieder erstarkt. Zwar war die Zahl der ihnen zur Verfügung stehenden Flugzeuge gegenüber denen im Westen noch immer vergleichsweise gering – die Russen besaßen am 1. Juni 1916 an der gesamten Ostfront lediglich 250 einsatzbereite Flugzeuge –, doch ihre Fähigkeiten hatten sich immens verbessert. Die sorgfältige Aufklärung österreichischer Stellungen trug entscheidend zur Zerschlagung österreichisch-ungarischer Armeen vor der Brussilow-Offensive Anfang Juni bei. Dieser letzte Erfolg zaristischer Armeen bewegte Falkenhayn dazu, von Verdun abzulassen und Verstärkungseinheiten nach Osten zu entsenden. Die den ganzen Sommer anhaltenden Schwierigkeiten im Osten verschärften die Probleme der Deutschen an der Somme. Doch die Russen hatten ihr Pulver verschossen. Sie waren voller Verärgerung über die Unfähigkeit des Regimes und es begann für sie die opferreiche Zeit der Revolution, des Bürgerkrieges und der Sowjetherrschaft.

Österreich beteiligte sich nicht nur an der Ostfront, sondern ging auch zur Konfrontation mit den Italienern entlang der Dolomiten über. Flugzeuge erwiesen sich hier als ebenso wichtig wie an der Westfront. Italien war im Mai 1915 in den Krieg eingetreten, als es schien, dass mit dem Angriff auf Gallipoli die Türken besiegt seien und der Krieg in naher Zukunft enden könnte. Die Italiener führten schlecht durchdachte Angriffe gegen nahezu uneinnehmbare Stellungen entlang der Alpen durch. Im Verlauf dieser Attacken sowie des gesamten Krieges hatten sie über 600 000 Tote zu beklagen.

Den Italienern und Österreichern gelang es nicht so gut wie an der Westfront mit den Schwierigkeiten der Zusammenarbeit zwischen Infanterie, Artillerie und Flugzeugen umzugehen. 1915 besaß Italien als einziges Land ein Flugzeug, dessen alleiniger Verwendungszweck im Bombardieren bestand: die Caproni Ca-1. Schon vor dem Krieg hatte sich der spätere Prophet des Luftkrieges, Giulio Douhet, für den Einsatz starker Luftstreitkräfte zur Demoralisierung des Feindes ausgesprochen. Doch was die Italiener 1915 damit erreichten, war gering. Ein paar Flüge zum Abwurf von Flugblättern über Triest beeindruckten selbst die Österreicher nicht. 1916 besaßen die Italiener jedoch beträchtlich mehr Capronis und sie flogen eine Reihe schwerer Angriffe gegen die österreichische Eisenbahnlinie, über die die Isonzo-Front beliefert wurde. Aber auch die Österreicher verbesserten ihre Verteidigung durch Kampfflieger mit Hilfe der deutschen Verbündeten. Das führte bald zu einem Anstieg der Verlustzahlen unter italienischen Bombern, sodass die Italie-

ner gezwungenermaßen zu Nachtangriffen übergingen. Die Dunkelheit bot zwar Schutz, verbesserte aber nicht die Zielgenauigkeit.

Ergebnislose Schlachten: 1917

Im September 1916 schlug das Pendel des Krieges wieder in Richtung der Deutschen aus. Boelcke kehrte zu aktiven Einsätzen an die Westfront zurück, wo ein verzweifelter Kampf an der Somme stattfand. Er nahm seine Bemühungen um eine umfassendere Herangehensweise an Luftkampfmethoden wieder auf, indem er seine Grundsätze an jene weitergab, die unter seinem Befehl flogen. Es gab zwar Piloten wie René Fonck, die aufgrund ihres bemerkenswerten Sehvermögens und ihrer Reflexe aus großer Entfernung töten konnten. (Fonck schärfte seine natürlichen

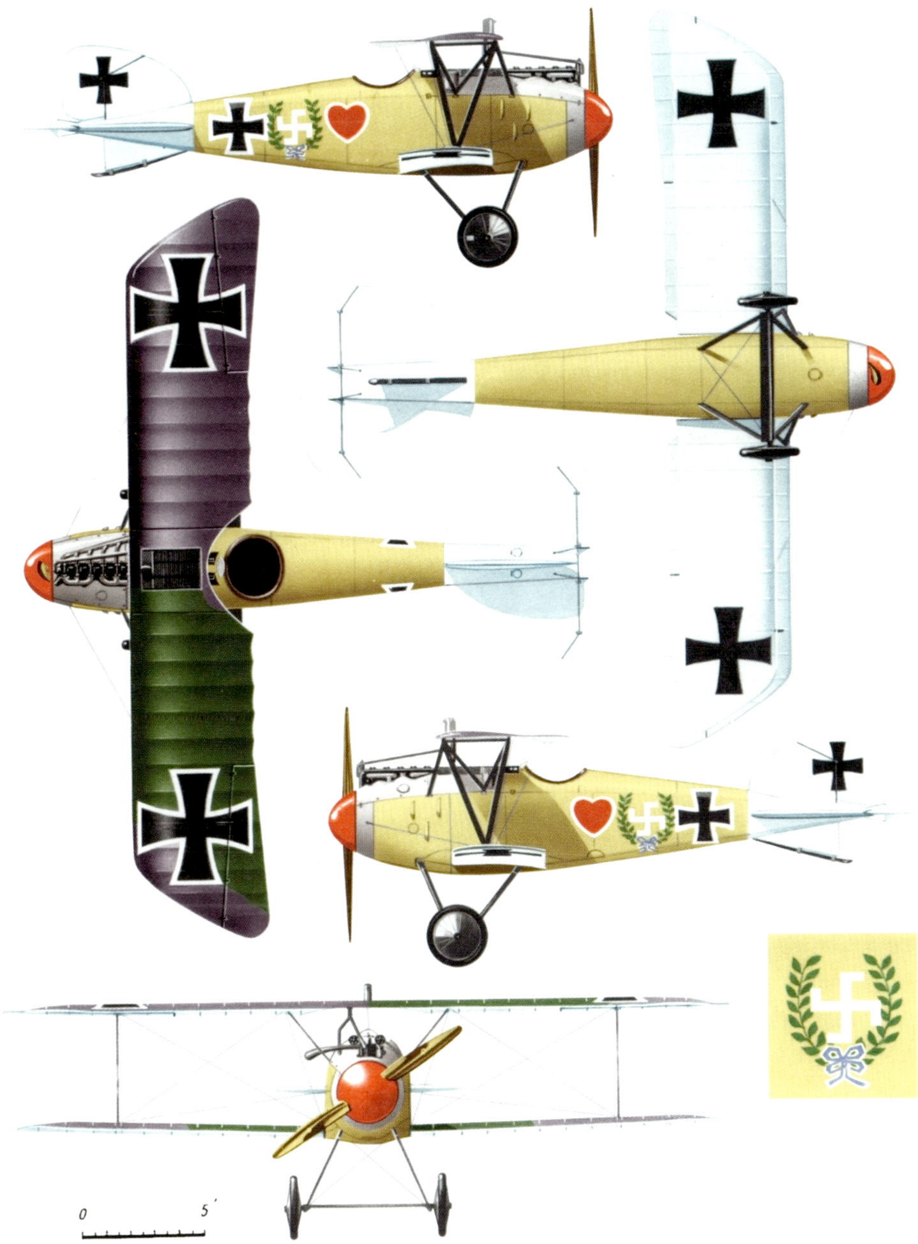

Gegenüber: *Richthofens einsatzbereiter „Fliegender Zirkus" an der Westfront.*

Links: *Das deutsche Jagdflugzeug Albatros – unangefochtener Herrscher über der Westfront von 1916 bis Anfang 1917.*

Fähigkeiten, indem er wahllos auf Münzen schoss, die in die Luft geworfen wurden.) Doch Boelcke war klar, dass die meisten Jagdflieger nicht über derartige Fähigkeiten verfügten und sie deshalb näher an den Gegner herankommen mussten. Foncks Mitstreiter Alfred Heurtaux meinte derb, dass der Abschuss von Flugzeugen wie das Schießen auf „eine Kuh auf einem Korridor" sei. Gegen Ende 1916 spielte sich der Luftkampf nicht mehr zwischen einzelnen Piloten ab, sondern er war zu einem Wettstreit immer größer werdender Verbände von zusammen handelnden Jagdflugzeugen geworden. Die Franzosen hatten diese Entwicklung bei Verdun ausgelöst. Im September bildeten Boelckes deutsche Piloten Jagdstaffeln, deren Aufgabe es war, feindliche Jagdflieger vom Himmel zu vertreiben, damit sie deutsche Aufklärungsflugzeuge nicht behinderten.

Den Deutschen kam bei ihren Bemühungen die Einführung der Albatros D.III sehr entgegen. Sie war bis zum Auftauchen der Camel Mitte 1917 allen Flugzeugen der Alliierten überlegen und bot Boelcke und seinen Piloten bessere Möglichkeiten zur Anwendung der neuen Taktiken. Infolgedessen erlitt das Royal Flying Corps immer schwerere Verluste, als die Kräfte in der Schlacht an der Somme verbraucht waren. Die Flugausbildung war noch immer miserabel und so sank die Lebenserwartung der RFC-Fliegerkräfte im November 1916 auf weniger als einen Monat. Da die Deutschen nur wenige Albatrosse besaßen, erlitten auch sie schmerzliche Verluste. Boelcke selbst fand Ende Oktober 1916 bei einem Zusammenstoß in der Luft den Tod. Die Deutschen hielten in der Kathedrale von Cambrai einen grandiosen Trauergottesdienst für ihren gefallenen Helden ab.

Während Field Marshal Douglas Haig, der Befehlshaber der BEF, mit einem letzten Vorstoß die Entscheidung an der Somme herbeizuführen suchte, die jedoch erst zwei Jahre später fiel, griffen französische Truppen unter General Robert Nivelle deutsche Stellungen bei Verdun an und eroberten alle Gebiete zurück, die während der Schlacht verloren worden waren. Nivelles Erfolg ging auf innovative Methoden des kombinierten Einsatzes von Waffengattungen zurück, an denen die Franzosen – zugegebenermaßen unter hohen Kosten – während der letzten beiden Jahre gefeilt hatten. Luftunterstützung durch Aufklärungsflüge und Artillerieaufklärung spielten dabei eine wesentliche Rolle.

Kurz nach dem Erfolg Nivelles wurde Marschall Joffre seines Postens als Oberbefehlshaber enthoben. Es war klar, dass Pétain sein Nachfolger werden müsse, doch durch seine mürrische und pessimistische Art empfahl dieser sich nicht den Politikern, die dringend eine Lösung für den kostspieligen Konflikt finden wollten. So fiel ihre Wahl auf Nivelle, welcher im Frühjahr 1917 verkündete, er habe die Methode entdeckt, die den entscheidenden Erfolg bringen würde. Nivelles Offensive hätte vielleicht wirklich siegreich verlaufen können, wenn nicht drei Umstände dagegengesprochen hätten. Einerseits hatten die Deutschen ihr gesamtes Verteidigungssystem umgestellt. Im Herbst und Winter 1916/17 entwickelten sie eine Taktik und Doktrin für die Verteidigung aus der Tiefe. Dadurch wurde der Großteil ihrer Infanterie und Artillerie außer Reichweite der feindlichen Geschütze gebracht. Befestigungsanlagen und MG-Nester, die mit den besten Einheiten des deutschen Heeres besetzt waren, konnten nun die Angriffe der Alliierten zersplittern und durcheinander bringen, während die deutsche Infanterie auf den besten Moment für den Gegenangriff wartete. Das neue System ging mehr in die Tiefe und war anpassungsfähiger. Die Franzosen hatten mit dieser Taktik keinerlei Erfahrung. Andererseits zogen sich die Deutschen nun aus Stellungen, die sie während der ersten beiden Kriegsjahre gehalten hatten, in günstiger gelegene und vorbereitete Stellungen zurück.

Darüber hinaus sprach die Lage im Luftraum gegen Nivelle. Im April 1917 erreichte die Luftüberlegenheit der Deutschen mit der Albatros ihren Höhepunkt, gerade als Nivelles Offensive entlang des Chemin des Dames begann. Mit Hilfe eines Frühwarnsystems, das sich auf Berichte der Luftabwehr stützte, wurden die deutschen Jagdstaffeln rechtzeitig über feindliche Luftoperationen unterrichtet und brachten die französischen Aufklärungs- und Artilleriebeobachtungsflüge zum Erliegen. Außerdem fügten die Deutschen den für die Leitung des Artilleriefeuers eingesetzten Balloneinheiten erhebliche Verluste zu. Die französischen Infanteriesoldaten gingen daher aus ihren Schützengräben ohne größere Kenntnisse über die deutsche Verteidigung zu besitzen, während die Deutschen gut über die Schritte der Franzosen informiert waren. Der Verlust der Luftüberlegenheit an sich war nicht entscheidend, doch er vergrößerte die Probleme der Franzosen entlang des Chemin des Dames. Die fehlgeschlagene Nivelle-Offensive hätte mit ihren schweren Verlusten beinahe die Niederlage der Alliierten herbeigeführt, da im französischen Heer Meutereien ausbrachen.

Für die Franzosen war der April 1917 ein schlechter Monat, doch für die britische Armee, die eine Offensive bei Arras durchführte, verlief er gut. Für das Royal Flying Corps wurde er allerdings zum Desaster und erhielt aufgrund der Verluste unter den britischen Fliegerkräften den Namen „Blutiger April". Trenchards fortwährend aggressive Vorgehensweise, ganz gleich ob seine Einheiten im Vorteil waren oder nicht, führte zu so schweren Verlusten, dass die Ausbildungseinrichtungen in Großbritannien den Bedarf nicht mehr befriedigen konnten. Britische Flieger trafen mit weitaus geringerer Flugerfahrung als ihre deutschen Gegner an der Westfront ein. Im Mai 1917 hatten neue Piloten weniger als 20 Flugstunden absolviert, lediglich eine minimale Verbesserung gegenüber 1916. Ein Beobachter bemerkte, dass viele von ihnen nicht fliegen, geschweige denn kämpfen konnten. Demzufolge hatten die Neuankömmlinge nur geringe Chancen, die nötige Erfahrung zu sammeln um im Luftkampf zu überleben.

Noch gravierender war, dass die britischen Flugzeuge den Albatrossen weitaus unterlegen waren. Manfred von Richthofen befehligte die Jagdstaffel 11 an der Front in Flandern und war auf dem Höhepunkt seiner Fähigkeiten als Jagdflieger angelangt. Im Verlauf des Monats schoss er 21 britische Flugzeuge ab. Zwischen dem 4. und 8. April verlor das Royal Flying Corps 75 Flugzeuge bei Luftkämpfen. Dabei wurden 19 Flieger getötet, 13 verwundet und 73 vermisst. Während des gesamten Monats verbesserte sich die Lage nicht. In ihren veralteten Flugzeugen waren britische Piloten dazu verdammt, Feindflugzeuge auf aggressive Weise ausfindig zu machen, während die Deutschen die Wahl des Ortes hatten. Flieger in besonders veralteten Maschinen wie den Sopwith 1½-Strutters und Nieuports wurden regelrecht abgeschlachtet. Richard P. Hallion zitiert einen Staffelkommandeur, der nach dem Verlust von zwei der sechs in seiner Formation fliegenden Strutters (die anderen vier wurden alle beschädigt) ausrief: „Manche Leute behaupten, die Sopwith-Zweisitzer sind verflucht gute Maschinen. Ich glaube, die sind eher verflucht als gut!"

Nach ihren Erfolgen weiteten die Deutschen die Luftoperationen noch weiter aus und nahmen eine bedeutende Neuerung auf: die direkte Luftunterstützung. Zwar waren die Briten und Franzosen eine Reihe von Angriffen gegen Bahnstationen, Feldlager und andere rückwärtige Ziele geflogen, doch bislang hatte keiner größere Anstrengungen unternommen, die Infanterie mit Flugzeugen auf dem Gefechtsfeld zu unterstützen. In der Schlacht bei Arras setzten die Deutschen erstmals Bomber ein, die ihre Infanterie mit MGs, Granaten und Bomben unterstützten. Anfang Juni

Ein Fokker-Dreidecker im Kampf mit einem britischen Doppeldecker, eine künstlerische Darstellung des Luftkampfes an der Westfront aus dem Jahr 1918.

Spad 13
Geschwindigkeit: 206 km/h
Flughöhe: 5000 m

Fokker D.VII
Geschwindigkeit: 201 km/h
Flughöhe: 4870 m

B.E.2C
Geschwindigkeit: 120 km/h
Flughöhe: 3050 m

Fokker-E.1-Eindecker
Geschwindigkeit: 130 km/h
Flughöhe: 3000 m

verhinderten diese Flugzeuge bei Messines einen erfolgreichen britischen Vorstoß, der mit einer gewaltigen Minenexplosion begonnen hatte, die den Großteil der deutschen Hauptverteidigungsstellungen zerstörte.

Der Luftkrieg war mittlerweile kein Duell einzelner Flugzeuge mehr, sondern große Verbände rangen nun in wirbelnden Luftkämpfen um die Überlegenheit über den Frontabschnitten. Am 30. April schickten die Deutschen zwei große Verbände von 20 Flugzeugen aus verschiedenen Staffeln in den Kampf und schossen 6 britische Flugzeuge ab, die in kleinerer Formation flogen. Aus diesen großen Verbän-

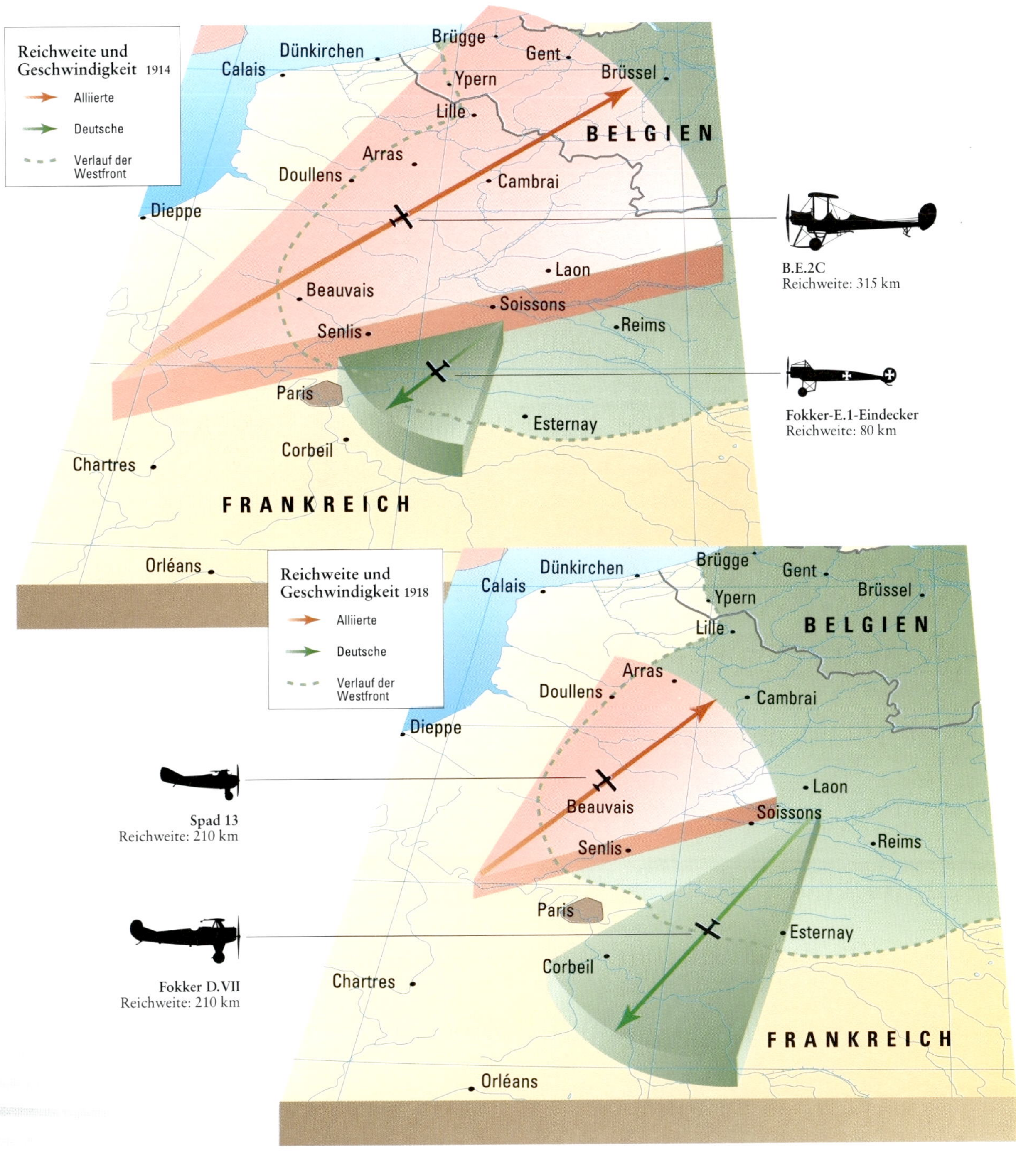

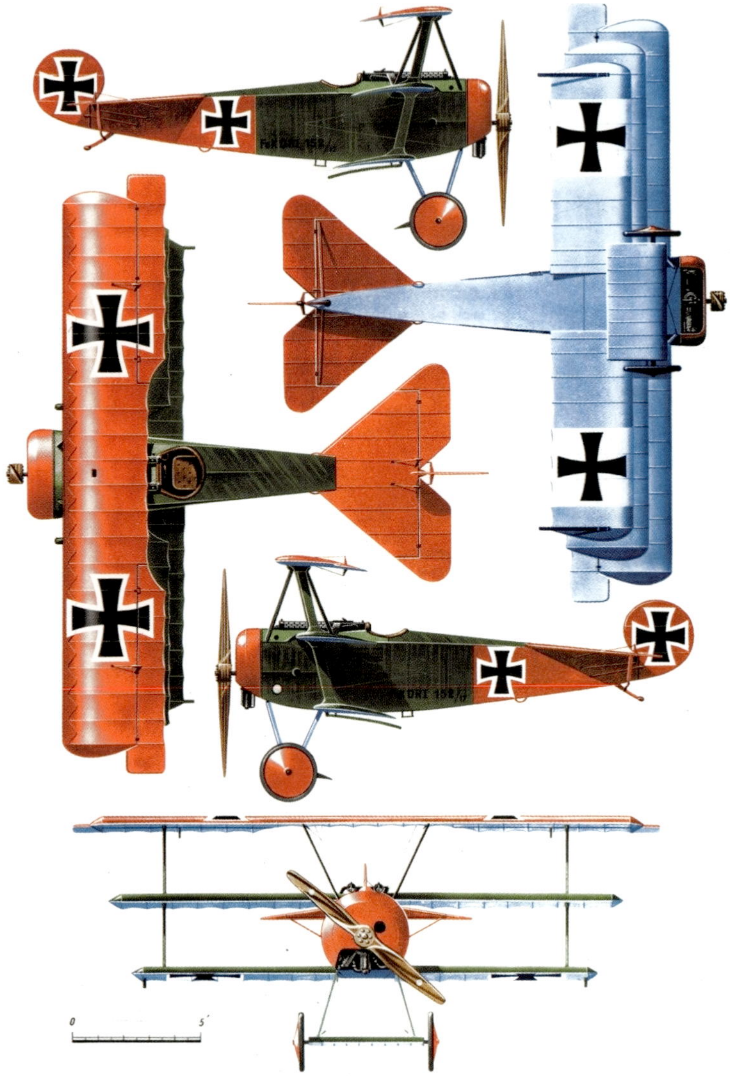

Richthofens Flugzeug in einer zeichnerischen Darstellung.

den von Albatrossen, die zumeist farbenprächtig bemalt waren, ging die Einheit hervor, die von den Briten später als „Richthofens Fliegender Zirkus" bezeichnet wurde. Doch die Luftüberlegenheit der Deutschen war nicht von Dauer. Zwei Faktoren wendeten im Mai 1917 das Blatt zugunsten des Royal Flying Corps. Die britische Flugzeugindustrie erreichte endlich ein bedeutendes Produktionsniveau. Im Januar und Februar erhielt das RFC 250 neue Flugzeuge. Im Zeitraum März/April stieg die Zahl auf 612 und im Mai/Juni auf 757. Doch nicht allein die Anzahl der Maschinen war entscheidend. Die gegen Ende des Frühjahrs ausgelieferten Flugzeuge gehörten einer neuen, „vierten Generation" an. Maschinen wie die Bristol F.2B, die S.E.5A und die Sopwith Camel waren trotz ihrer schlechter ausgebildeten Besatzungen den deutschen Albatrossen schon bald überlegen.

Die sinkende Zahl von Opfern unter den Briten spiegelte diese Entwicklung wider: Im April verloren sie innerhalb von ca. 30 000 Flugstunden über der Westfront 316 Mann aus ihren Fliegereinheiten. Im Mai erhöhten sie die Flugstundenzahl um 25 Prozent, doch die Zahl der Opfer ging auf 187 zurück und fiel im Juni auf 165. Mit mehr und zugleich besseren Flugzeugen übte das RFC einen gewaltigen Druck auf die deutschen Jagdflieger aus, die sich außerdem noch der Franzosen erwehren mussten. Die Deutschen gingen in die Defensive und konnten bis Anfang 1918 den Briten nichts entgegensetzen. Die Schaffung von „Richthofens Fliegendem Zirkus" versetzte sie in die Lage, mehr Flugzeuge als die Briten auf kleine Frontabschnitte zu konzentrieren und somit ihre technische Unterlegenheit zu mildern. John Morrow berichtet, von Richthofen habe sich Anfang Juli einem Freund gegenüber beklagt, wie niedrig die Moral unter den Jagdfliegern an der Front wegen ihrer jämmerlichen Maschinen sei. 1917 war das größte Problem der Deutschen die Tatsache, dass sie im Wettlauf mit den Alliierten um die zahlenmäßige Stärke ihrer Luftstreitkräfte immer mehr zurückfielen. Die deutsche Wirtschaft hatte bezüglich der Menge und Qualität der produzierten Waffen Wunder vollbracht und war viel schneller mobilisiert worden als die britische. 1914 hatte die deutsche Flugzeugindustrie 1348 Flugzeuge an die Armee ausgeliefert. 1915 stieg die Zahl auf 4532. Doch Deutschland stand ein weltweites Bündnis gegenüber, dem ab Mitte 1915 auch die US-Amerikaner mit ihrer Wirtschaftskraft angehörten.

Das ganze Jahr 1915 hindurch hatten die am Krieg beteiligten Großmächte darum gerungen, die industriellen Grundlagen für die Flugzeugproduktion aufzubauen und bessere Maschinen zu konstruieren. Das war in Anbetracht der geringen Kenntnisse über eine Entwicklung und Massenproduktion von Flugzeugen nahezu unmöglich. Einigen Ländern – insbesondere Russland und Österreich-Ungarn – gelang es nicht, die Probleme der Flugzeugfertigung unter Kriegsbedingungen zu lösen. Dagegen konnten Deutschland und Frankreich ihren Ausstoß außerordentlich erhöhen. 1915 stellten die Deutschen dreimal so viel Flugzeuge her wie im Jahr zuvor und fertigten 5037 Motoren. Bedenkt man, dass ein beträchtlicher Teil der französischen Wirtschaft unter deutscher Kontrolle stand, so ist das französische Produktionsergebnis von 1915 noch beeindruckender: 4489 Flugzeuge und 7096 Motoren. Die Briten waren weniger erfolgreich und fertigten nur 1680 Maschinen. Außerdem mussten sie ein Drittel ihrer Motoren aus Frankreich importieren.

1916 setzte ein Wandel vom Chaos zur Ordnung ein. Das Anwachsen des Arbeitsheeres war phänomenal. Bei den Franzosen stieg die Zahl der in der Flugzeugindustrie Beschäftigten von 12 650 vor dem Krieg auf 30 960 im Jahr 1915 und ein Jahr später sogar auf 68 920. Noch bemerkenswerter war die Ausweitung bei den Briten: Im August 1916 wurden in der Fertigung von Flugzeugen und Motoren 42 000 Arbeiter beschäftigt, während hier vor dem Krieg nur wenige Tausend tätig waren. Diese Ausdehnung fiel allerdings nicht leicht. Bereits unter der Asquith-Regierung fehlte ein zentrales, koordiniertes und konsequentes Herangehen bei der Beschaffung von Flugzeugen. Erst Ende 1916 gelang es den Briten mit David Lloyd George an der Spitze, ihre Beschaffungsprogramme in den Griff zu bekommen.

Die Sopwith „Camel" F. I, ein britisches Jagdflugzeug, das für seine Piloten beinahe ebenso todbringend war wie für den Feind.

Dennoch erreichten sie 1916 eine Steigerung der Flugzeugproduktion um das Dreifache, obwohl weiterhin ein Drittel der benötigten Motoren aus Frankreich kam. Die Franzosen setzten ihre eindrucksvollen Anstrengungen fort, allerdings mit den üblichen Konflikten. 1916 bauten sie 7549 Flugzeuge und die beachtliche Gesamtzahl von 16 875 Motoren. Letztere waren von größter Wichtigkeit, da die Verbündeten sehr von den französischen Importen abhingen. Als die Wirtschaft in Deutschland 1916 ihren Höchststand erreichte, schloss das auch die hier gebauten

Eine nahe der Westfront gemachte Aufnahme von Aufklärungsflugzeugen mit ihrem Staffelführer Lieutenant Reed.

8182 Flugzeuge ein. Die Schwierigkeiten, die für den Rest des Krieges die deutsche Flugzeugbeschaffung kennzeichneten, waren jedoch bereits absehbar. Die Deutschen fertigten lediglich 7823 Motoren und im Gegensatz zu Großbritannien hatten sie keine anderen Bezugsquellen. Nur die hohe Qualität deutscher Motoren konnte verhindern, dass das Missverhältnis zwischen Motoren- und Flugzeugherstellung ein ernstes Ausmaß annahm.

Auch 1917 setzte sich der Aufwärtstrend in der Produktion fort, doch der Druck auf die Deutschen wurde offensichtlich. Die deutsche Flugzeugindustrie fertigte zwar 13 977 Maschinen, doch die Franzosen konnten diese Zahl durch den Bau von 14 915 Flugzeugen überbieten. Mittlerweile waren auch die Fertigungszahlen in Großbritannien gestiegen, sodass mit 13 766 Flugzeugen fast das Produktionsniveau der Deutschen erreicht wurde. Letztere stellten im gleichen Zeitraum weniger Motoren als Flugzeuge her, nämlich insgesamt 12 029 Stück. Die Moto-

Der Jagdeinsitzer Bristol S.E.5 kam 1917 nach Frankreich. Es war das am häufigsten genutzte britische Jagdflugzeug des Ersten Weltkrieges.

Ein brennendes deutsches Flugzeug stürzt ab und sein Pilot springt in den Tod.

renproduktion in Großbritannien lag mit 11763 sogar noch darunter, während die Franzosen mit 23092 gefertigten Motoren die Hauptlast der Alliierten trugen. Trotz des qualitativen Vorteils, den die Deutschen während der ersten fünf Monate des Jahres 1917 innehatten, blieb die anwachsende Produktion der Alliierten für sie eine ernste Herausforderung. Als dann die Briten und Franzosen im Sommer des Jahres den technischen Vorsprung endlich erreicht hatten, sah die Lage für die Deutschen ernst aus. Ab Mai 1917 befanden sie sich in der Luft fast ausnahmslos in der Defensive.

Da man fürchtete, dass die Niederlande oder Dänemark in den Krieg eintreten könnten, sprach sich die neue militärische Führung unter Hindenburg und Ludendorff bemerkenswerterweise für Anstrengungen innerhalb der deutschen Marine zur Wiederaufnahme eines uneingeschränkten U-Boot-Krieges im Atlantik aus. Das führte zum Kriegseintritt der Vereinigten Staaten mit ihrem gesamten wirtschaftlichen Potential. Die Schlacht an der Somme, die die Deutschen als den Beginn der Materialschlachten bezeichneten, hatte bereits gezeigt, wie sehr das Reich mit seiner Kriegsproduktion hinter seine Gegner zurückgefallen war. Hindenburg und Ludendorff bemühten sich das Missverhältnis zwischen der deutschen Produktion und der des gegnerischen Bündnisses auszugleichen. Das so genannte Hindenburgprogramm setzte jedoch übertrieben optimistische Ziele für die Steigerung der Rüstungsproduktion und ließ außer Acht, wie viele Rohstoffe und Arbeitskräfte noch zur Verfügung standen. Dies war typisch für die deutsche Herangehensweise an den Krieg.

Zwar glaubten die Deutschen nicht an das militärische Potential der USA, doch sie wussten um deren wirtschaftliche Leistungsfähigkeit. Anfang Sommer 1917 brachten sie deshalb das so genannte Amerikaprogramm mit dem Ziel in Gang, bis Januar 1918 monatlich 2000 Flugzeuge und 2500 Motoren zu fertigen. Zwar waren diese Ziele nicht so größenwahnsinnig wie jene, die zwei Jahrzehnte später die Führer der Nazis aufstellten, dennoch brachte das Amerikaprogramm die Flugzeugindustrie aus dem Gleichgewicht. Bis Ende 1917 und auch noch in den ersten Monaten von 1918 gingen die Flugzeugpreise in die Höhe, die deutsche Wirtschaft wurde von immer neuen Streiks geschüttelt und die Qualität der Arbeit ließ nach. Da die Flugzeugproduktion nicht ihre Ziele erreichte, standen die deutschen Luftstreitkräfte vor der Wahl: Sie konnten entweder Maschinen aus Ausbildungseinrichtungen und Flugzeugparks abziehen, um Lücken in den Frontgeschwadern zu schließen, oder aber zulassen, dass der Bestand an der Front auf ein unannehmbares Niveau abfiel. Ihre Ziele erreichten die Deutschen jedoch nicht im Entferntesten. Während der ersten sieben Monate des Jahres 1918 stellten sie nicht einmal 1100 Flugzeuge monatlich her. Außerdem wurden sie aus ihren 1917/18 gesammelten Erfahrungen nicht klug. Da es ihnen nicht gelungen war, im betreffenden Zeitraum den Produktionsausstoß an Motoren und Flugzeugen zu verdoppeln, setzten sie sich das gleiche Ziel erneut bis zum Juni 1919. Doch der militärische und wirtschaftliche Zusammenbruch des Reiches sowie die Revolution machten dem Eroberungskrieg ein Ende.

Im Sommer 1917 traten die Schwierigkeiten beim Einsatz deutscher Fliegerkräfte deutlich zu Tage. Die Antwort der Briten auf von Richthofens Fliegerstaffeln bestand in der Aufstellung von Formationen über Flandern, die 60 Jagdflugzeuge umfassten. Da die Franzosen nach den Meutereien vom Mai nicht mehr zu größeren Militäroperationen in der Lage waren, sich unter den US-Amerikanern ein Durcheinander bemerkbar machte und die Russen im Begriff waren aus dem Krieg auszutreten, trugen die Briten die Hauptlast der alliierten Unternehmungen im

Dieses Gemälde eines Luftkampfes zeigt das führende amerikanische Flieger-As Eddie Rickenbacker 1918 an der Westfront.

Sommer 1917. Nach den Erfolgen von Arras und Messines gab es Grund zum Optimismus, doch leider machte Field Marshal Haig diesen zunichte. Weder er noch sein Stab hatten ein klares Verständnis für die großen Umwälzungen entwickelt, die sich in der Taktik der Kriegführung vollzogen. Darüber hinaus hatte Haig aufgrund eines kriecherischen und nicht funktionierenden Stabes das Gefühl dafür verloren, was an vorderster Front geschah. Wie sein Tagebuch belegt, erkannte er kaum, in welch katastrophaler Situation die britischen Streitkräfte steckten, die in der Schlacht um Passchendaele kämpften. 1917 hatte die BEF noch nicht die taktische Raffinesse entwickelt, die für große militärische Erfolge nötig war. Doch Haig trieb die Schwächung der BEF noch weiter voran, denn das von ihm für die Auseinandersetzung ausgewählte Flandern war als Schauplatz denkbar ungünstig. Hinzu kam das für die Jahreszeit vorhersehbare schlechte Wetter. Die Lage war folglich hoffnungslos.

Nach einem zwei Wochen andauernden vorbereitenden Bombardement warfen die Briten am 1. August 1917 ihre Streitkräfte einschließlich derer aus den überseeischen Herrschaftsgebieten in eine alles aufreibende Schlacht, deren nähere

Deutsche Flugzeuge beim Beschuss eines britischen Panzers. Das Bild wurde wahrscheinlich gestellt.

Umstände für Unbeteiligte vorstellbar gewesen sein müssen. Haigs Stabschef Lancelot Kiggell rief bei seinem ersten Frontbesuch im November bestürzt aus: „Mein Gott, haben wir hier etwa jemanden kämpfen lassen!“ Die vorherrschenden Bedingungen ließen nur geringe Anpassungen des indirekten Feuers bei der Artillerie zu und auch das Royal Flying Corps war trotz qualitativer und quantitativer Verbesserungen lediglich bedingt handlungsfähig.

Sobald es das Wetter in Flandern erlaubte, flogen britische Flugzeuge Angriffe gegen rückwärtige Ziele der Deutschen wie Flugplätze, Bahnstationen und Eisenbahnlinien. Außerdem griffen sie deutsche Frontstellungen direkt an. Die für Luft-Boden-Angriffe eingesetzten britischen Fliegerkräfte waren schlechter vorbereitet als ihre deutschen Gegner. Das Verteidigungsfeuer der Deutschen kostete aufgrund der Fluggeschwindigkeit von ca. 160 km/h viele Angreifer das Leben. Arthur Lee war der einzige von drei Staffelkommandeuren, der nach einer Woche fortwährender Angriffe durch sein Geschwader noch am Leben war. Er selbst wurde bei seinen ersten sieben Einsätzen dreimal abgeschossen, konnte dabei sein Flugzeug aber immer wieder hinter den britischen Linien bruchlanden.

JOIN THE
AIR SERVICE
and
SERVE
in
FRANCE
DO IT
NOW

Ein amerikanisches Plakat wirbt im Jahr 1918 Rekruten für den Dienst in Frankreich.

Nach dem schweren Versagen bei Passchendaele befand sich Haig daheim in größten politischen Schwierigkeiten. Deswegen oder weil er während des ganzen Krieges ein großer Fürsprecher bei der Entwicklung von Tanks gewesen war, genehmigte Haig Ende November 1917 einen Angriff bei Cambrai, der sich hauptsächlich auf Panzertechnik stützte. Ein vorbereitendes Bombardement fand nicht statt. Stattdessen verließen sich die Planungsoffiziere auf die Tanks und auf schwere Bombardierungen kurz vor Angriffsbeginn um der Infanterie ein Überqueren des Gefechtsfelds bis zu den feindlichen Verteidigungsstellungen zu ermöglichen. Der Erfolg des Angriffs übertraf Haigs größte Erwartungen. Im Verlauf eines Tages besetzten die Briten ein Gebiet von einer Größe, für dessen Einnahme sie während der Passchendaele-Offensive dreieinhalb Monate benötigt hätten. Flugzeuge vom Typ DH-5 griffen deutsche Artilleriestellungen an, die die vorrückenden Tanks bedrohten. Weitere Flugzeuge machten die Bemühungen der deutschen Verteidigung zunichte, auch als die Tanks bereits mit Defekten liegen geblieben oder zerstört worden waren.

In einem exzellenten Gegenangriff vertrieben die Deutschen eine Woche später die Briten aus den eingenommenen Gebieten, wobei ein kombinierter Einsatz von Infanterie und Artillerie erfolgte. Auch diesmal erhielten die Deutschen direkte Luftunterstützung, die maßgeblich zum Erfolg beitrug. Einige der deutschen Flugzeuge waren vom neuen Typ Junkers J 1. Dieses gepanzerte Ganzmetall-Jagdflugzeug hatte die Firma Junkers speziell für Bodenangriffe mit Luftunterstützung entwickelt. Die Offensive stützte sich eher auf taktische als auf technische Neuerungen und unterstrich, wie sehr sich an der Westfront das Innovationstempo im Vergleich zu den ersten Kriegsjahren erhöht hatte. Die Deutschen waren dabei, eine moderne Form der Kriegführung zu finden.

Das letzte Kriegsjahr: 1918

Nach dem Zusammenbruch der russischen Armee im Jahr 1917 und einer Offensive im Oktober, die beinahe die italienischen Streitkräfte zerschlug, bot sich den Deutschen die Gelegenheit zum Durchbruch an der Westfront, noch ehe das Gewicht der Rüstungsproduktion sowie der Militäreinheiten der US-Amerikaner spürbar werden konnte. Die Deutschen hätten angesichts der ernsten politischen und wirtschaftlichen Lage im Reich auch eine alternative Strategie verfolgen können. Ein Frieden im Westen hätte es ihnen ermöglicht, einen Teil ihrer umfangreichen Eroberungen im Osten zu behalten. Doch Ludendorff wollte sich nicht mit Halbheiten zufrieden geben, da er glaubte, mit einem gewagten Manöver alles gewinnen zu können.

Die Deutschen entschieden sich deshalb, im März 1918 eine große Offensive an der Westfront zu beginnen. Die bolschewistische Propaganda hatte die Moral der an der Ostfront eingesetzten Truppen sehr untergraben und man beschloss, nur wenige von ihnen für den Angriff heranzuziehen. Stattdessen vertraute die Oberste Heeresleitung auf neue taktische Varianten. Mit größter Präzision ausgeführte und überraschende Artillerieangriffe sollten den Gegner aus dem Gleichgewicht bringen anstatt seine Streitkräfte völlig zu zerstören. Alle sich bietenden taktischen Vorteile wollte man rasch ausnutzen.

Die Operation erhielt den Kodenamen „Michael“ und begann am 21. März 1918. Der Einsatz der deutschen Truppen erfolgte geschickt und diszipliniert und es wurde eine Vielzahl von Artilleriegeschützen sowie eine beträchtliche Menge an Flugzeugen gegen die britische 3. und 5. Armee aufgeboten. Die Deutschen besaßen 3668 Flugzeuge im Westen, im Vorjahr waren es lediglich 2271 gewesen.

Das Jagdflugzeug Spad 13.

Besonders der Angriff gegen die 5. Armee war von Erfolg gekrönt und zerstückelte die britische Verteidigungslinie. Das Zusammenwirken von britischen Fliegerkräften und Artillerie kam in dem nebeligen Wetter und unter dem Druck des deutschen Angriffs nicht zum Tragen.

Während der ersten beiden Tage beherrschten deutsche Flugzeuge den Himmel über ihren rasch vorrückenden Einheiten. Doch am 24. März wurden alliierte Flieger zur Verstärkung der 3. Armee und der zerfallenden Divisionen der 5. Armee herangeführt. Dank dieser Aufstockung konnten die Alliierten den deutschen Boden- und Lufttruppen schwere Verluste zufügen. Beide Seiten warfen ihre Fliegereinheiten ohne Rücksicht auf die Zahl der Opfer in den Kampf und griffen feindliche Bodentruppen unter großen Verlusten an. Gegen Ende des Monats hatten die Deutschen im Zuge ihres Vormarschs ein überraschend großes Gebiet besetzt. In strategischer und funktionaler Hinsicht waren sie allerdings die Verlierer, denn sie

A. R. Brooks mit seinem Spad-Jagdflugzeug.

Das deutsche Jagdflugzeug Fokker D.VII wurde im Sommer 1918 eingeführt. Die außerordentlich wendige und auch in großen Höhen gut manövrierende Maschine kam zu spät zum Einsatz um den auf den deutschen Truppen lastenden Druck der Alliierten zu vermindern.

hatten nun eine viel breitere Front zu verteidigen, die darüber hinaus auch noch stark geschwächt war.

Die Märzoffensive kündigte eine Reihe weiterer deutscher Offensiven an, die sich bis Anfang Juni fortsetzten. Durch einige Operationen konnten die Alliierten besonders erfolgreich zurückgetrieben und Gebiete besetzt werden. Zwar erreichte keine von ihnen Ziele mit längerfristiger Bedeutung, doch alle waren mit unheimlichen Verlusten verbunden. Von März bis Juli hatten die Deutschen fast 1 000 000 Opfer zu beklagen, weitaus mehr als bei Verdun, an der Somme oder bei Passchendaele. Die Verluste in der Luft waren ebenso hoch. Bereits im Januar, also vor Beginn der Angriffe, registrierten die deutschen Luftstreitkräfte den Verlust von 779 Flugzeugen und von 241 der insgesamt 4500 an der Westfront stationierten Flieger, was einem Verlust von ca. sechs Prozent entsprach. Bis Mai verloren die Deutschen jeden Monat ein Siebentel ihrer Piloten. Ihre Ausbildungseinrichtungen konnten dieser Belastung nicht nachkommen. Ende April fiel der gefürchtete von Richthofen kurz nach seinem 80. Abschuss entweder den MGs von Captain Roy Brown oder dem Feuer australischer Fliegerabwehr zum Opfer.

Inzwischen setzten beide Seiten eine erhebliche Zahl von Fliegerkräften für Nachtbombardements ein, was insbesondere auf die schweren Verluste der Bombergeschwader bei Tagangriffen zurückzuführen war. Die Ergebnisse waren unterschiedlich. Nachtangriffe stellten für den Feind eine große Belastung dar, der verursachte Schaden blieb jedoch gering, wenn die Angriffe nicht bei Vollmond und klarer Sicht erfolgten. Zumeist wurden Bomben lediglich über feindlichem Gebiet verteilt. Ein britischer Bomberpilot meinte 1917: „Es ist durchaus möglich, dass fünf Bomberstaffeln zu einem Bombardement eines bestimmten Zieles losfliegen und nur eine von ihnen wirklich das richtige trifft. Die vier anderen werfen ihre Bomben in dem Glauben ab, sich über dem richtigen Ziel zu befinden, treffen jedoch vier verschiedene Dörfer, die dem gewünschten Ziel kaum oder überhaupt nicht ähneln.“

Ein deutscher Bomber G.III. Diese Gotha-Bomber flogen im Sommer 1917 Angriffe gegen London und Südostengland.

Infolge des von den Alliierten auf die deutschen Fliegereinheiten ausgeübten Drucks nahm die Wirkung der Luftunterstützung für deutsche Bodentruppen während der heißen Sommerschlachten immer mehr ab. Trotz der Einführung des hervorragenden neuen Jagdflugzeugs Fokker D.VII, das dem Historiker John Morrow zufolge die Fähigkeit besaß „aus mittelmäßigem Material einen guten Piloten zu machen", konnten die deutschen Luftstreitkräfte immer seltener einen Beitrag zur Schlacht am Boden leisten. Die Alliierten waren zahlenmäßig einfach überlegen und der Druck ihrer Offensiven zu groß. Es gelang den Deutschen außerdem nicht, die während der Frühjahrsangriffe speziell an Piloten erlittenen Verluste auszugleichen.

Am 8. August 1918 errangen britische und australische Einheiten einen Erfolg über die Deutschen, der Signalwirkung besaß. Zunächst hatte ein plötzlich einsetzendes Bombardement die wichtigsten deutschen Verteidigungsanlagen zerschlagen, die mit Hilfe von Luftaufnahmen ausfindig gemacht worden waren. Danach begleiteten Tanks mit direkter Luftunterstützung die Infanterie über das Gefechtsfeld und brachen durch die deutsche Verteidigung. Ludendorff bezeichnete diesen Erfolg als den schwärzesten Tag des Krieges für die deutsche Armee. Dennoch konnten deutsche Flugzeuge verhindern, dass alliierte Bomber die Brücken über die Somme zerstörten, und fügten den Angreifern schwere Verluste zu. Doch die Tatsache, dass die Briten und Franzosen 1904 Flugzeuge (988 Jagdflugzeuge) auf eine 40 km breite Front konzentrierten, an der ihnen nur 365 deutsche Flugzeuge (140 Jagdflugzeuge) gegenüberstanden, unterstreicht die Übermacht, mit der die Deutschen nun konfrontiert waren.

Eine wachsende Zahl von britischen, französischen und US-amerikanischen Flugzeugen stand den Deutschen an der Westfront gegenüber. Dabei flogen die Amerikaner Maschinen französischer und britischer Herkunft. Den deutschen Fliegern gelangen kaum noch Abschüsse. Inzwischen verfügten die Briten über ein vernünftiges Ausbildungsprogramm, das Piloten auf den Einsatz in Jagdfliegern und bei unterstützenden Kampfeinsätzen unter den harten Bedingungen der Westfront vorbereitete. Die US-Amerikaner, die im Allgemeinen nur ungern aus der

Erfahrung ihrer Verbündeten lernten, waren letztlich bereit bei der Ausbildung von Piloten und Flugzeugbesatzungen auf sie zu hören. Zu Beginn ihrer Frühjahrsoffensive im März 1918 besaßen die deutschen Luftstreitkräfte 3668 Kampfflugzeuge, von denen im November nur noch 2709 übrig waren. Das entsprach einem Verlust an Kampfkraft von 27 Prozent. Jagdflieger verfügten in Anbetracht der enormen Verluste über immer weniger Erfahrung.

Dennoch waren die Deutschen in der Lage, ihrem Gegner empfindliche Verluste zuzufügen. Das mussten die US-Amerikaner bei ihrem Angriff auf den Mihielbogen feststellen. Die US-amerikanische First Day Bombardment Group büßte in den ersten vier Tagen der Offensive 31 Piloten und Beobachter ein, davon 16 aus einem einzigen Geschwader. Hingegen gelang es den Deutschen immer seltener, die Situation am Boden zu beeinflussen. Deutsche Aufklärungsflugzeuge konnten sich kaum ein zusammenhängendes Bild von den Dingen verschaffen, die sich hinter den gegnerischen Linien ereigneten. Balloneinsätze der Deutschen wurden durch aggressive Angriffe insbesondere der US-Amerikaner zunichte gemacht. Das US-amerikanische Piloten-As Frank Luke spezialisierte sich auf Angriffe gegen Ballons und zerstörte trotz intensiven Flakfeuers 17 Stück innerhalb von 18 Tagen. Die deutschen Fliegerkräfte mussten sich nun rasch auf schlechter ausgestattete Stützpunkte zurückziehen, als die Offensiven der Alliierten ihre Armee zurück nach Belgien drängten. Auch die neu angelegten Flugplätze waren heftigen Angriffen ausgesetzt und aufgrund von Lieferschwierigkeiten wurde es immer problematischer, die im Westen kämpfenden Fliegerkräfte mit Kraftstoff zu versorgen. Während der entscheidenden Sommermonate konnten manche deutsche Jagdfliegerstaffeln nicht mehr als zehn Flüge täglich absolvieren.

Die Produktionszahlen der drei Großmächte unterstreichen die hoffnungslose Lage, in die die übermäßige strategische Ausdehnung sie gebracht hatte. Trotz massiver Bemühungen zur Schaffung einer Kommandowirtschaft, die monatlich 2000 Flugzeuge produzierte, gelang es den Deutschen 1918 nicht, dieses Ziel zu erreichen. Unter verzweifelten Anstrengungen bauten sie im Oktober erstmals

Der britische Bomber Handley Page 0/400.

2000 Stück, doch diese Zahl wurde von den Alliierten mit Hilfe ihres überwältigenden Produktionsvorteils übertroffen. Die Deutschen mussten letztendlich sogar ein negatives Ergebnis verzeichnen, da ihre Verluste mittlerweile so groß geworden waren. Die Produktionszahlen für 1918 bestätigen die Entwicklung, die sich seit 1914 vollzogen hatte. Im Verlauf der ersten sieben Monate des Jahres 1918 fertigten deutsche Firmen lediglich 8055 Flugzeuge und 9050 Motoren. Dagegen stellten die Franzosen 24 652 Flugzeuge und 44 563 Motoren her. Die Briten konnten 1918 eine erstaunliche Verbesserung verzeichnen. Das war ein Ergebnis der wirkungsvollen und umfassenden Mobilisierung der britischen Industrie und Ressourcen durch Lloyd George. Britische Firmen verdoppelten von 1917 an ihre Produktionsleistung und fertigten 30 761 Flugzeuge und zusätzlich 1865 Seeflugzeuge. Bei der Motorenherstellung war das Ergebnis mit 22 088 Stück nicht ganz so bemerkenswert. Auch diesmal wurden Motoren aus Frankreich importiert.

Die größte Enttäuschung war, dass es die USA nicht schafften auch nur ein einziges Jagdflugzeug eigener Produktion zum Kampfeinsatz zu bringen. Sicher wäre das 1919 anders geworden, doch angesichts der großspurigen Verlautbarungen bei Kriegseintritt war das Resultat kläglich. Hauptsächlich war dieses Versagen auf die allgemeine Abneigung der Wilson-Administration zurückzuführen, schon vor Kriegseintritt der USA die wirtschaftlichen Grundlagen für die Rüstungsproduktion vorzubereiten. Besonders schlug sich das in der Flugzeugproduktion nieder. Doch ein gewisser Franklin Delano Roosevelt, Unterstaatssekretär der Marine, nahm den skandalösen Stand des Flugzeugbauprogramms zur Kenntnis. Er sorgte zwanzig Jahre später für eine groß angelegte Erweiterung der wirtschaftlichen Grundlagen für die Flugzeugproduktion lange vor Kriegseintritt der Vereinigten Staaten.

Strategische Bombenangriffe

Im November 1914 schrieb der deutsche Großadmiral und Gründer der Hochseeflotte Alfred von Tirpitz in einem Brief an einen Freund, dass die ersten Luftschiffangriffe auf England zwar die Engländer in Angst und Schrecken versetzt hätten, er jedoch von solcherlei Schrecklichkeit nichts halte. Seiner Meinung nach brächten einzelne, von Flugmaschinen abgeworfene Bomben nicht den gewünschten Erfolg. Sie seien abscheulich, wenn sie träfen und alte Frauen töteten, doch man gewöhne sich an sie. Wenn man jedoch London an 30 verschiedenen Stellen in Brand setzen könne, so würde aus dem Abscheulichen etwas Wunderbares und Mächtiges. Von Tirpitz' Gedanken fassten zusammen, was später im Mittelpunkt der strategischen Bombenangriffe des Ersten Weltkrieges stehen sollte: Der Übergang von der Möglichkeit, eine relativ geringe Zahl von Menschen zu töten oder zu verstümmeln, zu der, beträchtliche Schäden herbeizuführen, sollte dem Gegner die Fähigkeit zur Kriegführung nehmen.

Mit ihrer Begeisterung für diese Grausamkeit waren die Deutschen die enthusiastischsten und konsequentesten Verfechter strategischer Bombardements. Jedoch führten alle am Luftkrieg im Westen beteiligten Großmächte zumindest in einem gewissen Umfang strategische Bombenangriffe durch. Selbst die Italiener schufen unter Einsatz beträchtlicher Mittel eine Bomberflotte, die den Krieg über die unzähligen und ergebnislosen Schlachten an der Isonzo-Front hinaustragen konnte. Ein Ziel bei der Schaffung strategischer Bombereinheiten war es, unbedingt dem grauenhaften Abschlachten in den Schützengräben zu entrinnen. Frustration hatte sich darüber breit gemacht, dass das Kriegsende nicht absehbar war und nur wenige Erfolge verzeichnet werden konnten. Darüber hinaus waren strategische Bombenangriffe auch für die Verfechter der Ansicht attraktiv, dass die zivile Gesellschaft und insbesondere die Arbeiterklasse im industriellen Zeitalter verweichlicht und geschwächt worden sei. Mit direkten Schlägen gegen diese Arbeiterklasse konnten Luftstreitkräfte nun den verletzlichen Teil des Feindes treffen.

Die Deutschen verfügten jedoch über einen Vorteil, den ihre Gegner nicht besaßen: Sowohl London als auch Paris waren von den deutschen Luftstützpunkten relativ gut zu erreichen, die sich in dem 1914 besetzten Gebiet befanden. Dagegen lag Berlin und selbst das Ruhrgebiet recht weit von den alliierten Stützpunkten entfernt. Wie von Tirpitz bereits angedeutet hatte, begannen die Deutschen ihre Bemühungen Ende 1914 mit Zeppelin-Angriffen, von denen die meisten nachts erfolgten. Die lenkbaren Luftschiffe verursachten jedoch nur geringen Schaden.

Inzwischen bereiteten die Deutschen unter großen finanziellen Aufwendungen eine Streitmacht „schwerer" Gotha-Bomber auf den Einsatz in Nordwestbelgien vor. Mit ihren beiden Mercedes-Motoren stieg eine Gotha bis auf 3660 m und flog dort erhaben mit einer Geschwindigkeit von fast 130 km/h. Angesichts der zu bewältigenden Entfernungen und des technischen Entwicklungsstandes führte sie selten Bombenlasten mit, die schwerer als 450 kg waren. Der erste Angriff zielte Ende Mai 1917 auf London ab, blieb jedoch in den dicken Haufenwolken stecken. Der Bomberverband drehte daraufhin nach Südwesten ab und griff auf seinem Rückflug nach Belgien Folkestone an. Ein Teil der Bombenlast traf eine belebte Einkaufspassage, tötete 95 Menschen und verletzte 260. In Anbetracht des zur Tradition gewordenen Sicherheitsbedürfnisses der Inselbevölkerung war die Empörung in der Presse riesig. Eine Woche später waren die Deutschen erneut zur Stelle. Diesmal trafen sie Liverpool Street Station und einen Kindergarten; es gab 162 Tote und 432 Verwundete. Als Reaktion auf die öffentliche Protestwelle beorderte die Regierung gegen Trenchards und Haigs Einwände drei Jagdstaffeln aus Frankreich zurück.

Als kaum zwei Wochen später Gothas das East End bombardierten, befand sich eine der Staffeln bereits wieder in Frankreich. Bislang waren die britischen Verteidigungsmaßnahmen ineffektiv gewesen, doch während der folgenden drei Angriffe schossen britische Jagdflieger vier Bomber ab. Fünf deutsche Flugzeuge stürzten ohne die Einwirkung der britischen Luftverteidigung ab. Bei diesen drei Einsätzen verloren die Deutschen beinahe ein Drittel ihrer Bomber. Indessen war ein Tumult in den politischen Kreisen Großbritanniens ausgebrochen, der zur Schaffung einer Untersuchungskommission unter dem südafrikanischen Politiker Jan Smuts und letztendlich zur Bildung der Royal Air Force als eigenständige Teilstreitkraft führte. Außerdem wurde ein wirksames Luftverteidigungssystem geschaffen – ein Vorläufer jenes Systems, welches das Vereinigte Königreich während der Luftschlacht um England anwendete. An Radar war jedoch noch nicht zu denken.

Die Deutschen waren von der zunehmenden Schlagkraft der britischen Verteidigung so beeindruckt, dass sie zu Nachtangriffen übergingen. Während eines Angriffs bei Vollmond wurde eine Kaserne nahe den Werften der Hafenstadt Chatham getroffen, wobei 131 Seeleute getötet sowie 90 verletzt wurden. Doch auch die britische Nachtverteidigung verbesserte sich, nachdem anfängliche organisatorische Probleme bewältigt waren. In der Nacht des 28. September 1917 schossen die britischen Verteidiger vier Bomber ab und die Deutschen flogen fünf weitere zu Bruch. Bald darauf bestückten die Deutschen ihre Bomber auch mit Brandbomben. Am 6. Dezember warfen Gothas mehr als zehn Tonnen Bomben auf London ab, doch das schnelle Eingreifen der Londoner Feuerwehr konnte eine Katastrophe vermeiden.

12 Tage später griffen die Deutschen Großbritannien erneut an, zerstörten eine Vielzahl von Gebäuden, töteten jedoch nur 12 Zivilisten. Von den 13 angreifenden Flugzeugen verloren die Deutschen nur ein einziges durch ein britisches Jagdflugzeug, acht weitere gingen während des Rückfluges auf ihr eigenes Konto. Wie auch im Verlauf des Zweiten Weltkrieges verschossen britische Fliegerabwehrgeschütze große Mengen Munition mit geringer Wirkung. Doch die Schaffung eines Programms mit Berichterstattung, Flakstellungen, Ballons und Nachtjägern konfrontierte die Deutschen mit einem echten Luftverteidigungssystem. Beim letzten deutschen Angriff in der Nacht vom 19. zum 20. Mai 1918 kamen 31 Bomber, darunter 28 Gothas gegen verschiedene Ziele zum Einsatz. Britische Nachtjäger schossen drei von ihnen ab, weitere drei gingen auf das Konto der britischen Fliegerabwehrgeschütze. Dieser Verlust in Höhe von 20 Prozent veranlasste die Deutschen zur Einstellung der Bombenangriffe.

Viel hatten die Deutschen nicht erreicht, abgesehen davon, dass sie die Briten dazu brachten, bis zum Ende durchzuhalten. Auch die Empörung in der Öffentlichkeit hatte einen erheblichen Einfluss auf das Denken Trenchards. Nach einem kurzen, aber erfolglosen Einstand als erster Stabschef der RAF kehrte Trenchard im Sommer 1918 nach Frankreich zurück. Hier kommandierte er Einheiten von Langstreckenbombern, die die Briten gerade aufstellten um gegen Deutschland zurückzuschlagen. Im Herbst griffen diese Verbände unter großen Verlusten eine Reihe deutscher Städte an, doch die erzielten Ergebnisse waren enttäuschend. Das hielt das britische Luftfahrtministerium allerdings nicht davon ab, im Oktober 1918 zu verkünden: „Zwar sind bislang im Vergleich zur moralischen Wirkung nur leichte Sachschäden verursacht worden. Es gilt jedoch als sicher, dass die Zerstörung der 'Moral' vor der Zerstörung der Fabriken beginnt und infolgedessen Produktionseinbußen bedeutsamer sind als Sachschäden."

Der Luftkrieg

Zu Beginn des Ersten Weltkrieges waren Flugzeuge viel versprechende Waffen mit mäßiger Leistung. Wäre der Krieg von kurzer Dauer gewesen, so hätte das Flugzeug wegen seines geringen Beitrags wenig Aufmerksamkeit erhalten und seine Entwicklung wäre gemächlicher und zwangloser vorangetrieben worden. Doch die Pattsituation am Boden schuf einen gewaltigen Bedarf an Flugzeugen für Artillerieaufklärungsflüge. Dies löste unter den sich gegenüberstehenden Armeen schnell und unvermeidlich einen Wettstreit um den Luftraum über den Gräben aus, denn es galt, die eigenen Aufklärungsflugzeuge zu schützen und die des Feindes anzugreifen.

Der Kampf um die Luftherrschaft entbrannte Ende 1915 ernsthaft und hielt bis zum Kriegsende unvermindert an. Die Kosten, die Flugzeugbesatzungen und Flugzeuge verursachten, führten zu einem dringenden Bedarf an einer Erhöhung ihrer Zahl und Qualität. Beachtliche Verbesserungen in der Leistung von Flugzeugen und Motoren sowie bei den Fertigkeiten des Flugpersonals waren die Folge, was die Flugzeuge für die Schlacht am Boden noch bedeutsamer machte. Die Franzosen mussten im April 1917 feststellen, welche katastrophalen Folgen der Verlust der Luftherrschaft auf die Schlacht entlang des Chemin des Dames hatte. Die Dauer und die riesige Zahl von Opfern des Krieges zwang die erstarkenden Luftstreitkräfte, Angriffe mit Flugzeugen auf das Hinterland des Feindes in Erwägung zu ziehen. Einige betrachteten Flugzeuge sogar als ein Mittel für Angriffe auf die Bevölkerung des Feindes und dessen wirtschaftliche Grundlagen, die die Hauptstütze der Front bildeten. Auf dem Gebiet der Technik galt es große Probleme zu bewäl-

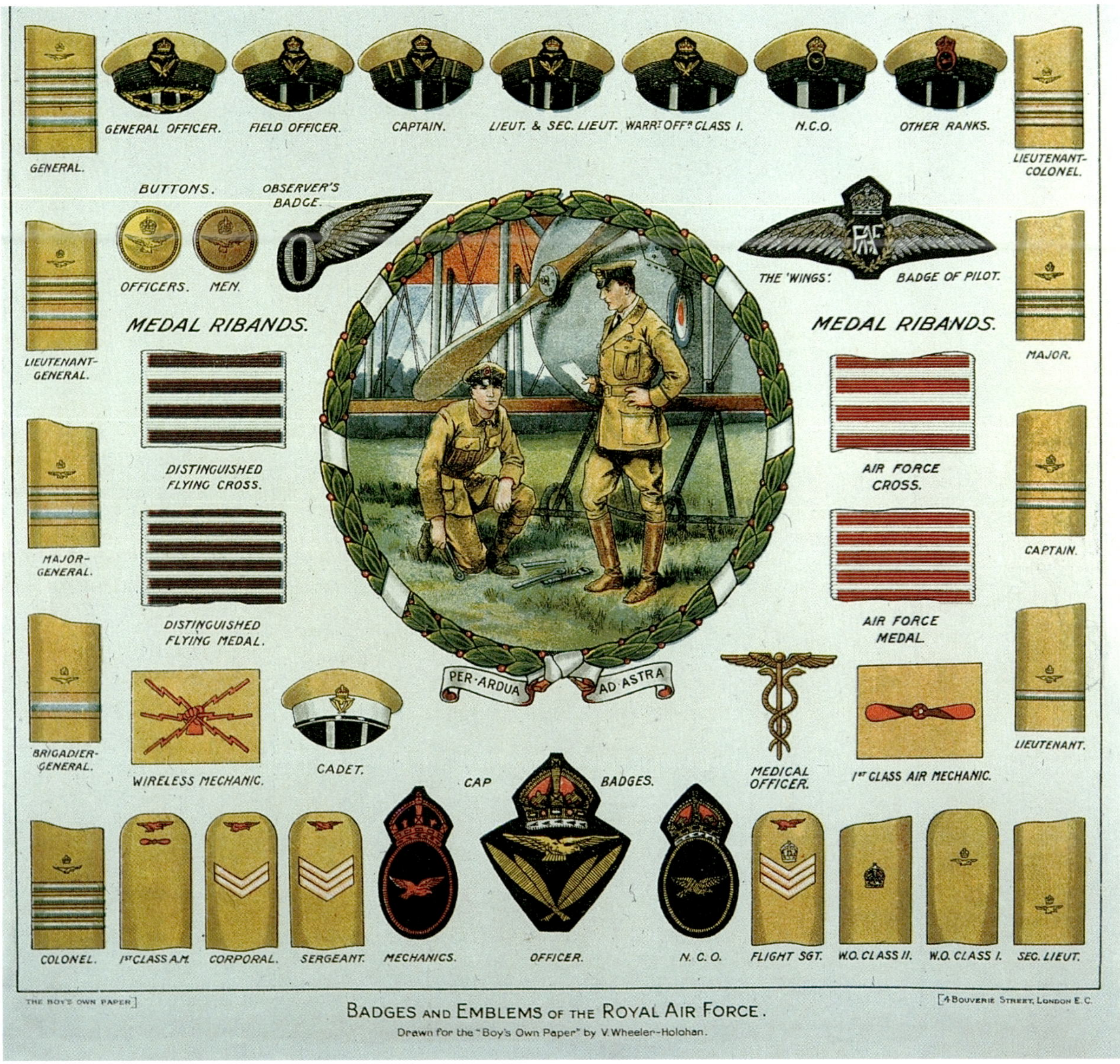

Mützenabzeichen, Rangabzeichen und spezielle Abzeichen von Waffengattungen der neu gebildeten Royal Air Force.

tigen, denn die Mittel und Fähigkeiten für wirkungsvolle strategische Bombenangriffe waren noch nicht vorhanden. Hier wurden die Flieger des Ersten Weltkrieges zu Wegbereitern für die Zukunft.

Mit einem Wort, der Erste Weltkrieg führte unter schweren Verlusten und großen Leiden zur Entstehung der modernen Kriegführung. Was sich in der Luft ereignete, war dabei ebenso bedeutsam wie das, was am Boden geschah. Von 1918 an war ein Krieg zwischen den Großmächten ohne den Einsatz von Flugzeugen unvorstellbar und alles Wunschdenken der 20er- und 30er-Jahre konnte diese Entwicklung nicht umkehren.

D-LZ129

KAPITEL ZWEI

DIE JAHRE ZWISCHEN DEN WELTKRIEGEN

DEUTSCHLAND ÜBER ALLES: Luftschiff „Hindenburg" über New York.

Die Jahre zwischen den Weltkriegen

Der Versailler Vertrag beendete zwar den Krieg, aber mit einem bitteren Beigeschmack. Er erlegte den Deutschen schwere Strafen auf und untersagte dem Reich den Besitz von Militärflugzeugen. Im Nachhinein betrachtet wurde das Abkommen seinem Ziel nicht gerecht. Es war einerseits nicht streng genug gefasst um die Deutschen an dem Versuch zu hindern ihre Position wiederzuerlangen. Andererseits war es nicht friedfertig genug um sie zur Unterstützung der geschaffenen Ordnung zu bewegen. Der französische Marschall Ferdinand Foch meinte treffend, dass es sich bei dem Vertrag nur um einen 20 Jahre währenden Waffenstillstand handle. 1919 teilten in Europa jedoch nur wenige diese Ansicht.

Eine der eindeutigen Lehren des Ersten Weltkrieges zeigte, dass das Flugzeug zu einem grundlegenden Bestandteil militärischer Überlegungen geworden war. Das Problem bei der Weiterführung der Flugzeugentwicklung nach dem Krieg bestand darin, dass es zwar über ein beträchtliches militärisches Potential verfügte, der Stand der Technik jedoch für eine Anwendung im zivilen Bereich noch nicht genügte. Das Flugzeug besaß einfach noch nicht die nötige Reichweite, konnte keine größeren Lasten tragen und bot eine ungenügende Sicherheit für Passagiere. Selbst in den Streitkräften der Siegermächte sorgten Sparmaßnahmen dafür, dass die Mittel für Forschung und Entwicklung sowie für den Unterhalt der bestehenden Luftstreitkräfte begrenzt waren. Es flossen weder von den Regierungen noch von der Wirtschaft genügend Gelder um die Entwicklung der Flugtechnik voranzutreiben. Die 1929 einsetzende Weltwirtschaftskrise verschärfte diese Situation noch mehr. Die große Begeisterung für die Möglichkeiten des Flugzeugs hielt jedoch sowohl in den Reihen der Militärs als auch in der Zivilbevölkerung an. Es wurden Preise vergeben und Flugveranstaltungen abgehalten. Der Wettstreit um neue Flugrekorde bewegte eine breite Öffentlichkeit. Die Bevölkerung schenkte dem Flugzeug mindestens so viel Aufmerksamkeit wie während des Krieges. Charles Lindbergh wurde für seinen Alleinflug über den Atlantik sowohl in Amerika als auch in Europa außerordentliche Anerkennung zuteil. Herumreisende Flieger verehrte man auf jedem noch so kleinen Flugplatz Amerikas. Das öffentliche Interesse am Fliegen trieb die technische Entwicklung bis Mitte der 30er-Jahre voran. Es war jedoch nicht groß genug um Forschung und Entwicklung auf dem Gebiet der Flugzeug- und Motorentechnik in bedeutendem Maße zu fördern.

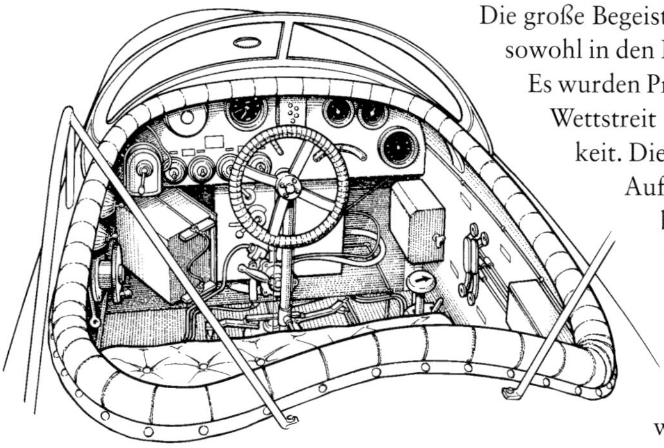

Abbildung des Cockpits und der Armaturen einer Vickers „Vimy“.

Da den Deutschen der Besitz von Militärmaschinen und mehrmotorigen Flugzeugen Anfang der 20er-Jahre untersagt war, betrieben sie die Entwicklung von Segelflugzeugen mit einer Leidenschaft, die die Luftkampfromantik des Ersten Weltkrieges einzufangen versuchte. Peter Fritzsche beschreibt das Denkmal für die Flieger des Ersten Weltkrieges auf der Wasserkuppe, dem Segelflugzentrum der Weimarer Republik. Es überragte die weiten Felder und trug eine Inschrift, die über eine zumindest aus Sicht des deutschen Militärflugwesens bedrückende Gegenwart hinwegsah und eine Brücke von der militärischen Vergangenheit zu einer strahlenden Zukunft schlug: „Wir toten Flieger blieben Sieger durch uns allein. Volk, flieg Du wieder, und Du wirst Sieger durch Dich allein.“

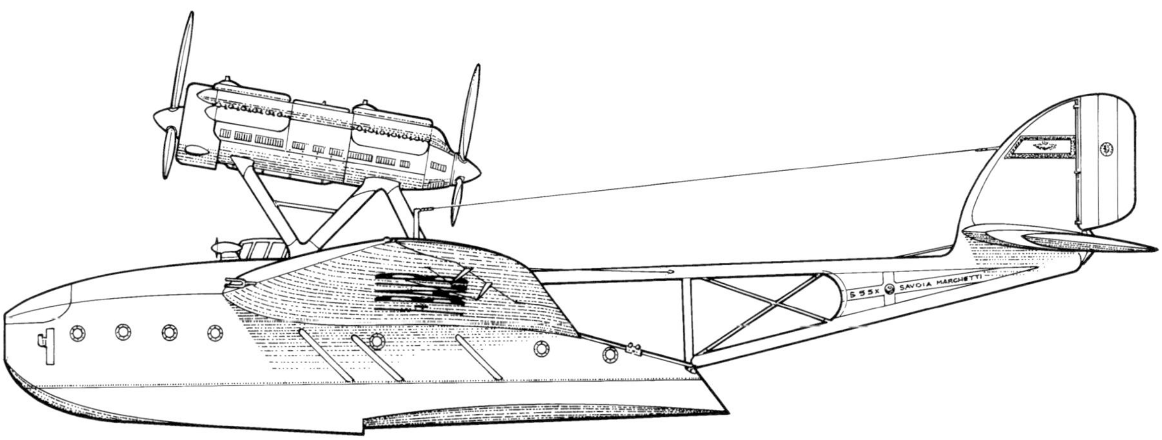

Theorien und Lehrsätze zum Luftkrieg

Die Militärs diskutierten viel über die Fähigkeiten von Flugzeugen. Aus den Erfahrungen des Krieges gab es mehrere Lehren zu ziehen. Die erste besagte, dass die Luftüberlegenheit nötig ist, ehe Flugzeuge andere Operationen ohne unannehmbare Verluste durchführen können. Außerdem erkannte man, dass Flugzeuge bei Angriffen bis weit ins Hinterland des Feindes gewisse Vorzüge besaßen und der Krieg durch sie wieder an Beweglichkeit gewann. Trotz dieser Vorteile bestand die Schwierigkeit nicht allein in der Genauigkeit von Angriffen, sondern vielmehr darin, dass sich deren Auswirkungen auf Material und Moral schwer abschätzen ließen.

Bild oben: *Italienische Flugboote nach einem Transatlantikflug bei Rio de Janeiro.*

Darunter: *Schematische Darstellung eines Flugboots.*

Langstrecken-Bombenflugzeug Vickers „Vimy“.

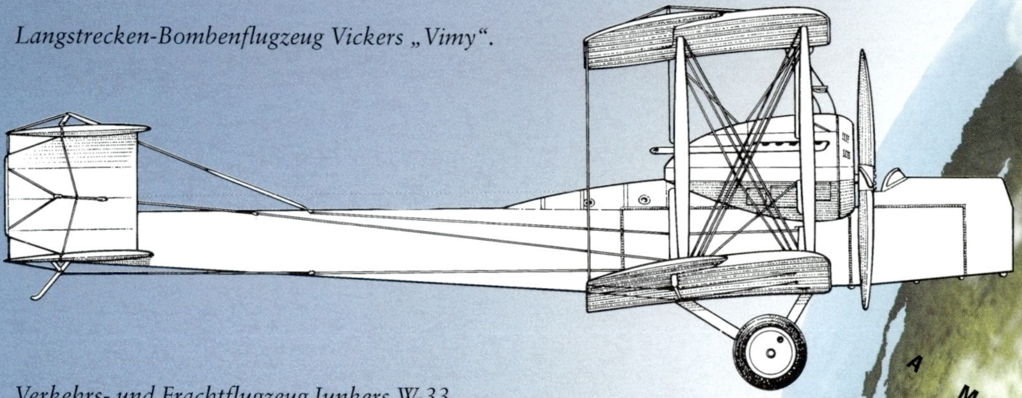

Verkehrs- und Frachtflugzeug Junkers W-33.

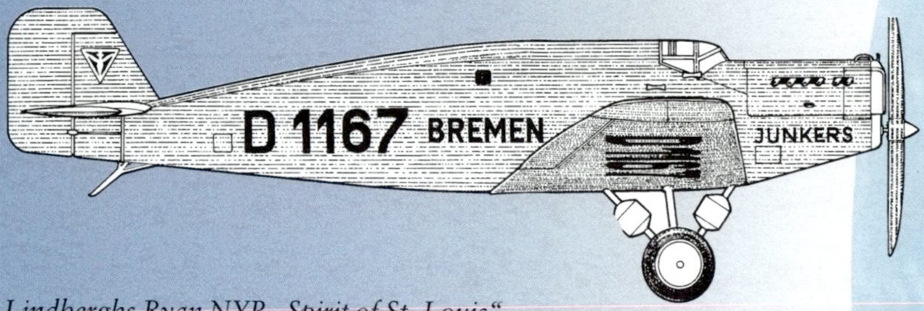

Lindberghs Ryan NYP „Spirit of St. Louis“.

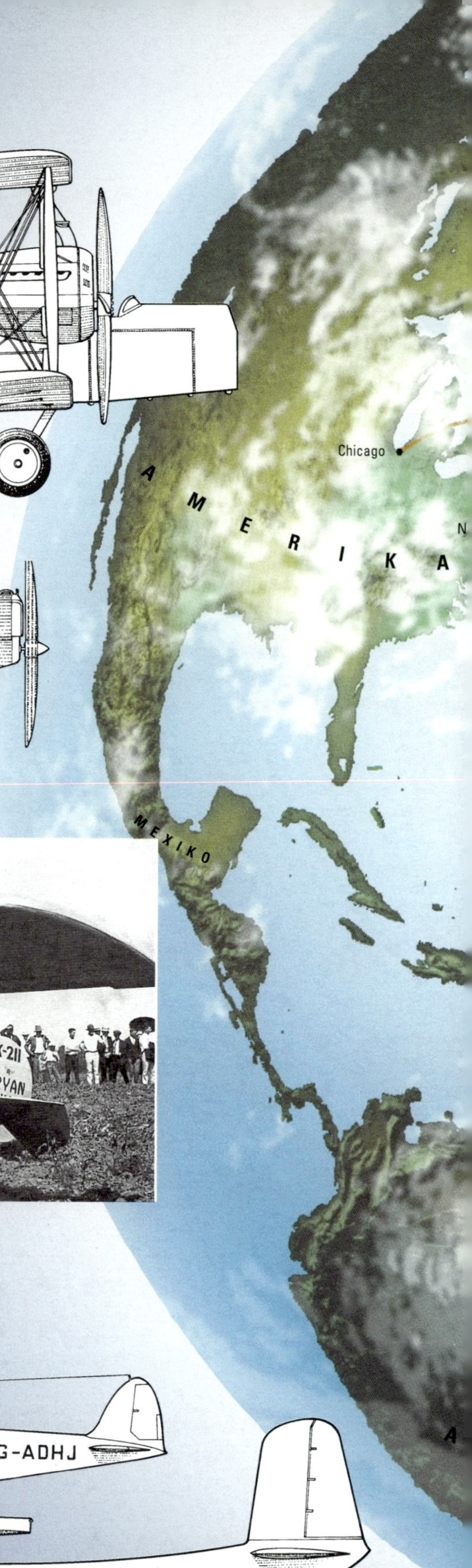

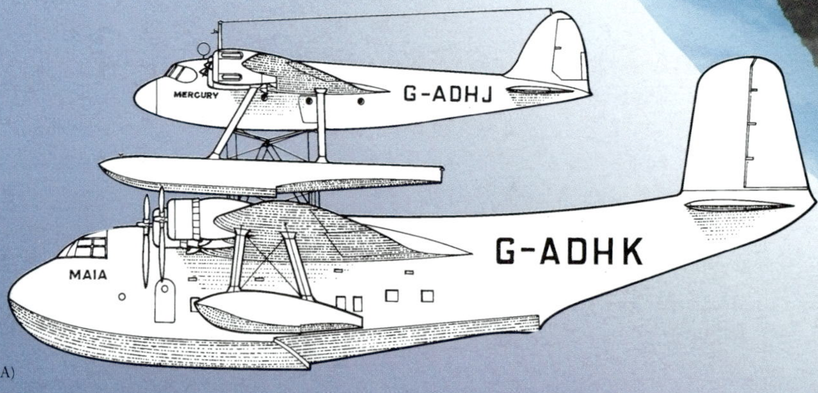

Die ersten Transatlantikflüge
1919 – 1939

1. Alcock und Brown 1919 (Großbritannien)
2. Deutsche Mannschaft 1924 (Deutschland)
3. Charles Lindbergh 1927 (USA)
4. Balbo-Flugboot-Staffel 1930 (Italien)
5. Balbo-Flugboot-Staffel 1931 – 1932 (Italien)
6. „Clipper“-Flugboot von PanAm 1936 – 1937 (USA)
7. „Clipper“-Flugboot von PanAm 1938 – 1939 (USA)

Reykjavik
Amsterdam (Schellingwoude)
Londonderry
Clifden
Cartwright
4
1
2
3
Paris
Orbetello
Rom
St. John's
Shediac Bay
EUROPA
Lissabon
Azoren
6
ATLANTISCHER OZEAN
AFRIKA
uerto Rico
Trinidad
7
5
Pernambuco
Rio de Janeiro

Aufgrund der Bedeutung, die die Flugzeuge im Ersten Weltkrieg erlangt hatten, fanden sich innerhalb des Militärs viele Flugzeugbegeisterte. Sie gestanden den Luftstreitkräften eine wichtige Rolle für den Einsatz bei zukünftigen Konflikten zu und betrachteten das Flugzeug als eine Möglichkeit das Abschlachten in den Schützengräben zu umgehen. Die großen Verluste, die die Fliegereinheiten bei der Unterstützung von Bodentruppen in den schrecklichen Zermürbungsschlachten an der Westfront hinnehmen mussten, trugen wesentlich zu solchen Überlegungen bei. Die gemachten Erfahrungen führten unweigerlich zu der Ansicht, die Zukunft der Luftstreitkräfte liege in einer Teilstreitkraft, die unabhängig von den Zwängen des Heeres und der Marine agieren könne. Deshalb richtete sich in den Jahren zwischen den Kriegen ein Großteil der Debatten über die Fliegerkräfte auf die Frage, ob unabhängige Luftstreitkräfte gebildet werden sollten.

Großbritannien hatte mit der RAF bereits im Ersten Weltkrieg diese Art unabhängiger Luftstreitkräfte geschaffen. Dort drehte sich die Diskussion daher um die Beibehaltung der Unabhängigkeit. Dagegen stand in den USA die Frage im Mittelpunkt, ob eine solche Teilstreitkraft überhaupt zu bilden sei. Die Deutschen brauchten sich wegen der Bestimmungen des Versailler Vertrages in den 20er-Jahren nicht mit dieser Problematik auseinanderzusetzen. Vielleicht war gerade deshalb ihre Haltung gegenüber den Luftstreitkräften die vernünftigste und nüchternste. Die Debatten unter den Militärs der Großmächte übten einen beachtlichen Einfluss auf die Art der Luftkriegführung im folgenden Krieg aus. Da im Gegensatz zu uns heute keiner der Teilnehmer wusste, wie sich ein zukünftiger Luftkrieg gestalten würde, gibt die Art und Weise ihrer Vorbereitung auf den nächsten Konflikt Aufschluss über den sich vollziehenden Wandel in einem unbekannten und komplexen Umfeld.

Am Ende dieses Jahrhunderts wird dem italienischen Theoretiker des Luftkrieges Giulio Douhet der unverdiente Ruhm zuteil, der führende Vertreter seines Genres in den Jahren zwischen den Kriegen gewesen zu sein. Sicherlich besaßen Douhets Gedanken in Italien Bedeutung, doch kaum etwas weist darauf hin, dass er auf die Entwicklung einer Doktrin oder von Theorien beispielsweise in Großbritannien Einfluss hatte. Nach dem Zweiten Weltkrieg wies Arthur Harris, der während des Krieges lange Chef des Bomber Command gewesen war, den Gedanken völlig von sich, dass irgendjemand in der RAF jemals ein Buch von „einem Italiener" gelesen habe, geschweige denn von einem beeinflusst worden sei. Ende der 20er- und Anfang der 30-er Jahre stellte jedoch der italienische Militärattaché in Washington den Amerikanern die Übersetzung eines Teils der Schriften Douhets zur Verfügung.

Douhets Thesen waren symptomatisch für die Theorien zur Luftkriegführung, die in den Jahren zwischen den Kriegen besonders in Großbritannien und den USA vorherrschten. Douhet leitete seine Lehren jedoch einfach von seinen Auffassungen darüber ab, welche Richtung die Entwicklung der Technik einschlagen würde. Auf einer Analyse des Luftkrieges im Ersten Weltkrieg basierten sie allerdings nicht. Oberflächlich verwies Douhet auf eine Reihe „größerer" Lehren. Die Operationen der Westfront machten deutlich, dass jeder zukünftige, mit umfangreichen Bodentruppen ausgefochtene Krieg einen außerordentlichen Tribut an Menschenleben und Werten fordern würde. Der Erste Weltkrieg hatte außerdem angedeutet, dass im Verlauf des nächsten Krieges praktisch alles, angefangen von der Wirtschaft über die Städte, das Verkehrswesen und die Arbeiterschaft bis hin zu unschuldigen Zivilisten das Ziel von Angriffen sein könnte.

Angesichts dieser Überlegungen vertrat Douhet den Standpunkt, dass Flieger-

Eine Hawker „Hart“ beim Überfliegen von Golgit im Indien der 30er-Jahre. An den Berghängen ist zu erkennen, unter welchen Bedingungen Flugzeugbesatzungen in so großer Höhe flogen.

kräfte über das Schlachtfeld hinaus das Heimatland des Feindes angreifen könnten. Er war der Ansicht, dass aus einer Kombination von hochexplosiven Sprengstoffen, Brandsätzen und Gasbomben geführte Luftangriffe den Willen des Feindes zu Beginn des Krieges brechen könnten. Dabei wäre der Schwerpunkt fast ausschließlich auf strategische Bombenangriffe zu legen. Außerdem vermutete Douhet, dass die Chancen, angreifende Bomber mit Jagdflugzeugen abzufangen, gering seien. Der britische Politiker Stanley Baldwin wiederholte Douhets Thesen der frühen 30er-Jahre, als er im Unterhaus verkündete: „Der Bomber kommt immer durch.“

Solche Theorien zum strategischen Bombardement gingen mit einer unverhüllten Verleugnung der Vergangenheit einher. 1924 teilte der Stab der Royal Air Force dem Kabinett in einem Memorandum mit, die Luftstreitkräfte könnten

> „einerseits militärische Ziele in besiedelten Gebieten vom Beginn des Krieges an bombardieren und durch die moralische Wirkung, die diese Art von Angriffen besitzt, bzw. durch die schwere Störung des normalen Lebens im Land eine Entscheidung herbeiführen. Alternativ dazu können sie zunächst bei Angriffen auf feindliche Flugplätze zum Einsatz kommen, um ein gewisses Maß an Luftüberlegenheit zu erreichen, ehe man zu direkten Angriffen auf das Land übergeht. Die Lehren der Geschichte scheinen die letztgenannte Möglichkeit nahe zu legen, doch der Stab ist der Ansicht, dass die erstgenannte die richtige ist.“

Theorien zum Luftkrieg lehnten somit nicht nur die traditionellen Lehren der Militärgeschichte, sondern auch die aus den Schlachten des letzten Krieges gezogenen Lehren ab.

Die Verfechter der Luftkriegsdoktrinen glaubten, dass das Durchhaltevermögen der Zivilbevölkerung einer jeden im Krieg befindlichen Nation weitaus geringer sei, als das der bewaffneten Verteidiger. Diese militärischen Überlegungen waren typisch für die frühen 20er-Jahre unseres Jahrhunderts. Auch

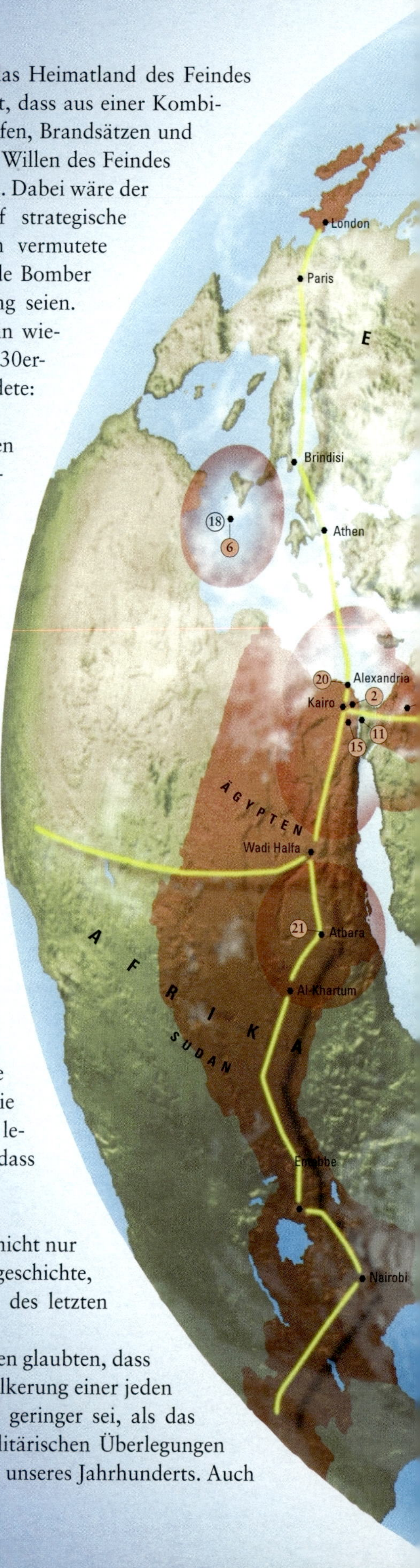

1 Miranshah
2 Heliopolis
3 Aden
4 Amman
5 Peshawar
6 Malta
7 Kohat
8 Ambala
9 Mosul
10 Quetta
11 Ismailia
12 Seletar
13 Risalpur
14 Sheikh Othman
15 Heluan
16 Hinaidi
17 Shaibah
18 Kalafrana
19 Basra
20 Alexandria
21 Ed Damer

Das britische Luftreich

britisches Gebiet
strategische Fluglinien
Luftstützpunkte

O P A
A S I E N
9
16 Bagdad
19
17
Kuwait
ische
nsel
5
13
7
1
10
8
Delhi
Gwadar
(zu Oman)
Karachi
Kalkutta
INDIEN
Bombay
Madras
Hongkong
Rangun
Bangkok
Saigon
12
Singapur
INDISCHER OZEAN

hier zeigte sich eine direkte Ablehnung der Erfahrungen des Ersten Weltkrieges: Nicht die französische Nation als solche, sondern deren Armee hatte 1917 kurz vor dem Zusammenbruch gestanden. In Deutschland hatte 1918 zunächst die Marine und dann das Heer die Revolution angeführt. In einem Gespräch mit seinen Unterstellten über die Möglichkeit eines Krieges gegen Frankreich äußerte Lord Trenchard, der in den 20er-Jahren Stabschef der RAF war: „Auch wenn es einen Aufschrei der Empörung gäbe, so glaube ich doch, dass die Franzosen in einem Bombenduell noch vor uns jammern würden. Die Nation, die ein Bombardement am längsten ertragen kann, würde wohl am Ende gewinnen."

Die meisten Theoretiker des Luftkrieges teilten Douhets Hoffnung, dass dieser sich in Gestalt strategischer Bombenangriffe wieder auf kurze und entscheidende Konflikte beschränken würde. Europa würde somit die Wiederholung eines so endlosen Abschlachtens wie im letzten Krieg umgehen können. Nirgendwo in Douhets Schriften findet sich jedoch ein Hinweis darauf, welche technischen und wirtschaftlichen Säulen den Luftkrieg getragen hatten und auch in Zukunft würden tragen müssen. Man könnte das als einen besonderen Schwachpunkt Italiens interpretieren, da das Land über so gut wie keine Ressourcen und kaum über die notwendige Sachkenntnis und wirtschaftliche Stärke verfügte, die für einen Luftkrieg erforderlich waren. Allerdings sträubten sich auch die meisten anderen zeitgenössischen Theoretiker des Luftkrieges beinahe ebenso sehr dagegen, diese Erfordernisse anzuerkennen.

Das Überraschende an den herkömmlichen Luftkriegsdoktrinen in den 20er- und 30er-Jahren ist außerdem die Tatsache, dass sie die Bedeutung aller wichtigen Aufgaben der Luftstreitkräfte herunterspielten, natürlich mit Ausnahme der strategischen Bombenangriffe. So verleugneten sie den Wert der Luftverteidigung, Luftüberlegenheit, direkten Luftunterstützung sowie der Aufklärung und der Marineflieger, da diese angeblich den eigentlichen Zweck des Luftkrieges beeinträchtigten. Die Luftstreitkräfte Großbritanniens und der USA bekamen zu Beginn des Zweiten Weltkrieges einen empfindlichen Denkzettel dafür verpasst, dass sie solcherlei Hypothesen derart begeistert aufgenommen hatten.

Nationale Entwicklungen: Grossbritannien

Der führende Kopf bei der Entwicklung der RAF in der Zeit zwischen den Weltkriegen war Sir Hugh Trenchard. Die politischen Umstände jener Zeit führten zu einer Vernachlässigung der Interessen der RAF. Sie litt unter den starken Einschränkungen im Verteidigungshaushalt und war in den 20er-Jahren direkten Angriffen aus den Reihen des Heeres und der Marine ausgesetzt. Trenchard hatte somit die Aufgabe die Existenz der RAF zu rechtfertigen. Er ging darum lautstark in die Offensive und legte dar, dass der Grund für ihr Bestehen in der Fähigkeit zu strategischen Bombenangriffen liege und sie dadurch Großbritannien Sicherheit in einer unruhigen und unsicheren Welt bieten könne. Diese Auffassung dominierte stark die Art und Weise, wie die RAF sich auf den nächsten Krieg vorbereitete und diesen führte.

Trenchards Rolle und sein Einfluss ist von Historikern äußerst negativ bewertet worden, weil er seine Aufmerksamkeit fast ausschließlich den strategischen Bombenangriffen widmete. Es ist jedoch sein Verdienst, die RAF als militärische Teilstreitkraft gerettet zu haben. Seine Auffassungen zur Luftkriegführung mögen Mängel aufgewiesen haben, doch wahrscheinlich hätten die Marine oder das Heer ohne sie die Möglichkeiten der Luftstreitkräfte noch viel drastischer eingeschränkt. Außerdem bewies Trenchard ein hervorragendes Gespür für Talente. In den 30er-

Jahren brachte die RAF eine Reihe ausgezeichneter Flieger hervor, zu denen Hugh Dowding, Arthur Tedder, John Slessor und Arthur Harris zählten. Darüber hinaus verfügte Trenchard über einen bemerkenswerten politischen Scharfsinn. Zwar sprach sich die RAF für strategische Bombenangriffe aus, doch gleichzeitig erfüllten ihre Geschwader eine bedeutende Überwachungsfunktion in den Kolonien. Nach dem Krieg hatten die Briten die langfristige Kontrolle über den Irak übernommen. Die RAF schlug dort einen Aufstand unter weitaus geringeren Kosten nieder, als der Einsatz von Bodentruppen verursacht hätte. Ebenso bedeutsam war die Rolle der RAF bei der Erfüllung von Vermessungs- und Aufklärungsaufgaben im weit ausgedehnten britischen Weltreich, insbesondere in Afrika. In den 20er-Jahren gab Trenchard einen erheblichen Anteil des RAF-Budgets für die Schaffung der dortigen Infrastruktur und von Flugplätzen aus, die sich für die Ausweitung der Luftstreitkräfte Ende der 30er-Jahre und während des Zweiten Weltkrieges als unverzichtbar erweisen sollten.

In den 30er-Jahren sahen sich die Briten erneut mit einer Bedrohung durch Deutschland konfrontiert, diesmal jedoch in Gestalt einer aggressiven Ideologie, die sich nicht mit einer geringfügigen Veränderung des Gleichgewichts in Europa zufrieden geben wollte, sondern dieses buchstäblich zu zerstören suchte. Die strategischen und wirtschaftlichen Schwierigkeiten Großbritanniens verstärkten das Unbehagen der Briten gegenüber einem erneuten Krieg nur noch mehr. Auf die Bedrohung durch die Japaner im Fernen Osten, durch Italien im Mittelmeerraum und durch die Deutschen auf dem Festland reagierten sie mit einer Beschwichtigungspolitik. In der Diplomatie gewann die Luftherrschaft zunehmend an Bedeutung, da sie in der britischen Führung Ängste vor der Verletzlichkeit der Nation weckte.

Die RAF war jene der drei Teilstreitkräfte, die den größeren Teil der von der Regierung unwillig zur Verfügung gestellten Mittel zugestanden bekam. Viel war das jedoch nicht. Schlecht durchdachte Erweiterungspläne folgten aufeinander. Ende 1937 verweigerte die Regierung Chamberlain die finanzielle Unterstützung für die Serienfertigung von Bombern, erhöhte jedoch auch nicht – wie von manchen behauptet – die Zuwendungen für den Bau von Jagdflugzeugen. Hätte sie das getan, so hätten sich vielleicht erhebliche Auswirkungen auf die Luftoperationen während des Feldzuges von 1940 in den Niederlanden ergeben. 1938 erreichte das britische Budget sowohl in der Außen- als auch in der Verteidigungspolitik einen Tiefpunkt.

Als im September 1938 Chamberlain in München die Tschechoslowakei als Opfer darbot, war das kein Zeichen der Angst, dass Großbritannien einen Krieg verlieren könnte. Er äußerte damals seine Überzeugung von einem Sieg Großbritanniens. Jedoch fürchtete er die menschlichen und materiellen Kosten eines solchen Krieges, insbesondere angesichts der Verletzbarkeit Londons durch Luftangriffe. Ihren größten strategischen Fehler beging die Regierung, als sie sich ab September 1938 weigerte den Verteidigungshaushalt beträchtlich zu erhöhen. Stattdessen versuchten die Beschwichtiger Zeit zu gewinnen und nicht einmal der Luftverteidigung wurden höhere Zuschüsse zugestanden. Die Regierung erhöhte die Zahl der bestellten Jagdflugzeuge um nur 300 Stück, indem sie bestehende Verträge von 1940 bis 1941 lediglich verlängerte. Anders ausgedrückt: Sie bestellte keine zusätzlichen Flugzeuge für die nahe Zukunft. Erst nach der Besetzung des verbleibenden Teils der Tschechoslowakei durch die deutsche Armee im März 1939 verlagerten die Briten ernsthaft ihre Prioritäten und führten der Verteidigung mehr Mittel zu. Dies kam jedoch mit Ausnahme des Fighter Command für alle anderen zu spät.

In strategischer Hinsicht ließen die Beschwichtiger vielerlei Wünsche offen, doch auch um die Vorbereitungen der RAF war es nicht besser bestellt. Ihr Stab erwies sich als fantasielos und unwillig wesentliche Probleme zu erkennen. Die meisten Stabsoffiziere teilten Trenchards Glauben an den Bomber. Sie lehnten eine Zusammenarbeit mit den anderen Streitkräften ab. Obwohl der Erste Weltkrieg die Bedeutung der Luftstreitkräfte für den Kampf gegen die U-Boote unterstrichen hatte, zeigte die RAF kein Interesse an einer Unterstützung des Coastal Command. Außerdem wendete sie nur wenige Mittel für die Entwicklung von trägergestützten Flugzeugen für die Royal Navy auf. Während der Royal Naval Air Service (Königlich-britische Marineflieger) im Ersten Weltkrieg noch die Vorreiterrolle bei der Entwicklung von Flugzeugträgern gespielt hatte, verloren die Briten darum in den Jahren zwischen den Weltkriegen ihre technische und operative Führung an die Amerikaner und Japaner. Ein erbitterter Streit zwischen den beiden Teilstreitkräf-

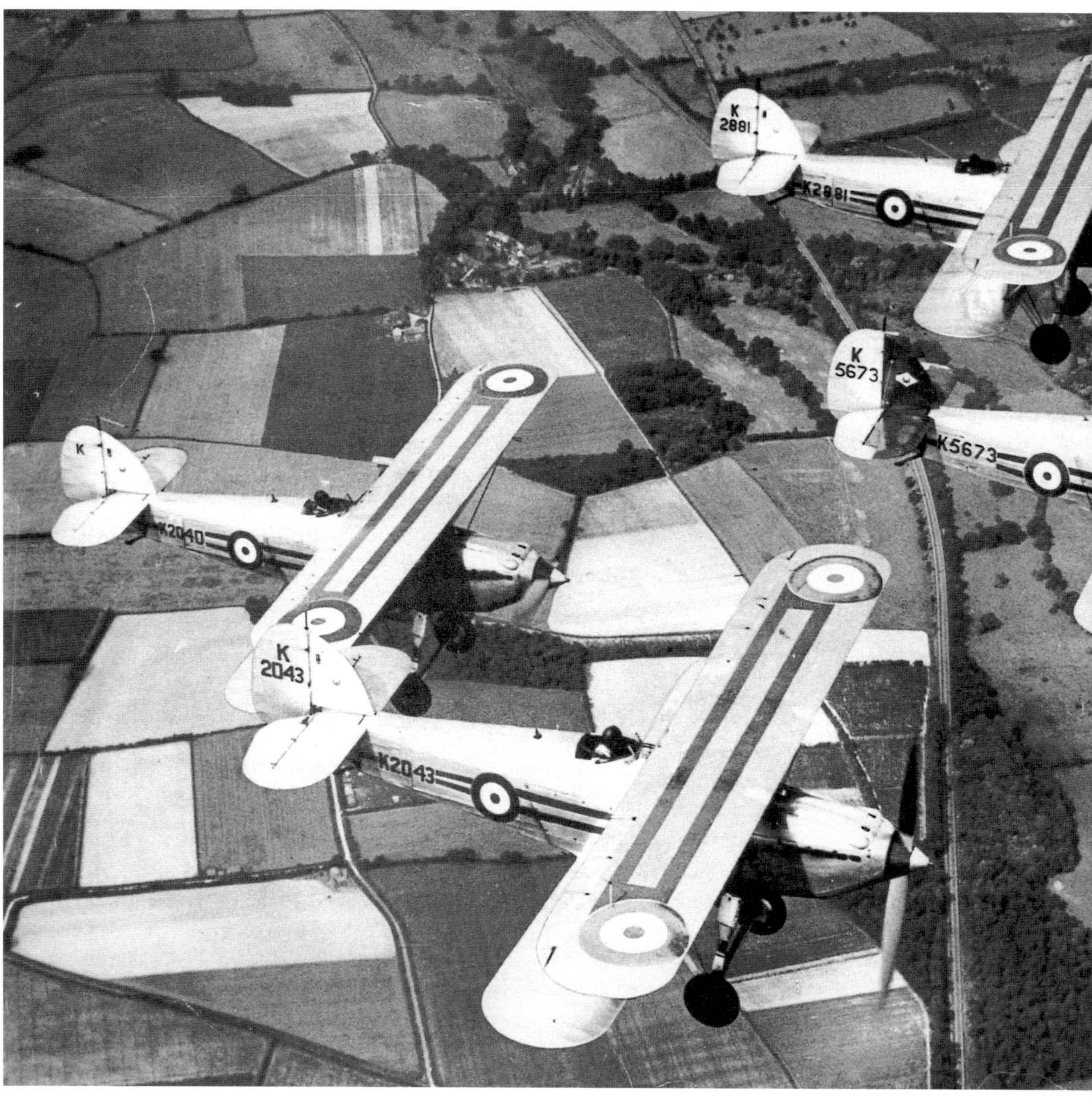

ten währte bis gegen Ende der 30er-Jahre. Er war einer der Hauptgründe dafür, dass die Briten bei Trägerangriffen weniger Wirkung erzielten. Um die Beziehungen der RAF zum britischen Heer war es sogar noch schlechter bestellt. Nach einem Manöver im Sommer 1939 stellte Archibald Wavell empört fest, dass die RAF sich nicht auf eine Unterstützung des Heeres auf dem Gefechtsfeld vorbereitet hatte.

Das Erstaunlichste an der Situation der RAF zwischen den beiden Weltkriegen ist, dass sie sich sogar kaum auf die Aufgabe vorbereitete, auf die sie sich nach ihrem Selbstverständnis hätte konzentrieren müssen: strategische Bombenangriffe. Ihr war bewusst, dass ihre Bomber in den 30er-Jahren erhebliche Schwierigkeiten bei der Navigation und der Zielgenauigkeit hatten. Im Mai 1938 räumte der stellvertretende Stabschef ein: „Es stimmt, dass bei Übungsflügen im letzten Jahr die Genauigkeit der Bombardements sehr schlecht war. Untersuchungen haben ergeben, dass das hauptsächlich auf Mängel bei der Zielerkennung und weniger auf Übermüdung zurückzuführen ist." Aufgrund der schnellen Ausdehnung der Streitkräfte und ihrer unzulänglichen Ausrüstung entschlossen sich die Befehlshaber die Ausbildung hauptsächlich bei Tag und gutem Wetter durchzuführen um die Zahl der Unfälle gering zu halten. Dadurch waren sie jedoch umso schlechter in der Lage die Schwächen ihrer Bombereinheiten auszumachen.

Ein Schwarm von Flugzeugen des Typs Hawker „Fury" der No. 1 Squadron der RAF.

Das Luftfahrtministerium schuf einen beratenden Ausschuss, der technische Probleme bei Bomberoperationen untersuchen sollte. Doch die Kommission arbeitete unmittelbar für einen Stab, der fern aller Realität täglicher Operationen lebte und nicht wirklich an das Vorliegen eines Problems glaubte. Die meisten Empfehlungen und Vorschläge der Kommission wurden aus den Berichten herausgesiebt, ehe sie das Bomber Command erreichten. Dieses Kommando zeigte ein allgemeines Desinteresse an der Technik und am Erfassen von Problemen. Während deutsche Bomber bereits im September 1939 über Navigations- und Zielfindungsgeräte verfügten, erhielt das Bomber Command ähnliche technische Hilfen erst 1942. In der Zwischenzeit kam die Navigation der RAF-Bomberbesatzungen durch den Himmel über Nazideutschland einem Ratespiel gleich. Während der ersten Kriegsjahre verfehlten britische Bombenangriffe deshalb zumeist ihr Ziel gewaltig.

Ebenso erstaunlich in Bezug auf ihren technischen Reduktionismus war die Meinung vieler Angehöriger des Luftfahrtministeriums und des Bomber Command, dass Fernbegleitjäger nicht nur unnötig, sondern nicht realisierbar seien. Im Jahr 1941 fragte Churchill den Stabschef der RAF Sir Charles Portal, ob es nicht möglich sei Jäger zu bauen, die

Die Gloster „Gauntlet", ein britisches Doppeldecker-Jagdflugzeug der Jahre zwischen den Kriegen. Am Äußeren der Maschine ist deutlich erkennbar, dass die Luftfahrttechnik des Ersten Weltkrieges noch bestimmend war.

Bomber bis weit nach Deutschland Jagdschutz geben könnten. Portal erwiderte mit völliger Gewissheit, solche Jagdflugzeuge seien ein Ding der Unmöglichkeit. Churchill meinte später einmal, dass sich aufgrund dieser Ansicht viele Türen verschlossen hätten.

Die im Jägerkommando vertretenen Ansichten standen im krassen Gegensatz zu denen der übrigen RAF. Der Einfluss von Sir Hugh Dowding, der einer der größten Neuerer der Jahre zwischen den Weltkriegen war, führte zu einer anders gearteten Betrachtungsweise von technischen und operativen Neuerungen. Dowding machte sich zu jener Zeit einen Namen als kompetenter Verwaltungsbeamter und Organisationstalent, war jedoch keine mitreißende Führungspersönlichkeit. Anfang der 30er-Jahre nahm er die Forschung und Entwicklung innerhalb der RAF in seine Hände. Eine seiner ersten Entscheidungen legte die Grundlagen für Entwürfe, aus denen später die Flugzeuge vom Typ „Hurricane" und „Spitfire" hervorgingen. Seine größten Verdienste erwarb er sich jedoch dadurch, dass er Versuche zur Verwendung von Funkwellen bei der Ortung von Flugzeugen unterstützte. Alan Beyerchen meinte dazu:

> Dowding war zweifellos die zentrale militärische Figur [in Bezug auf die Entwicklung des Radars], die den Anstoß zu neuen Entwicklungen und zu Innovationen gab. Er nahm regen Anteil an der Erforschung und Entwicklung des Radars und flog sogar selbst das Versuchsflugzeug um sich über den Fortschritt des Projekts zu informieren. Er bestand auch darauf, dass Militärangehörige direkt neben den „Eierköpfen" Stellung zu beziehen hätten ... Das bot die Gewähr, dass das Personal der RAF Verständnis für die Geschehnisse entwickeln konnte und die Zivilisten ständig ein Gefühl dafür behielten, was im Rahmen des Militärs möglich und notwendig war.

1937 zog Dowding bei der Auswahl zum neuen Stabschef den Kürzeren. Stattdessen wurde ihm der Befehl über das Fighter Command übertragen, einer neu geschaffenen Institution der Heimatluftverteidigung, die der Bedrohung durch die sich rasch ausdehnende deutsche Luftwaffe begegnen sollte. Für Großbritanniens langfristige Sicherheitsfragen konnte es keinen glücklicheren Zufall geben. Nach der Schaffung der technischen Grundlagen für die Kampfkraft seines Befehlsbereichs begann Dowding diese Technik in ein Kampfkommando zu integrieren. Ihm kam dabei entgegen, dass die Briten im Ersten Weltkrieg ein zumindest im Rahmen der verfügbaren Technik schlagkräftiges Luftverteidigungssystem aufgebaut hatten. Dieses System hatte bereits die Angriffe der Gotha-Bomber zurückgeschlagen. Dowding betrachtete die technischen Errungenschaften nicht als eine neue Art von Kampfmitteln, sondern vielmehr als ein Mittel zur Verbesserung dieses Systems. Damit stand die britische Betrachtungsweise in erheblichem Gegensatz zur Nutzung des Radars durch die deutsche Luftwaffe. Für die Deutschen war der Radar ein technisches Instrument, das selbsttätig arbeiten konnte und enorme Arbeitskräfteeinsparungen ermöglichte.

Bis zum Sommer 1939 entwickelten Dowding und seine Unterstellten ein vollwertiges System der Luftverteidigung. Zwischen 1937 – als er den Befehl übernahm – und 1939 hatte er mit erheblichen Schwierigkeiten zu kämpfen. Als im Sommer und Herbst 1937 die neuen „Hurricanes" und „Spitfires" an die Staffeln ausgeliefert wurden, ergaben sich für das Fighter Command enorme Probleme. Es ereigneten sich zahlreiche Unfälle und nur wenige Maschinen waren einsatzbereit. Doch im September 1939 war das Fighter Command das einzige Einsatzkommando innerhalb der RAF, das für den Krieg gerüstet war.

Die Vereinigten Staaten von Amerika

In den Jahren zwischen den Weltkriegen entwickelten amerikanische Verfechter der Luftkriegführung Thesen, die denen ihrer britischen Gegenüber ähnelten. Die Ähnlichkeiten rührten von der Tatsache her, dass feindliche Land- und Seestreitkräfte das Heimatland niemals wesentlich bedrohten. Doch in den USA gelang es den Ideologen des Luftkrieges nie völlig, Einfluss auf Fragen der militärischen Luftfahrt zu erlangen. Infolgedessen beschränkten sich Luftkriegskonzeptionen auf Bemühungen zur Schaffung unabhängiger Luftstreitkräfte, die durch geschickt vorgebrachte Gegenargumente der US Navy zunichte gemacht wurden.

William „Billy" Mitchell verkörperte den Kampf amerikanischer Flieger um ihre Unabhängigkeit. Die Geschichte Mitchells beinhaltet eine Reihe interessanter Gesichtspunkte, die gewöhnlich nicht die Aufmerksamkeit von Lobrednern finden. Zunächst einmal war Mitchell mehr als ein Befürworter strategischer Bombardements. Er trat für ein Gleichgewicht innerhalb der Luftstreitkräfte ein, die zu mindestens 60 Prozent aus Jagdfliegern bestehen sollten. Er glaubte, dass die Luftstreitkräfte des Feindes das vorrangige Ziel zu Beginn des Krieges darstellen sollten und man mit umfangreichen Bombardements erst beginnen könne, wenn man die Luftüberlegenheit erlangt habe. Was das betrifft, so standen seine Ansichten denen von Douhet und Trenchard entgegen. Sie waren im Grunde genommen die Essenz dessen, was die Kampferfahrungen des Ersten Weltkrieges über die Zukunft des Luftkrieges lehrten.

In anderen Fragen stimmte Mitchell jedoch mit britischen Denkweisen überein. Wie Douhet glaubte auch Trenchard daran, dass durch die Luftherrschaft Heere und Flotten für die Kriegführung bedeutungslos geworden seien. Anfangs arbeitete Mitchell mit den Reformern der Marine zusammen und unterstützte sie. Er sprach sich dafür aus, den Schwerpunkt mehr auf die Marineflieger zu verlagern. Doch in zunehmendem Maße richtete er seine Angriffe mit viel Publicity gegen die Marineflieger und die Admirale. Diese Attacken erreichten ihren Höhepunkt in einer Schmähschrift auf die „Inkompetenz, kriminelle Vernachlässigung und an Verrat grenzende Organisation der nationalen Verteidigung", kurz nachdem das lenkbare Luftschiff der US Navy *Shenandoah* zerstört worden war. Es überrascht nicht, dass er 1925 vor ein Militärgericht gestellt wurde. Mitchell wurde für schuldig befunden und – ein mildes Urteil – für fünf Jahre vom aktiven Dienst suspendiert, er jedoch quittierte den Militärdienst. Zum Märtyrer wurde er indes nicht, denn keine militärische Institution hätte die Seitenhiebe hinnehmen können, die er gegen seine Vorgesetzten verteilte. Angesichts des allgemeinen Mangels an Diskussionswillen in den heutigen US-Luftstreitkräften ist es sogar erstaunlich, dass er noch immer als Held angesehen wird.

Eine Reihe von Faktoren kann als Triebfeder der Entwicklung der amerikanischen Luftstreitkräfte betrachtet werden. Einer davon ist, dass die großen Entfernungen in Nordamerika die Geschwindigkeit beim Fliegen aus wirtschaftlicher Sicht attraktiver erscheinen ließen. Darum besaß die amerikanische Regierung ein größeres Interesse als die Europäer an der Bezuschussung von Passagier- und Postflugdiensten. Die zu überwindenden Entfernungen beflügelten sowohl die Entwicklung von Flugzeugen als auch von Motoren, was zur Entstehung erstklassiger militärischer Prototypen gegen Ende der 30er-Jahre beitrug.

Auch der Kongress der Vereinigten Staaten spielte eine Rolle bei der Durchsetzung von Ansichten zur Luftherrschaft innerhalb der Armee und der Marine. Bei Letzterer konnte die Verfügung des Kongresses, dass nur ausgebildete Flieger den Befehl über Flugzeugträger und Fliegereinheiten führen dürfen, eine Reihe ranghoher Offiziere dazu bewegen, sich weiterzubilden. Der spätere Admiral William Halsey begann damit erst so spät (er war bereits Großvater), dass niemand glaubte, er könne mit einem Flugzeug selbst starten oder landen. Diese Maßnahmen weckten bei der obersten Führung der US Navy ein besseres Verständnis für die Belange des Luftkrieges, als das bei der Royal Navy der Fall gewesen war. Anfang 1943 verfügten US-amerikanische Flugzeugträger über Jagdflugzeuge, die ebenso gut waren wie ihre landgestützten Pendants, was man von den Flugzeugen auf den Trägern der Royal Navy nicht behaupten konnte.

Die geistige Auseinandersetzung mit der Bedeutung von Flugzeugträgern und Luftstreitkräften begann schon lange, bevor die Vereinigten Staaten überhaupt einen Träger besaßen. Aus eigenem Antrieb kehrte Admiral William Sims als Ausbilder an das Naval War College zurück, nachdem er während des Ersten Weltkrieges bereits US-amerikanische Marineeinheiten in Europa kommandiert hatte. Er führte dort eine Reihe von Kriegsoperationen ein um die Nutzungsmöglichkeiten trägergestützter Flugzeuge zu testen, die über eine bloße Feuerleitung für die Kriegsflotte hinausgingen.

Eine ebenso große Bedeutung für die Entwicklung des Marineflugwesens Anfang der 20er-Jahre lag in der Ernennung William Moffets zum Leiter einer neuen Behörde, dem Bureau of Aeronautics. Von dieser Machtposition aus kontrollierte er die Schlagkraft der Marineflieger. Aufgrund seiner politischen Beziehungen blieb Moffet in diesem Amt bis zu seinem Tod beim Absturz des Luftschiffs *Akron* Anfang der 30er-Jahre.

Die US Navy besaß gegenüber der Royal Navy einen weiteren Vorteil: Ebenso wie die Briten und Japaner mussten sich die Amerikaner infolge des Washingtoner Flottenabkommens von 1922 mit der Frage auseinandersetzen, was sie mit den halb fertigen Schiffskörpern der Schlachtkreuzer *Lexington* und *Saratoga* anfangen könnten. Mit der Fertigstellung der beiden Schiffe erhielt die US Navy große und schnelle Träger, was ihr den großen Vorteil verschaffte die taktischen Einsatzmöglichkeiten von Marinefliegereinheiten zu testen. Ende der 30er-Jahre übte sie noch immer die Kontrolle über die Marineflieger aus und setzte bereits viele Flugzeuge von den Decks ihrer Träger aus ein. Für die Royal Navy war das unvorstellbar.

In den 20er-Jahren machten sich die Marineflieger Mitchells scharfe Angriffe auf die Flotte zu Nutze, um Druck auf die engstirnigeren Admirale auszuüben. Im Großen und Ganzen war die Führung der US Navy jedoch bereit die Weiterentwicklung der Trägerwaffe zu unterstützen. Es entstand eine besonders fruchtbare Zusammenarbeit zwischen dem Naval War College, welches Kriegsoperationen und Flottenübungen entwarf und analysierte, und der Flotte, die diese ausführte. (Bei einer dieser Übungen in den 30er-Jahren wurde ausgerechnet ein Trägerangriff auf eine gegnerische Flotte in Pearl Harbor dargestellt.) Mit Hilfe dieser Neuerungen gelang es dem Marineflugwesen zu ergründen, worin die Schwierigkeiten bei der Integration von Flugzeugen in Flottenoperationen bestanden. Ihre Ergebnisse wurden bei der vernichtenden Trägeroffensive der US-Amerikaner im Pazifik ab 1943 klar ersichtlich.

Die Marineflieger hatten ihren eigenen Weg eingeschlagen. Das erwies sich als wichtig und nützlich für die Entwicklung von Motoren in den USA. Theoretisch boten Reihenmotoren mehr Möglichkeiten als Sternmotoren. Doch die Probleme bei der Entwicklung stärkerer Sternmotoren ließen sich leichter lösen. Außerdem waren Sternmotoren wesentlich einfacher zu warten, denn Mechaniker brauchten lediglich die Motorhaube zu entfernen um an die Verschleißteile heranzukommen. Dieser Vorteil veranlasste die US Navy dazu, in ihren Trägerflugzeugen Sternmotoren anstelle von Reihenmotoren einzusetzen, denn selbst auf so großen Trägern wie der *Lexington* und *Saratoga* war es schwierig, Arbeiten an Flugzeugen bei starkem Seegang auszuführen. Bereits Anfang der 30er-Jahre boten die für Marineflugzeuge entwickelten Sternmotoren gegenüber Reihenmotoren beträchtliche Vorteile, weil sie leicht zu warten und sehr verlässlich waren. US-amerikanische Flug-

Die Produktionshalle einer britischen Rüstungsfabrik im Jahr 1938. Hier wurde der Krieg „gebaut“.

zeughersteller gingen darum zur Verwendung von Sternmotoren für Flugzeuge wie die DC-2 und DC-3 über. Diese Entwicklung in der Marine blieb nicht ohne Auswirkungen auf das US Army Air Corps (amerikanisches Heeresfliegerkorps) und seine Beschaffungsprogramme für Motoren und Flugzeuge. Mit Hilfe des Sternmotors konnte Boeing 1936 die B-17 fertigen, den ersten strategischen Bomber der Amerikaner.

Durch die Entwicklung von Sternmotoren verfügten die US-amerikanischen see- und landgestützten Fliegerkräfte über Flugzeuge, die denen der europäischen Luftstreitkräfte völlig ebenbürtig waren, sich jedoch leichter in Stand halten ließen. Neben solchen überragenden Marineflugzeugen wie „Hellcat" und „Corsair" trieben Sternmotoren unter anderem Flugzeuge vom Typ P-47, B-17, B-24, B-25, B-26 und C-47 an. Ohne den Vorstoß der Marineflieger hätte das US Army Air Corps wahrscheinlich die Entwicklung von Sternmotoren zu Gunsten von Reihenmotoren zurückgestellt, wie es bei der RAF der Fall war. Dies hätte nicht nur dem Marineflugwesen an sich geschadet, sondern auch dessen zukünftige Möglichkeiten beeinträchtigt.

„Hurricanes" der No. 111 Squadron der RAF sind 1938 zur Inspektion nebeneinander aufgestellt worden.

Mit Blick auf die Verurteilung Mitchells durch das Militärgericht behaupten Verfechter der Luftkriegsdoktrin, dass das Heer eine Weiterentwicklung der Luftstreitkräfte zwischen den beiden Weltkriegen unterdrückt habe. Nichts liegt der Wahrheit jedoch ferner. Mit erheblicher Unterstützung vieler Kongressangehöriger vertrat das US Army Air Corps die Auffassung, dass die Luftkriegführung *das* beherrschende Merkmal zukünftiger Konflikte sein würde. Anfang der 30er-Jahre hatte sich die Air Corps Tactical School, Hauptausbildungsstätte für Offiziere des Heeresfliegerkorps, von Mitchells Ansicht distanziert, dass die feindlichen Luftstreitkräfte das Hauptziel darstellen sollten. Nun hielt man Bomber für die entscheidende Größe und rechnete kaum mit ernster Gegenwehr im nächsten Krieg.

Darum entwickelten US-amerikanische Flieger eine umfassende Luftkriegsdoktrin, die ebenso dogmatisch war wie die der RAF, jedoch grundlegende Unterschiede aufwies. Wie die Briten vertraten auch die Amerikaner die Ansicht, dass Bomber die feindliche Verteidigung durchbrechen könnten. Mitte der 30er-Jahre bauten amerikanische Flugzeughersteller – insbesondere Boeing – Bomber mit größerer Reichweite, Tragfähigkeit, Geschwindigkeit und Lebensdauer. Die B-17 schien mit ihren zur Verteidigung bestimmten MGs das Flugzeug für große Bomberverbände zu sein, die sich durch den feindlichen Luftraum schlagen sollten. Es sah außerdem so aus, als ob das von der Marine entwickelte Bombenzielgerät das Problem der Treffergenauigkeit lösen würde.

Als Ziele für die Bomber betrachteten die amerikanischen Luftkriegsexperten die Wirtschaft des Feindes und weniger seine Städte und die Moral seiner Bevölkerung. Das war ein Ergebnis der politischen Realität: Ein Eintreten für Angriffe auf Gebiete mit großer Bevölkerungsdichte wäre unter den seinerzeit in den USA vorherrschenden politischen Umständen schädlich gewesen. Amerikanische Theoretiker meinten daher, dass alle Wirtschaftssysteme über zentral gelegene Ziele verfügten, deren Zerstörung weitreichende Konsequenzen für das gesamte System mit sich brächte. Zu solchen Zielen gehörten das Verkehrsnetz, Raffinerien, die Kugellagerfertigung und Stromversorgungsnetze. Die Amerikaner teilten die Auffassung der Briten, dass die feindliche Bevölkerung unter der Last des wirtschaftlichen Durcheinanders dem Druck anhaltender Bombardements nicht mehr standhalten würde.

Durch ihr Festhalten an solchen Doktrinen hatte die US Army Air Force enorme Schwierigkeiten sich auf die tatsächlichen Kriegsbedingungen einzustellen. Die amerikanische Doktrin schloss den Einsatz von Fernbegleitjägern für Bomber aus, und zwar nicht weil das technisch nicht realisierbar gewesen wäre, sondern weil

man glaubte, sie würden nicht gebraucht. Ironischerweise besaß die Marine zu Beginn der 30er-Jahre schon Prototypen von Jagdflugzeugen mit enormer Reichweite und anderen Vorteilen gegenüber denen des damaligen US Army Air Corps. Doch damals wie auch heute wollten die einen mit den Erfindungen der anderen nichts zu tun haben.

Überdies wurden Versuche mit dem gerade entwickelten Bombenzielgerät und Übungen zu Präzisionsbombardements unter wirklichkeitsfremden Bedingungen durchgeführt: auf Übungsplätzen im Südwesten der Vereinigten Staaten, bei hervorragender Sicht, mit Bombern, die einzeln ihre Last abwarfen, und ohne Einwirkung der feindlichen Fliegerabwehr beziehungsweise durch feindliche Jäger. Ein Vergleich der unter Kampfbedingungen tatsächlich erzielten Ergebnisse mit vorherigen Schätzungen des US Army Air Corps überrascht nicht: Die Annahmen in Bezug auf die Leistungsfähigkeit seiner Bomber erwiesen sich als überaus blauäugig. Nicht zu entschuldigen war jedoch die Beharrlichkeit, mit der die Führung der USAAF und ganz besonders die der 8. US Air Force im Sommer und Herbst 1943 Operationen entsprechend ihrer Doktrinen ausführten, obwohl die Realität der Kämpfe sie eines Besseren hätte belehren müssen.

Der größte Vorteil der Amerikaner bei der Entwicklung des Flugzeugs als Waffe bestand in ihrem riesigen industriellen Potential. Diese wirtschaftliche Stärke ermöglichte ihnen eine Massenproduktion von viermotorigen Bombern. So konnten sie einige der hervorragendsten Flugzeuge des Krieges bauen. Aufgrund der Bedeutung der Ökonomie in Amerikas Weltanschauung favorisierten die Vertreter der Luftstreitkräfte besonders die Angriffe auf das wirtschaftliche Rückgrat des Feindes. Nach dem Krieg gab jedoch ein Verfechter dieser Theorie zu:

Das US-amerikanische Jagdflugzeug Boeing P-12D, ein Doppeldecker der 30er-Jahre.

> Die amerikanischen Luftstreitkräfte vertraten eine Auffassung, die auf dem Nichteingehen von Risiken und der Vermeidung von Problemen beruhte. Sie gestanden dadurch ihre Unfähigkeit ein zu erkennen, dass beim Einsatz von Streitkräften einzelne Faktoren oder Bedingungen ohne Auswirkungen auf die anderen Faktoren nicht verändert werden können. Sie ignorierten, was offensichtlich war: Jede Prämisse und alle Annahmen enthielten die ihnen eigenen Schwächen. Für sich allein genommen waren die Mängel nicht ernst, in ihrer Gesamtheit konnten sie jedoch das ganze Konzept untergraben.

Wie wir noch sehen werden, kamen die vertretenen Auffassungen der Realität gefährlich nahe.

Deutschland

Viele Historiker sind der Ansicht, dass das Militär seinen Blick immer wieder auf den vergangenen Krieg richtet und deshalb auch im nächsten versagt. Diese Meinung ist jedoch völlig falsch. Deutschland war die einzige europäische Militärmacht, die die Lehren des Ersten Weltkrieges genau untersuchte. Ihre neue Theorie stützte sich auf die gewonnenen Erkenntnisse, sodass die Ausbildung sowie die Vorbereitung auf kommende Auseinandersetzungen auf der Grundlage der tatsächlichen Ereignisse des letzten Krieges erfolgten. 1920 ordnete der neue Chef des Generalstabs Hans von Seeckt die Schaffung von 57 Kommissionen an, die die taktischen und operativen Lehren des Ersten Weltkrieges analysieren sollten. Einige dieser Kommissionen befassten sich mit den Ereignissen des Luftkrieges. Sie erarbeiteten eine Reihe von Berichten, die die deutschen Auffassungen zum Luftkrieg in der Zeit zwischen den Weltkriegen erheblich beeinflussten.

Doch ganz gleich wie realistisch die Deutschen in den 20er-Jahren die Zukunft einschätzten, sie mussten sich damit abfinden, dass der Versailler Vertrag ihnen den Besitz von mehrmotorigen und Militärflugzeugen verbot. Ab 1926 genehmigten die Alliierten den Deutschen den Bau mehrmotoriger Maschinen für die zivile Luftfahrt. Mit der Lufthansa entstand eine nationale Fluggesellschaft, auf deren technische Erfahrung und Flugpraxis die spätere Luftwaffe zurückgreifen konnte. Probleme gab es jedoch auch hier: Der Großteil der zivilen Luftfahrt in Europa erfolgte lediglich über kurze Entfernungen, was der Entwicklung von Motoren und Flugzeugen größere Schranken auferlegte als in den USA. Bei der Entwicklung von leistungsfähigen Motoren für einen viermotorigen Bomber waren die Deutschen daher Ende der 30er- und Anfang der 40er-Jahre im Nachteil.

Sie verschafften sich ihre Erfahrungen durch eine enge Zusammenarbeit mit den Sowjets auf Stützpunkten tief im Inneren Russlands, wo deutsche Flieger auf Militärmaschinen ihre Flugausbildung erhielten. Wahrscheinlich erwarben die Sowjets dabei mehr Erkenntnisse über Maschinenbau- und Fertigungstechniken als die Deutschen. Diese rein theoretische Arbeit und die heimlichen Anstrengungen erfuhren jedoch ab Januar 1933 mit Hitlers Ernennung zum Reichskanzler einen Wandel. Das Naziregime begann umgehend mit einer gewaltigen Wiederaufrüstung. Eines seiner vielen Ziele bestand in der Schaffung starker und unabhängiger Luftstreitkräfte. Zum Chef der neuen Luftwaffe ernannte es Hermann Göring, ein Flieger-As des Ersten Weltkrieges, der einen Ruf als rücksichtsloser und treuer Gefolgsmann des Führers besaß. Göring war fast bis zum Ende der Luftwaffe im Frühjahr 1945 mit deren Schicksal untrennbar verbunden.

Während der ersten Jahre des Dritten Reichs war Göring zunächst nur nominell der Befehlshaber der Luftwaffe, denn er war damit beschäftigt, Hitler und die Nazipartei bei der Unterwanderung des Staates und der Festigung ihrer Macht zu unterstützen. Er hatte aber eine Reihe sachkundiger Unterstellter, die aus dem Heer umgesetzt worden waren. Einige von ihnen hatten wie Hans Jeschonnek, Klassenbester an der Kriegsakademie, im Ersten Weltkrieg als Piloten gedient. Andere wie Albert Kesselring und Walther Wever besaßen noch keine Flugerfahrung und erlernten das Fliegen erst bei der Luftwaffe. Das Heer muss große Stücke auf den Stabschef der neuen Luftwaffe Walther Wever gehalten haben. Dafür spricht die Tatsache, dass der zweite Kandidat für den Posten der zukünftige Feldmarschall Erich von Manstein war.

Die neue Teilstreitkraft sah sich mit entmutigenden Problemen konfrontiert. Sie musste aus einem geringen Potential eine Streitmacht aufbauen, während die strategischen Bedingungen nach Hitlers Aussage das Reich rasch in einen Krieg verwickeln konnten. Die schwachen wirtschaftlichen Grundlagen für den Aufbau bestanden aus ein paar zerstrittenen Flugzeugwerken. 1933 waren in der Flugzeugindustrie 4000 Arbeiter beschäftigt. Im Herbst 1938 war ihre Zahl auf 204 000 angestiegen. Zwar zeigte das Heer ein Interesse an der Luftfahrt, doch nur wenige Offiziere verfügten über echte Erfahrungen und selbst diese waren überholt. Doch Göring wählte zwei herausragende Männer für die Leitung des Aufbaus aus: Wever, der Stabschef der Luftwaffe, war 1917/18 an der Entwicklung der deutschen Militärdoktrin beteiligt gewesen, die 1918 den Krieg zu Lande revolutioniert hatte. Die zweite Schlüsselfigur war Erhard Milch. Er verfügte über eine erhebliche Erfahrung aus dem Ersten Weltkrieg und spielte eine führende Rolle bei der Entwicklung der Lufthansa zur beherrschenden zivilen Fluggesellschaft in Mitteleuropa. Beide besaßen ein ausgezeichnetes Organisationstalent. Wever gab die Richtung bei der Schaffung einer schlagkräftigen Waffe vor und entwarf eine scharfsinnige und zusammenhängende Luftdoktrin. Milch brachte seine Fähigkeiten bei der Ausweitung der Produktion und der logistischen Struktur der Luftwaffe ein.

Die Luftwaffe war gewiss nicht die „Magd des Heeres“, wie manche Nachkriegshistoriker meinen. Ihre Führung betrachtete sie gegenüber den anderen Teilstreitkräften als gleichberechtigt in einem Krieg. Während die Theoretiker des Luftkrieges in den USA und Großbritannien den Schwerpunkt auf strategische Bombenangriffe legten, erkannte die Führung der Luftwaffe deren mannigfaltige Funktionen, von denen viele ebenso wichtig waren wie strategische Bombardements. Zunächst einmal gingen die Deutschen davon aus, dass der politische, strategische und geografische Rahmen eines Krieges vorgibt, wie Luftstreitkräfte am besten einzusetzen seien. Außerdem meinten sie, das Erlangen der Luftüberlegenheit sei entscheidend für die Führung jeglicher Luftangriffe. Angesichts der geografischen Lage des Reichs überrascht es nicht, dass im Mittelpunkt der deutschen Auffassungen zum Luftkrieg die Unterstützung des Heeres insbesondere durch Schläge gegen das feindliche Transportsystem standen. Gegen Ende der 30er-Jahre hegten die Deutschen Zweifel am Wert der direkten Luftunterstützung, was sicher auf die schweren Verluste zurückging, die ihre bei Bodenangriffen eingesetzten Flugzeuge 1918 hatten hinnehmen müssen.

Die Luftwaffe verschloss sich jedoch nicht vor strategischen Bombardements. Bis zu seinem Tod im Jahr 1936 vertrat Wever den Standpunkt, dass strategische Bombenangriffe in einem zukünftigen Krieg von beträchtlichem Nutzen sein könnten, wenn sie über einen längeren Zeitraum geführt würden. Es gab sogar noch enthusiastischere Kreise der Luftwaffe, die meinten, Nazideutschland könne durch die neue Volksgemeinschaft feindliche Luftangriffe besser überstehen als jeder demokratische oder kommunistische Staat. Diese Haltung war zwar nicht vorherrschend, wurde jedoch von Leuten wie Albert Kesselring geteilt und war reizvoll für die Naziführer wie Göring und Hitler.

Zwischen 1933 und 1939 erlebte die Luftwaffe eine umfangreiche Ausdehnung und die Einführung einer völlig neuen Generation von Flugzeugen: 1937 fertigten die Deutschen die Bf 109 und He 111 und 1939 wurde die Produktion der Ju 88 aufgenommen. Diese Flugzeugtypen beherrschten das Bild der Luftwaffe bis 1944. Die eigentliche Umstellung war wie bei anderen Luftstreitkräften in der Welt kompliziert und teuer. Die neue Generation von Eindeckern mit tragender Außenhaut und leistungsfähigeren Motoren war nicht nur schwerer zu fliegen und zu landen, sondern auch in ihrer Wartung komplizierter. Da sich die Luftwaffe gerade in einem gewaltigen Ausdehnungsprozess befand, fiel die Umstellung auf die neue Flugzeuggeneration besonders schwer. Die Flugzeugstaffeln hatten viele Unfälle zu verzeichnen. Besonders die Bf 109 konnte mit ihrem eng stehenden Fahrwerk unerfahrenen Piloten zum Verhängnis werden. Ein Pilot musste mit ansehen, wie seine Staffel an einem Nachmittag des Sommers 1938 vier Flugzeuge zu Bruch flog und dabei zwei Piloten umkamen. In jener Zeit befanden sich mitunter kaum 50 Prozent der Flugzeuge von Bomber- und Jagdfliegerstaffeln in einsatzbereitem Zustand. Angesichts dessen wirkt die Behauptung von Historikern nahezu lächerlich, die Luftwaffe hätte die Britischen Inseln angreifen können, wenn die Krise in der Tschechoslowakei zum Krieg geführt hätte.

Die Deutschen waren in Bezug auf die Fähigkeiten der Flugzeugbesatzungen und ihrer Maschinen realistischer als die Amerikaner und Briten. So gingen sie an die Frage der technischen Möglichkeiten vollkommen anders heran. Aufgrund der Erfahrungen des Ersten Weltkrieges, die sich in Spanien bestätigten, war den Deutschen klar, dass ein genaues Bombardement bei Nacht oder schlechter Sicht schwer zu erreichen war. 1939 ging die Luftwaffe deshalb dazu über, ihre Flugzeuge mit Zielfindungsgeräten und Navigationshilfen auszurüsten. Die RAF besaß erst ab 1942 solche Geräte, die sich die Amerikaner 1943 und 1944 für ihre Einsätze bei schlechter Sicht ausborgten. Außerdem steckten die Deutschen viel Energie in die Entwicklung des Fernbegleitjägers Bf 110. Zwar erwies sich dieses Flugzeug den leichteren Jagdeinsitzern gegenüber als nicht ebenbürtig, doch zumindest unternahmen die Deutschen etwas zur Unterstützung von Bombern durch Jagdschutz.

Gegen Ende der 30er- und bis in die 40er-Jahre hinein unternahmen sie große Anstrengungen zur Entwicklung eines strategischen Langstreckenbombers. Er sollte das zweimotorige Flugzeug ersetzen, mit dem die Luftwaffe anfangs ihre Bombergeschwader ausgerüstet hatte. Die erste Entwicklungsstufe war dabei der so genannte Schnellbomber Ju 88. Er ähnelte zunächst den Entwürfen, aus denen de Havilland die „Mosquito" entwickelte, den wirkungsvollsten strategischen Bomber des Krieges. Der erste Prototyp der Ju 88 wog über sieben Tonnen und erreichte eine Höchstgeschwindigkeit von ca. 560 km/h. Doch das Konstruktionsbüro der Luftwaffe nahm 250 000 Konstruktionsänderungen vor, die das Gewicht des Flugzeugs auf über zwölf Tonnen erhöhten und seine Geschwindigkeit auf 400 km/h verringerten. Dennoch erwies sich die Ju 88 als eines der hervorragendsten Mehrzweckflugzeuge des Zweiten Weltkrieges. Ohne die gravierenden Veränderungen, die die Techniker von Luftwaffe und Junkers vornahmen, wäre sie jedoch noch leistungsfähiger gewesen.

Ihren größten Fehlschlag erlitt die Luftwaffe bei dem Versuch einen viermotorigen Langstreckenbomber zu entwickeln. 1936 hatte das Luftfahrtministerium zwei Entwicklungsprogramme für viermotorige Bomber abgebrochen. Das geschah nicht, weil die Führung das Interesse an strategischen Bombern verloren hatte, sondern weil sie über zwei wirkungslose Flugzeuge verfügte, die aufgrund ihrer geringen Geschwindigkeit und Tragfähigkeit vollkommen unzulänglich waren. Bei der Entwicklung von Langstreckenbombern waren die Deutschen wegen der Bestimmungen des Versailler Vertrags immer im Nachteil. Ohne den Besitz von Militärflugzeugen hatten sie nicht die Probleme von Motoren bei Langstreckenflügen untersuchen können. Die deutsche Zivilluftfahrt hatte sich indessen auf Flugzeuge für relativ kurze Strecken konzentriert, die für Flüge zwischen den Großstädten Mittel- und Westeuropas geeignet waren, jedoch weniger für so große Entfernungen wie im British Empire und in den USA.

Doch die Deutschen kämpften verbissen weiter. Die Lösung für ihr Problem schien genial zu sein, war jedoch technisch nicht ausführbar: Sie entwickelten die vom Unglück verfolgte He 177, deren zwei Luftschrauben durch jeweils zwei

miteinander gekoppelte Motoren angetrieben wurden, welche die notwendige Schubkraft brachten und den Luftwiderstand verringerten. Zu Beginn der 40er-Jahre entwickelten die Briten mit ihrem „Manchester"-Bomber eine ähnliche Maschine. Doch angesichts des damaligen Standes der Technik war der Entwurf nicht erfolgreich umsetzbar. Die Motoren der He 177 koppelten während des Fluges mitunter aus, sodass beschädigte Treibstoffleitungen, austretendes Öl, die sich entwickelnde Hitze und die Funkenbildung den Flügen ein spektakuläres Ende bereiteten. Die Briten besaßen das richtige Gespür, brachen die Versuche mit der „Manchester" ab und überarbeiteten die Entwürfe. Sie statteten sie mit vier Einzelmotoren aus und gaben der Maschine einen neuen Namen: „Lancaster". Die Deutschen hielten in ihrer ungeheuren Arroganz über einen Zeitraum von fünf Jahren bis 1944 an der Konstruktion mit gekoppelten Motoren fest. Eine weitere Eigenart der He 177 bewies, dass Wartungsfragen bei ihren Konstrukteuren nur

Das Transportflugzeug DC-2 war die erste moderne Passagiermaschine.

eine untergeordnete Rolle gespielt hatten: Zum Wechseln der Zündkerzen musste jedes Mal der gesamte Motorblock ausgebaut werden.

Gegen Ende der 30er-Jahre übte die Luftwaffe einen immer unheilvolleren Einfluss auf die europäische Politik aus. Im März 1935 verkündete Hitler, was bereits offensichtlich war: Die deutsche Wiederaufrüstung sei in vollem Gange und Deutschland verfüge über unabhängige Luftstreitkräfte. 1936 sandten die Deutschen eine kleine Einheit von „Freiwilligen", die so genannte „Legion Condor" nach Spanien, die General Francisco Franco bei seinem Umsturzversuch behilflich sein sollte. Im Gegensatz zu Mussolini hatte Hitler kein großes Interesse an einem schnellen Sieg Francos, denn der Krieg lenkte die europäische Linke von der wirklichen Gefahr einer deutschen Wiederaufrüstung ab. Deutschland schickte darum nur wenige Boden- und Lufteinheiten auf die Iberische Halbinsel, Italien dagegen ein großes Expeditionskorps.

Spanien diente hervorragend als Prüfstand für die Flugzeuge und die Kampftechnik der Luftwaffe. Die Erfahrungen in der Luftkriegführung ließen sich gut nutzen. Am Krieg waren kaum 200 Flugzeuge beteiligt, doch das genügte um zu zeigen, dass die damaligen Luftwaffenflugzeuge nicht auf dem notwendigen Stand waren. Die zu Tage getretenen Schwächen der Ju 52 als Bomber und der He 51 als Jagdflugzeug veranlassten die oberste Führung der Luftwaffe, schneller die nächste Generation von Flugzeugen einzuführen. Dazu gehörten insbesondere die Bf 109

und die He 111. Die in Spanien gesammelten Erfahrungen halfen auch bei der Entwicklung einer Angriffstaktik des „Vierfingerschwarms“, bei der ein Schwarm von vier Flugzeugen in einer Formation flog, die an vier ausgestreckte Finger erinnerte. Diese Taktik verlieh der Luftwaffe einen beträchtlichen Vorteil in ihrem ersten Aufeinandertreffen mit britischen Jägern. Andererseits waren die Deutschen jedoch hinsichtlich der Wirkung von 88-mm-Flugzeugkanonen gegen andere Flugzeuge zu optimistisch, erkannten aber den Nutzen dieser Waffe im Kampf gegen feindliche Panzer.

Der Verlauf des Spanischen Bürgerkrieges gestattete es den Deutschen außerdem, ihre Taktik bei der Luftunterstützung zu vervollkommnen, die sie erstmals im März 1918 angewendet hatten. Ihre taktischen Vorstellungen konzentrierten sich allerdings weitestgehend auf das Erzielen eines Durchbruchs in der Schlacht und blieben im Grunde primitiv. Bei ihrem ersten Einsatz mit Luftunterstützung mussten die Infanteristen z. B. auf die Rückseite ihrer Uniformen weiße Kreise aufnähen, wahrscheinlich nicht nur um besser von den eigenen Flugzeugen erkannt zu werden, sondern um sie von einem Rückzug abzuhalten. Seltsamerweise entwickelte die Luftwaffe Ende der 30er-Jahre nicht das Potential zur Unterstützung gepanzerter und motorisierter Einheiten im Bewegungskrieg. Das stand im Widerspruch zum Mythos über den gemeinsamen Kampf von Panzer und Stuka, der durch Goebbels' Propagandamaschine verbreitet wurde. Während der gesamten

Landeanflug eines als Passagiermaschine für Transkontinentalflüge dienenden Langstreckenflugboots vom Typ Boeing 314.

Feldzüge in Polen und Frankreich bombardierte die Luftwaffe versehentlich motorisierte deutsche Angriffsspitzen. Eine Einheit berichtete jedoch, dass die Luftwaffe die Polen öfter traf als die eigenen Truppen. Erst im April 1940 unternahmen Luftwaffe und Heer Versuche mit vorgerückten Beobachtern bei den Angriffsspitzen. Doch zumindest gingen die Deutschen das Problem an, während die Briten erst 1942 ein ähnliches System einführten, die Amerikaner sogar erst 1943.

1938 waren die Wiederaufrüstung und Ausdehnung der Luftwaffe in vollem Gange. Wartungsprobleme, Schwierigkeiten bei der Ausbildung von neuem Personal und Versorgungsprobleme suchten nun die Einheiten heim und machten die Luftwaffe zu einem militärischen Instrument, das nicht zu länger anhaltenden Luftoperationen fähig war. Selbst eine begrenzte Unterstützung beim Angriff auf die Tschechoslowakei hätte die Luftwaffe überaus belastet. Darüber hinaus verdeutlichten Übungen im August 1938, dass die Luftwaffe keinerlei Chancen mit fortwährenden strategischen Bombenangriffen gegen Großbritannien haben würde. Solcherlei Unternehmungen hätten lediglich zu planlosen Bombenabwürfen über dem britischen Territorium geführt. Eigenartigerweise gelang der Luftwaffe ihr größter Erfolg jedoch dadurch, dass sie der britischen und ganz besonders der französischen militärischen und politischen Führung einen bevorstehenden Bombenhagel einredete. Im Grunde war die Opferung der Tschechoslowakei in München weitestgehend das Ergebnis unberechtigter Ängste vor einer deutschen Luftüberlegenheit.

1939 hatte sich die Kampfkraft der Luftwaffe bereits drastisch erhöht, doch ihr Einfluss auf die europäische Diplomatie war gering. Die Ausrüstung ihrer Flugstaffeln war unter Kontrolle und die Ju 88 stand kurz vor ihrem Produktionsstart. Auch die strategische Lage hatte sich grundlegend zu Gunsten des Reichs verändert, insbesondere durch die Unterzeichnung des Nichtangriffspakts zwischen den Nazis und den Sowjets. Deutschland besaß die am weitesten entwickelte Luftwaffe der Welt, die zu wirkungsvollen Schlägen gegen ihre Feinde in der Lage war. Mit Hilfe ihrer Kampftechnik war es ihr möglich, die Luftüberlegenheit über einem schnell vorrückenden Schlachtfeld zu gewinnen. Außerdem besaß sie erhebliche Schlagkraft, wenn es galt das Heer aus der Luft beim Durchbrechen feindlicher Frontlinien zu unterstützen. Diese Fähigkeiten erlaubten es der Luftwaffe, eine entscheidende Rolle bei den deutschen Siegen der ersten Kriegsjahre zu übernehmen. Durch ihre breit gefächerten Möglichkeiten bot sie dem Heer bei Operationen zu Lande eine enorme Unterstützung und hinderte gleichzeitig feindliche Fliegerkräfte daran, den Vorstoß der deutschen Bodentruppen zu beeinträchtigen.

Doch gegen Ende der 30er-Jahre waren die Haltungen und Denkweisen innerhalb der Luftwaffe bereits von der Naziideologie beeinflusst. Wevers Tod beschleunigte diesen Vorgang noch mehr. Auch Göring trug mit der raschen Ernennung von Offizieren, die von der Ideologie der Nazis erfüllt waren, dazu bei. Die Folge war nicht nur eine erhebliche Unterschätzung von Deutschlands potentiellen Gegnern, insbesondere Großbritanniens, der Sowjetunion und der USA, sondern auch der für das Erreichen der Ziele notwendigen Mittel. Kurz nach der Unterzeichnung des Münchener Abkommens forderte Hitler eine Vergrößerung der Luftwaffe um das Fünffache. Diese Ausdehnung hätte so viel gekostet wie die gesamte deutsche Wiederaufrüstung zwischen 1933 und 1939. 85 Prozent der weltweiten Bestände an Flugzeugbenzin wären dafür nötig gewesen. Als hohe Offiziere Hans Jeschonnek, Anfang 1939 zum Stabschef der Luftwaffe ernannt, darauf hinwiesen, meinte dieser lakonisch, dass man den Führer zu unterstützen habe und nicht gegen ihn arbeiten dürfe. Diese blinde Ergebenheit gegenüber Hitler und der Glaube an die

Nicht brennbares Helium besitzt gegenüber Wasserstoff große Vorteile: Hier geht das Luftschiff Hindenburg *über der Marine-Luftschiffstation Lakehurst (New Jersey) in Flammen auf.*

rassische Überlegenheit des deutschen Volkes führte im folgenden Krieg zum Untergang der Luftwaffe.

Die Luftstreitkräfte anderer Nationen

Es ist hier nicht möglich, alle Luftstreitkräfte der Welt detailliert abzuhandeln. Einige bedeutsame Entwicklungen bei anderen Großmächten sollen aber Erwähnung finden, insbesondere in Italien, Frankreich, der Sowjetunion und Japan. Die Italiener brachten einen der berühmtesten Theoretiker des Luftkrieges hervor: Giulio

Douhet. Er zählte zu den führenden Köpfen bei den italienischen Bemühungen im Ersten Weltkrieg, die österreichisch-ungarische Armee aus ihren uneinnehmbaren Stellungen in den Ausläufern der Alpen zu vertreiben. Die technischen Voraussetzungen für die Führung eines wirkungsvollen Bombardements waren jedoch erst in den Anfangsjahren des Zweiten Weltkrieges gegeben. Italien hatte im Ergebnis des Ersten Weltkrieges 500 000 Tote zu beklagen, doch das tat Douhets Begeisterung für den Luftkrieg keinen Abbruch. Auch hielt diese Tatsache Moussolinis Regime nicht davon ab, Douhets Theorien als Mittel zur Verwirklichung der Vision einer

Ein für Transatlantikflüge eingesetztes Flugboot vom Typ Dornier Do X.

Großmacht Italien herauszuposaunen, welche das Römische Reich am Mittelmeer wieder entstehen lassen würde.

Kurioserweise brachte keine europäische Nation ungünstigere Gegebenheiten für solch ein Vorhaben mit. Italien besaß weder die technischen noch die wirtschaftlichen Voraussetzungen zur Schaffung einer Luftwaffe, die Europa beherrschen konnte. Außerdem waren feindliche Luftangriffe für das Land selbst sehr gefährlich, da seine Industriestandorte nahe der nördlichen Grenze lagen. Der Umfang des italienischen Militärbudgets hätte jedoch ausreichen müssen um die *Regia Aeronautica* auf eine führende Rolle im bevorstehenden Krieg vorzubereiten. Die Verteidigungsausgaben Italiens zwischen 1933 und 1938 waren sogar höher als die von Großbritannien oder Frankreich.

Das faschistische Regime profitierte allerdings nicht sonderlich von den Militärausgaben, hauptsächlich weil die größenwahnsinnige strategische Politik in einer Reihe unkluger Abenteuer im Ausland gipfelte. Im September 1935 marschierten die Italiener in Abessinien ein und hielten es bereits im folgenden Frühjahr besetzt. Zunächst waren sie einer Niederlage nahe gewesen, aber dann verhalf der massive Einsatz von Giftgas, das aus italienischen Flugzeugen auf die wehrlosen Verteidiger abgeworfen wurde, ihnen doch noch zum Sieg. Die opferreiche Eroberung brachte dem italienischen Reich jedoch wertlose und nicht zu verteidigende Gebiete ein.

Kurze Zeit nach dem Krieg in Abessinien brach der Spanische Bürgerkrieg aus und Mussolini stellte Francos Nationalisten ansehnliche Kontingente der Luftwaffe und des Heeres zur Verfügung. Der Krieg in Spanien zog sich über drei Jahre hin und erforderte immense Kraftanstrengungen. Auch für die italienischen Finanzen und die Streitkräfte des Landes wurde er zu einer fürchterlichen Belastung. Am stärksten traf der Krieg die Luftstreitkräfte, da die Entwicklung neuer Flugzeuge eingefroren wurde. Nicht dass die Italiener zur Entwicklung erstklassiger Flugzeuge nicht in der Lage gewesen wären – ab 1942 stellten sie das unter Beweis. Doch gegen Ende der 30er-Jahre standen einfach die nötigen Mittel nicht zur Verfügung um jene Art von Flugzeugen zu entwickeln, die die anderen europäischen Luftstreitkräfte erwarben. Die Italiener traten darum mit einer Luftwaffe in den Krieg ein, die veralteter war als die der Franzosen. Letztere stellten zumindest eine neue Generation von Flugzeugen in Dienst.

Was die Franzosen anbelangt, so war die Sache besonders tragisch, denn sie schossen nur knapp am Ziel vorbei. Ihre unabhängigen Luftstreitkräfte hatten sich mit den gleichen technischen und organisatorischen Problemen herumzuschlagen, die auch die anderen großen Luftstreitkräfte Mitte der 30er-Jahre heimsuchten. Historiker haben die wirtschaftlichen Voraussetzungen der französischen Luftstreitkräfte oft als überholt dargestellt. Doch als die Nazis im Januar 1933 an die Macht kamen, befand sich die deutsche Flugzeugindustrie in einem noch schlechteren Zustand. Zwar stellten die Franzosen 1933 noch veraltete Bomber und Jagdflugzeuge her, aber auch die Ju 52 war kaum auf dem neuesten Stand der Technik. Zumindest verfügte die französische Luftwaffe über viele erfahrene Piloten.

Die neue Generation französischer Flugzeuge erforderte größere Investitionen bei der Konstruktion und bei der Schaffung von Produktionsanlagen. Die politische Lage verzögerte jedoch eine Wiederbelebung der Produktion. Im Gegensatz zu den Briten erkannten die Franzosen die wachsende Gefahr jenseits des Rheins, doch es bestanden politische Hindernisse für eine beträchtliche Erhöhung der Militärausgaben. Das Heer hatte die Steuerung der Verteidigungspolitik fest in seiner Hand und unterdrückte jegliche Debatte zu Fragen der Luftkriegführung. Bis 1937 nahm die Heeresleitung die Bedrohung durch die deutsche Luftwaffe nicht für voll. Dann jedoch verfiel sie in Panik und schwächte den französischen Kampfeswillen.

Eine noch größere Rolle bei der schlechten Vorbereitung der Franzosen auf den Luftkrieg spielte 1936 der Triumph der Volksfront unter dem Sozialisten Léon Blum. Durch die Weigerung der Regierung, die Ausgaben zur Schaffung wirtschaftlicher Grundlagen sowie für die Forschung, Konstruktion und Produktion von Flugzeugen zu erhöhen, erlitten die Luftstreitkräfte den größten Schaden. Während die deutsche Luftwaffe und die RAF zwischen 1937 und 1939 zu einer neuen Generation von Flugzeugen übergingen, begannen die Franzosen mit der Umstellung erst Ende 1939. Als sie dann 1940 erstklassige Flugzeuge einführten, mussten sich die französischen Flugstaffeln mit den gleichen Instandhaltungsproblemen, Unfällen, unerfahrenen Flugzeugbesatzungen und einer niedrigen Verfügbarkeit herumschlagen, wie das in den vorangegangenen Jahren bei der Luftwaffe und der RAF der Fall gewesen war. Die Franzosen machten diese Erfahrung gerade zu dem Zeitpunkt, als die großen Schlachten in den Niederlanden begannen.

Die Sowjets zeigten ein beachtliches Interesse an der Luftkriegführung – ein eindeutiges Bejahen der Modernisierung. Doch wie so oft in der Geschichte Russlands waren die dortigen technischen Grundlagen hinter denen des industrialisierten Westens zurückgeblieben. Die Zusammenarbeit mit den deutschen Militärs, die auch während der letzten Jahre der Weimarer Republik anhielt, half den Sowjets mehr als den Deutschen. In Bezug auf das, was sie von den deutschen Partnern übernehmen konnten, waren den Sowjets jedoch Grenzen gesetzt. Mitte der 30er-Jahre hatten sie damit begonnen, die Grundlagen für die Luftkriegführung zu entwickeln, und verfügten über die Fabriken und Techniker, die für den Krieg im 20. Jahrhundert unabdingbar waren. Natürlich gab es Schwachpunkte, insbesondere bei der Ausbildung und taktischen Vorbereitung von Fliegerverbänden, doch 1937 besaßen sie die technischen Fachkenntnisse um einfache, unverwüstliche und einfach zu wartende Flugzeuge zu konstruieren, die im Einsatz recht wirkungsvoll waren.

Zum Schaden der sowjetischen Luftstreitkräfte und der anderen Teilstreitkräfte begann im Mai 1937 Stalins Säuberungsaktion im Militär, die katastrophale Folgen hatte. Die Geheimpolizei der Sowjetunion dezimierte das Offizierskorps der Luftstreitkräfte und rief eine Lähmung hervor, die den Übergang zu einer neuen Flugzeuggeneration bis 1941 verzögerte. Als dann die Wehrmacht das Land überfiel, befanden sich die Sowjets in der gleichen Lage wie ein Jahr zuvor die Franzosen: Ihre Luftstreitkräfte waren technisch unterlegen. Außerdem verfügten die Fliegereinheiten, die neue Maschinen übernahmen, weder über eine ausreichende Ausbildung noch über genügend Instandhaltungskenntnisse um die neuen Jäger und Bomber zu unterhalten. Die durch die veralteten Maschinen, die schlecht ausgebildeten Flieger und den späten Übergang zur nächsten Flugzeuggeneration bewirkte Situation war für die sowjetischen Luftstreitkräfte noch verheerender als für die französischen im Jahr zuvor.

Die Japaner entwickelten ihr Heer und ihre Seestreitkräfte in der scheinbaren Abgeschiedenheit Asiens. Doch sie behielten genau im Auge, was sich in der restlichen Welt ereignete. In der Anfangsphase wurde ihnen bei der Entwicklung ihrer Seestreitkräfte erhebliche Hilfe durch die Royal Navy zuteil. Die Fortschritte der Japaner in den 20er-Jahren waren jedoch gering, zumal sich die kaiserlich-japanische Flotte in den Händen einiger bornierter Admirale befand. Den Japanern kamen ebenso wie den Amerikanern die Beschlüsse des Washingtoner Flottenabkommens von 1922 entgegen. Sie bauten die Schiffsrümpfe eines sich gerade in Fertigung befindenden Schlachtkreuzers und eines Schlachtschiffs in Flugzeugträger um. 1922 schufen sie ein unabhängiges Hauptquartier der Marine, in dem sich auch ein Flugleitzentrum für Marineflieger befand. Darüber hinaus wurden die Japaner Ende der 20er-Jahre mit Sternmotoren aus den USA beliefert.

Unter dem wachsenden Einfluss rechter Militärs auf die japanische Regierung Anfang der 30er-Jahre besetzte das Land 1931 die Mandschurei. 1937 begann das japanische Militär eine groß angelegte Invasion in China. Es erhielt bei diesen Unternehmungen erhebliche Unterstützung im eigenen Land. Diese Tatsache und die Erkenntnis, dass die USA in einen Krieg verwickelt werden würden, führte zu einer umfangreichen und innovativen Entwicklung von Flugzeugen. Während ihrer Kriege in Asien machten die Japaner wertvolle Erfahrungen. Wegen ihrer isolierten geografischen Lage hatten sie kein Interesse an strategischen Bombenangriffen. Es war unvorstellbar, dass Japan jemals London, Moskau oder Washington direkt würde angreifen können. Doch der Russisch-Japanische Krieg von 1904 bis 1905 demonstrierte Japans Fähigkeit, der Sowjetunion, Großbritannien oder den USA im pazifischen Raum so vernichtende Niederlagen zuzufügen, dass sie dort nach Gutdünken walten konnten.

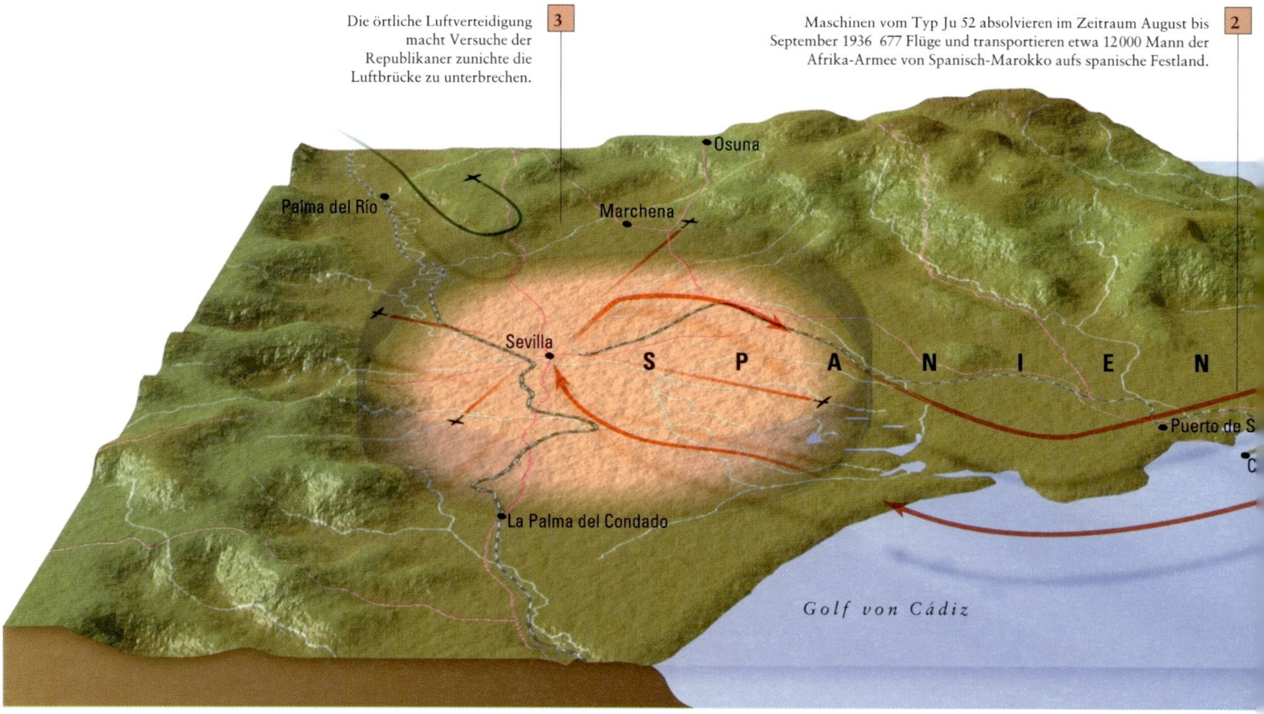

Ein als Bomber und Transportmaschine eingesetztes Flugzeug vom Typ Junkers Ju 52 in der Zeit des Spanischen Bürgerkriegs. Im Sommer 1936 erlangte die Ju 52 eine große Bedeutung während der Luftbrücke für Francos Truppen, die aus Nordafrika auf das spanische Festland geflogen wurden.

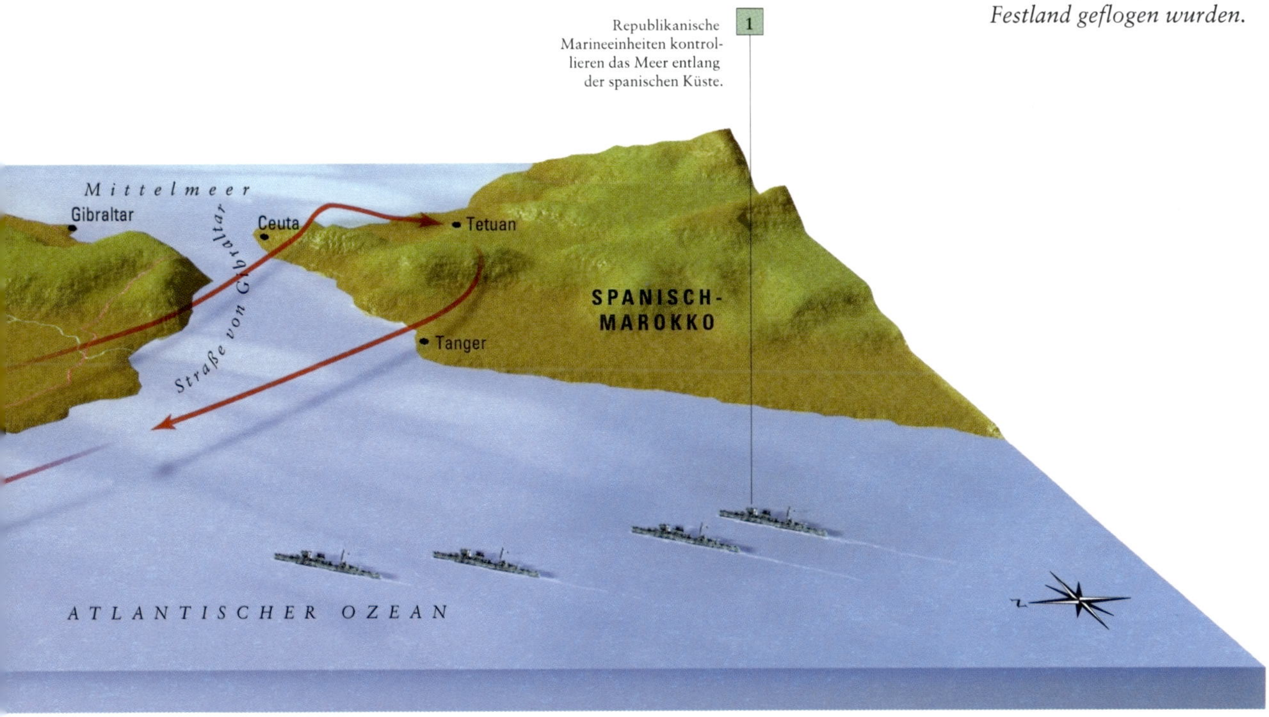

Ein japanischer Sturzkampfbomber vom Typ Aichi D3A (VAL). Die zweisitzige Maschine flog zum ersten Mal im Januar 1938 und erreichte trotz ihres starren Fahrwerks eine Höchstgeschwindigkeit von 420 km/h. Das Aussehen der D3A wurde stark durch Heinkel beeinflusst. Viele von ihnen kamen 1941 beim Angriff auf Pearl Harbor zum Einsatz.

Die zukünftigen Gegner Japans, die US Navy und die Royal Navy begingen den schrecklichen Fehler, die taktischen Fähigkeiten der Japaner ebenso zu unterschätzen wie den technischen Entwicklungsstand, den das Land Anfang der 40er-Jahre erreicht hatte. Von nun an ahmten die Japaner nicht mehr die europäische Technik nach, sondern sie bauten gleichwertige oder sogar überlegene Waffen. Die „Zero“, welche Ende der 30er-Jahre von der japanischen Kriegsflotte in Dienst gestellt wurde, glich in vielerlei Hinsicht der „Spitfire“ und der Bf 109 und war allen von den Briten und Amerikanern im Pazifik eingesetzten Maschinen weitaus überlegen. Ihre Reichweite übertraf die eines jeden anderen Jägers der frühen 40er-Jahre. Der Preis, den die Japaner für diese Fähigkeiten zahlten, war jedoch sehr hoch. Die „Zero“ verfügte weder über selbst dichtende Tanks noch über eine Panzerung zum Schutz ihrer Piloten. Sie war dadurch äußerst leicht, aber auch ebenso verletzlich.

Die japanischen Marineflieger hatten weltweit die härteste Ausbildung zu durchlaufen. Das spätere Flieger-As Saburo Sakai beschreibt, wie er und andere Piloten versuchten Fliegen in der Luft zu schnappen und bei Tageslicht Sterne zu erkennen. Während der blutigen Invasion in China nach dem Zwischenfall an der Marco-Polo-Brücke hatten die Japaner wertvolle Kampferfahrung erworben. Sie hatten dort nur geringe Verluste zu verzeichnen gehabt und zogen 1941 mit hervorragend ausgebildeten Piloten in den Krieg. Doch ohne die Panzerung und selbst dichtende Tanks mussten diese trotz der guten Kampfeigenschaften ihrer Flugzeuge hohe Verluste hinnehmen, die sich während des Krieges noch erhöhten. Ersatz war nur in geringem Maße vorhanden, denn das japanische Oberkommando weigerte sich die harten Ausbildungspläne seiner Flugschulen zu ändern, obwohl über 90 Prozent der Flugschüler ausschieden.

Wie die Deutschen verließen sich auch die Japaner darauf, dass der Wille und Kampfgeist alle möglichen Schwierigkeiten überwinden würde. Die Frage von Mittel und Zweck hatte in ihren strategischen und operativen Überlegungen keinen

Ein mittlerer italienischer Bomber vom Typ Savoia-Marchetti S.M. 81. Er flog erstmals 1935 und war 1940 bereits veraltet, wurde jedoch bis 1942 als Nachtbomber benutzt.

Platz. Zwar erzielten die japanischen Luftstreitkräfte zu Beginn der Auseinandersetzungen überwältigende Siege, doch die unumstößlichen Gesetze der Verluste in einem Luftkrieg stellten sich letztlich auch ihnen entgegen.

Schlussfolgerungen

Auf dem Gebiet der Kriegstechnik war in der Zeit zwischen den Weltkriegen ein außerordentlicher Sprung nach vorn zu verzeichnen. Am Ende des Ersten Weltkrieges im November 1918 hatte die Menschheit weniger als 20 Jahre Fluggeschichte hinter sich gebracht. In den 20er-Jahren kamen viele neue Theorien über die Zukunft des Luftkrieges auf. Doch sowohl die geistige Stimmungslage als auch die konzeptionelle Vorstellung bei Siegern und Besiegten führten zu geringen Ausgaben im Verteidigungshaushalt. Unter diesen Umständen gab es zunächst nur wenige technische Weiterentwicklungen, doch gleichzeitig legten die Flieger den Grundstein für den explosionsartigen technischen Fortschritt der 30er-Jahre. Unter dem Vorzeichen einer zunehmenden internationalen Krise in den 30er-Jahren öffneten sich die Geldhähne wieder. Die Diktaturen begannen ein immenses Wettrüsten und schon nach relativ kurzer Zeit beteiligten sich auch die demokratischen Staaten daran.

Im Zuge der technischen Revolution trat an die Stelle des Doppeldeckers des Ersten Weltkrieges der Ganzmetall-Eindecker und die Geschwindigkeit der Flugzeuge verdoppelte sich. Die rasante Entwicklung der Flugzeugtechnik ging mit der Erfindung vieler Hilfsmittel für den Krieg einher wie z.B. Radar, Funkleitverfahren, Navigations- und Landehilfen. Wie diese Weiterentwicklungen jedoch die Führung eines Luftkrieges tatsächlich beeinflussen würden, konnte niemand sagen, ehe die ersten Bomben fielen und Europa wieder in Dunkelheit versank.

KAPITEL DREI

DER LUFTKRIEG IN EUROPA

BOMBER VOM TYP Heinkel He 111 im Formationsflug. Die Bedrohung durch deutsche strategische Bombardements war in Wirklichkeit geringer als zunächst angenommen.

Der Luftkrieg in Europa

Die Vordenker des Luftkrieges in den Jahren zwischen den Kriegen hatten gemutmaßt, dass strategische Bombenangriffe wesentlicher Bestandteil eines zukünftigen Krieges in Europa sein würden. Was den Beitrag des Bombardements zum endgültigen Sieg der alliierten Streitkräfte anbelangt, so sollten sie Recht behalten. Doch in allen anderen Fragen hatten sie sich geirrt. Der größte Vorteil der Luftkriegführung der Alliierten bestand in seiner Vielseitigkeit. Flugzeuge hinterließen ihre Spuren in der Geschichte des Zweiten Weltkrieges aufgrund der Breite ihrer Einsatzmöglichkeiten. Sie leisteten einen unermesslichen Dienst für den Sieg über das Dritte Reich bei der Luftverteidigung Großbritanniens, bei langen und eintönigen Flügen über den Atlantik zum Aufspüren von U-Booten und bei der Unterstützung der Bodentruppen, bei Luftlandeoperationen und in ihrer Funktion als Aufklärungsmittel.

Doch selbst mit ihren Schätzungen über mögliche Auswirkungen strategischer Bombardements lagen die Theoretiker oft neben den Tatsachen. Strategische Bombenangriffe wirkten eher wie ein Vorschlaghammer und weniger wie ein Dolch. Es war das Gewicht des alliierten Bombardements, das einen Großteil Deutschlands in Schutt und Asche legte und schließlich die Kriegswirtschaft der Nazis vernichtete. Den unternommenen Anstrengungen fielen zahlreiche Flugzeugbesatzungen und Maschinen zum Opfer. Auch diesmal führten die Bombardements zu einer Zermürbung wie an der Westfront des Ersten Weltkrieges, mit dem Unterschied, dass es diesmal vornehmlich „die Besten und Klügsten" traf. Strategische Bombenan-

Sturzkampfbomber vom Typ Junkers Ju 87. Der langsame, schutzlose und verletzliche Stuka vollbrachte, was seinerzeit nur wenigen Bombern gelang – er traf sein Ziel genau.

griffe gegen das Dritte Reich konnten ihre Wirkung jedoch nur durch den gleichzeitigen Druck zu Lande und zur See entfalten. Darüber hinaus waren viele Ergebnisse wie das Erringen der Luftüberlegenheit über dem europäischen Kontinent, das Einbinden großer Teile der schweren deutschen Artillerie in die Luftverteidigung und die immense Zweckentfremdung von Mitteln für das V-2-Raketenprogramm unbeabsichtigte und unvorhergesehene Folgen der Bomberoffensive.

Die Alliierten brauchten vier Jahre (1939 – 1943), bis sie eine breite Palette von Möglichkeiten entwickelt hatten, die den Luftkrieg für ihre Feinde so todbringend machten. Als der Krieg 1939 begann, waren die Deutschen leider die einzige Militärmacht, die sich mit dem vollen Spektrum von Anwendungsmöglichkeiten des Luftkrieges befasst hatte. Sie waren davon ausgegangen, dass sein Sinn nicht allein in strategischen Bombenangriffen liegt. Aufgrund eines besseren Verständnisses für die wirklichen Möglichkeiten der Luftkriegführung und einer äußerst wirksamen Herangehensweise an den Krieg zu Lande standen die Deutschen kurz vor der Zerstörung der europäischen Zivilisation.

Die ersten Feldzüge des Zweiten Weltkrieges

Seit dem Beginn des Krieges am 1. September 1939 spielte der Luftkrieg eine entscheidende Rolle. Die Deutschen hatten einen massiven Angriff auf Warschau geplant, mussten jedoch wegen schlechten Wetters andere Ziele angreifen. Der wichtigste Beitrag der Luftwaffe zum Polenfeldzug bestand im raschen Erringen der Luftüberlegenheit. Die Polen waren fähige Gegner, verfügten jedoch nur über veraltete Maschinen, die denen der Deutschen nichts entgegensetzen konnten. Die Bomber der Luftwaffe griffen hauptsächlich Großstädte und Verkehrsknotenpunkte an, wodurch die polnische Mobilmachung erheblich beeinträchtigt wurde. Eine geringe Zahl von Luftwaffenmaschinen unterstützte direkt den Vorstoß der deutschen Panzertruppen, die die polnische Armee in der ersten Woche des Feldzugs völlig zerrieben.

Nach den Ereignissen in Polen analysierten die Deutschen sorgfältig ihren Erfolg und planten mit den daraus gezogenen Lehren im Hinterkopf die bevorstehenden Luft- und Bodenangriffe gegen den Westen. Die ersten Angriffe richteten sich gegen Dänemark und Norwegen, wobei letzterer ohne die Unterstützung durch die Luftwaffe unmöglich gewesen wäre. Die Norweger wurden völlig überrascht, mit Ausnahme der Einheiten im Oslofjord. Die dortigen Befestigungsanlagen waren mit Reservisten besetzt, die den schweren deutschen Kreuzer *Blücher* versenkten und den Versuch der Nazis zu vereiteln drohten die Hauptstadt einzunehmen. Doch dann besetzten Fallschirmjäger der Luftwaffe den Osloer Flughafen, sodass Transportmaschinen vom Typ Ju 52 Verstärkungstruppen einfliegen konnten. So wuchs die Zahl der Invasoren weit genug an um weiter auf die Hauptstadt vorzurücken. Fallschirmjäger besetzten außerdem den Flugplatz von Kristiansand. Auch dorthin flog die Luftwaffe Verstärkungstruppen, Bomber und Jagdflugzeuge. Da sie nun die Flugplätze in ihren Händen hielt, konnte sie die Luftüberlegenheit über dem südlichen und mittleren Norwegen erlangen. Dadurch war es möglich, dass die deutschen Luftstreitkräfte massiv in die Gefechte am Boden gegen die schlecht organisierten Norweger eingriffen und auch das Meer vor der norwegischen Küste beherrschten. Der Royal Navy wurde schnell klar, wie verletzlich ihre Schiffe gegenüber Flugzeugen waren. Die vor dem Krieg geäußerte Annahme, Schiffe könnten auch in Regionen bestehen, in denen feindliche Flugzeuge präsent sind, erwies sich als falsch. Doch leider durchdrang diese Erkenntnis die Royal Navy nicht vollständig.

Das Rückgrat der Luftwaffen-Transportflotte, die Junkers Ju 52, war bereits zu Beginn des Krieges veraltet. Sie war jedoch zuverlässig und vielfältig einsetzbar und wurde darum an allen Kriegsschauplätzen als Truppentransporter, Frachtflugzeug oder Flugambulanz eingesetzt.

Als sich der Norwegenfeldzug seinem Ende näherte, griff die Wehrmacht die Niederlande und Frankreich an. Am 10. Mai wurde der „Fall Gelb" ausgelöst. Dies war der Kodename für die Offensive im Westen. Sie begann mit einem massiven Angriff auf Flugplätze der Alliierten. Diese waren jedoch darauf vorbereitet, sodass die Deutschen keinen größeren Schaden anrichteten. Im Verlauf eines Tages voller Luftgefechte und Angriffe auf Flugplätze, Verkehrszentren und andere militärische Ziele erlitt die Luftwaffe furchtbare Verluste. Sie büßte 83 Flugzeuge ein, mehr als an jedem anderen Tag des Jahres 1940 einschließlich der Schlacht um England.

Ihren größten Erfolg des ersten Tages erzielte die Luftwaffe nicht etwa in der Luftschlacht, sondern bei der Unterstützung des Heeres. Fallschirmjäger der Luft-

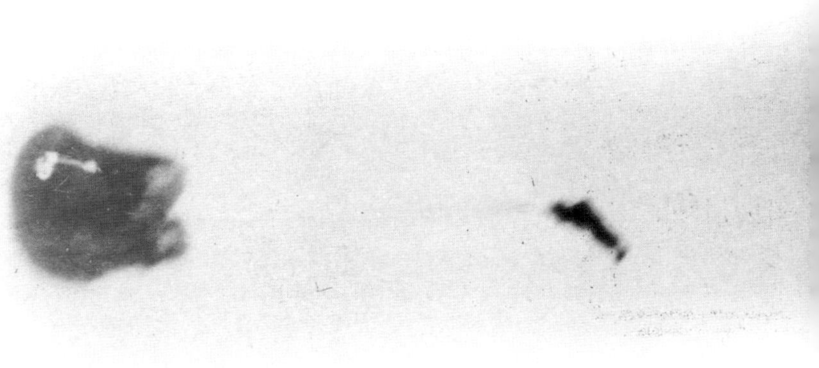

waffe nahmen die Brücken ein, die in die Festung Holland führten und hielten sie, bis die IX. Panzerdivision die Verteidigungsanlagen vollständig zerstören konnte. Den deutschen Fallschirmjägern gelang es jedoch nicht, Den Haag im Handstreich zu nehmen, weil die niederländischen Verteidiger die Angreifer wieder vom Flugplatz der Hauptstadt jagten. Am 15. Mai ergaben sich die Niederländer, nachdem Rotterdam durch die Luftwaffe fürchterlich bombardiert worden war. Bei dem Angriff, der ganz im Sinne der Lehren Douhets und anderer Verfechter strategischer Bombardements geführt wurde, kamen 800 Zivilisten ums Leben und 80 000 Menschen wurden obdachlos. Zu jenem Zeitpunkt sprachen die Deutschen voller Begeisterung von den Auswirkungen ihrer Bomben auf die Moral der Niederländer.

In Belgien landeten weniger als 200 Mann in Lastenseglern auf dem Bunker-Dach der großen Festung Fort Eben Emael und behinderten die Verteidiger, indem sie deren Schießscharten zerstörten. Dieser überwältigende Coup ebnete den Weg für den Vorstoß der Heeresgruppe B unter General Fedor von Bock in das Innere Belgiens, wo die Alliierten die Hauptanstrengungen der Deutschen erwartet hatten. In Zentralbelgien verhinderte die Luftwaffe den Vorstoß der Alliierten nicht, denn deren Truppen bewegten sich rasch auf eine Falle zu. Der Hauptangriff der Deutschen erfolgte durch die Ardennen, wo Panzereinheiten unter dem Schutz der Luftwaffe zügig vordrangen. Am 10. Mai mussten die veralteten leichten britischen Bomber vom Typ Fairey „Battle“ furchtbare Verluste hinnehmen: Von den 32 eingesetzten wurden 13 abgeschossen, die restlichen wurden beschädigt und retteten sich nach Hause. Doch auch die Luftangriffe der Alliierten behinderten die Deutschen. So beklagte sich Heinz Guderians Panzerkorps über schwere Bombenangriffe der Alliierten, die über die Semois, einen Nebenfluss der Maas, hinweg geführt wurden, und forderte zusätzliche Deckung aus der Luft an. Gerade an jenem Tag als die Deutschen mit ihren durch die engen Ardennenstraßen vorrückenden Einheiten einen gewaltigen Stau verursacht hatten, standen sie nur unter geringer Feindeinwirkung aus der Luft. Inzwischen folgte nämlich das Bomber Command der RAF seiner Doktrin und griff erfolglos Ziele in Deutschland an, anstatt das Heer in Frankreich zu unterstützen.

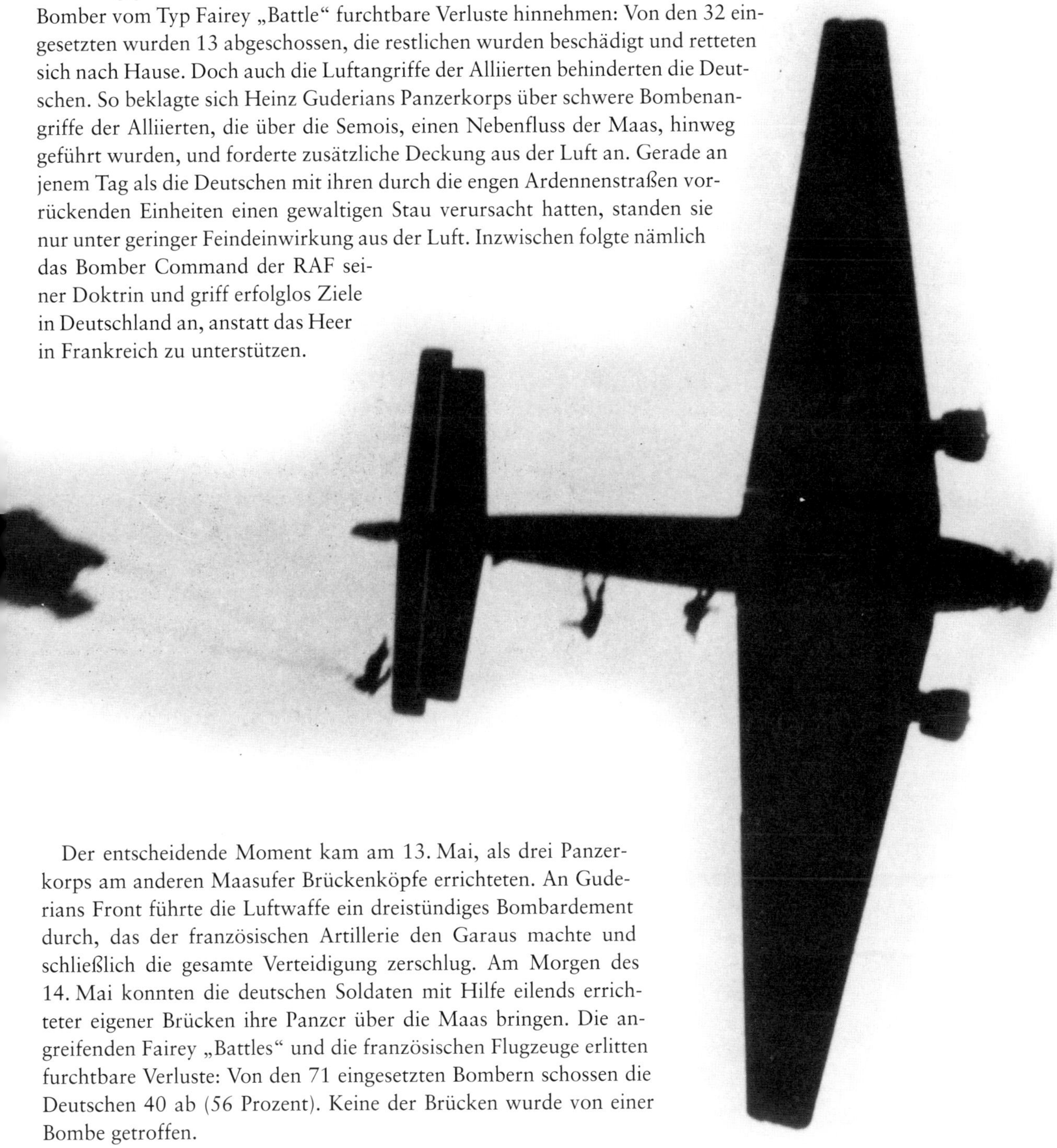

Eine Junkers Ju 52 beim Absetzen von deutschen Fallschirmjägern über Holland, Mai 1940.

Der entscheidende Moment kam am 13. Mai, als drei Panzerkorps am anderen Maasufer Brückenköpfe errichteten. An Guderians Front führte die Luftwaffe ein dreistündiges Bombardement durch, das der französischen Artillerie den Garaus machte und schließlich die gesamte Verteidigung zerschlug. Am Morgen des 14. Mai konnten die deutschen Soldaten mit Hilfe eilends errichteter eigener Brücken ihre Panzer über die Maas bringen. Die angreifenden Fairey „Battles“ und die französischen Flugzeuge erlitten furchtbare Verluste: Von den 71 eingesetzten Bombern schossen die Deutschen 40 ab (56 Prozent). Keine der Brücken wurde von einer Bombe getroffen.

Am Abend des 15. Mai hatten deutsche Panzerkorps die französischen Stellungen durchbrochen und rückten Richtung Ärmelkanal vor. Hier erlangten die Deutschen die Luftüberlegenheit über französischem Gebiet. Sie nahmen bei ihrem Vormarsch die meisten Luftstützpunkte und die Infrastruktur ein, die für den Einsatz und das Bewaffnen alliierter Flugzeuge unabdingbar war. Der neue britische Premier Winston Churchill wollte angesichts der Niederlage der britischen Verbündeten mehr Jagdflugzeuge zur Verteidigung Frankreichs auf den Kontinent schicken. Doch der Chef des Fighter Command Marshal Hugh Dowding verwahrte sich entschieden gegen eine Schwächung der britischen Luftverteidigung. Sein energisches Auftreten überzeugte Churchill zusätzliche Hilfe für Frankreich abzulehnen. Darüber hinaus verteidigte er Dowding im Sommer jenes Jahres gegen eine Intrige des Luftfahrtministeriums, das ihn absetzen wollte.

Die Franzosen führten gerade eine neue Generation von Jagdflugzeugen ein und waren darum zu höchstens 50 Prozent gefechtsbereit, ähnlich wie die Luftwaffe 1937/38 und die RAF 1938/39. Die Franzosen kämpften nun um ihr Überleben. Dass ihnen das so gut gelang, ist auf die Klasse der französischen Piloten und ihren Mut zurückzuführen. Am Ende der Schlacht um Frankreich hatte die Luftwaffe fast 20 Prozent ihrer Bf 109, 30 Prozent ihrer Bomber und Stukas sowie 40 Prozent ihrer Transportmaschinen eingebüßt. Das Fighter Command hatte im Frühjahr 1940

dem Kampf der französischen Luftstreitkräfte gegen die Luftwaffe viel zu verdanken.

Den Auftakt zur Schlacht um England bildeten Ende Mai 1940 heftige Luftkämpfe über Dünkirchen. Entlang der Kanalküste versuchten alliierte Einheiten verzweifelt, der sie einschließenden Wehrmacht zu entrinnen. Göring soll angeblich dem Führer versprochen haben, dass die Luftwaffe eine Flucht der alliierten Streitkräfte verhindern könne. Die Deutschen fügten der zur Evakuierung bereitstehenden Flotte schwere Verluste zu und versenkten oder zerstörten 28 Zerstörer und Torpedoboote. Doch die vom Vereinigten Königreich aus operierenden „Spitfires" konnten viele der Stukas und Bomber vernichten, die die Evakuierungsstrände angriffen. Der Ausgang der Luftschlacht über Dünkirchen hätte für die Luftwaffenführung ein Warnsignal sein sollen. Doch deren Planer unterschätzten Anfang Sommer 1940 die Fähigkeiten der Briten. Die Deutschen hatten zunächst angenommen, dass das Fighter Command innerhalb von vier Tagen zu bezwingen sei und nach weiteren vier Wochen die restlichen Bestände der RAF aufgerieben wären. Der Optimismus der Luftwaffe stand stellvertretend für die euphorische Haltung im gesamten Dritten Reich. So stellte auch Ende Juni einer der Planungsoffiziere des Oberkommandos fest, dass der endgültige Sieg Deutschlands über England nur eine Frage der Zeit sei.

Ein deutscher Bomberverband über England. Trotz ihrer sorgfältigen Vorbereitung war auch die Luftwaffe 1940 noch nicht in der Lage eine strategische Bombenoffensive durchzuführen.

Die Deutschen hatten es jedoch mit einem souveräneren Gegner zu tun als erwartet. Marshal Hugh Dowding war einer der innovativsten und umsichtigsten Luftkriegsexperten der Jahre zwischen den Weltkriegen. Er hatte das Kommando 1936 übernommen und setzte einen Erneuerungsprozess durch, der sich technische Entwicklungen zur Schaffung eines umfangreichen und wirksamen Verteidigungssystems zunutze machte.

Das Überleben Großbritanniens hing jedoch nicht allein von der Technik der Jagdflugzeuge und des Radars ab, sondern auch von einem Frühwarn- und Boden-Luft-Leitsystem, mit dessen Hilfe Informationen von den Radarstationen innerhalb weniger Minuten zu den Jägern übertragen werden konnten. Damit wurde das Verteidigungssystem von 1918 wieder belebt, nun allerdings mit technischen Verbesserungen.

Maschinen vom Typ Messerschmitt Bf 109E-1S und deren Besatzungen erwarten 1940 in Frankreich den Befehl zum Angriff auf England. Die auch als „Emil" bezeichnete Bf 109E war anfangs mit vier MG 17, später mit zwei MG 17 und zwei MG/FF ausgerüstet und war eine wirksame Waffe bei der Bezwingung der europäischen Luftstreitkräfte in den Anfangsmonaten des Krieges.

Die Luftwaffe unterschätzte ihre Gegner nicht allein aufgrund der vorherrschenden Naziideologie, sondern auch wegen des katastrophalen Zustands ihrer Feindaufklärung. Am 19. Juli berichtete deren Chef, Oberst Beppo Schmid, dass britische Jäger der Bf 110 und der Bf 109 unterlegen seien. Er erwähnte jedoch nicht, dass die Briten über Radar verfügten, und merkte abschließend an, die Luftwaffe werde noch im gleichen Jahr im Gegensatz zur RAF in jeder Hinsicht einen entscheidenden Durchbruch erzielen. In Wirklichkeit aber waren die beiden britischen Jagdflugzeuge der Bf 110 überlegen, die „Spitfire" der Bf 109 sogar ebenbürtig, knapp gefolgt von der „Hurricane". Zudem versetzten die Briten ab dem Sommer 1940 ihren Treibstoff mit dem amerikanischen Zusatz Bleitetraäthyl und erzielten damit eine Leistungssteigerung von 15 Prozent. Als ebenso nachteilig für die Luftwaffe erwies sich, dass man in Deutschland nicht begriff, wie abgestimmt das britische System der Luftverteidigung war. Die Reaktion der Jäger hing nämlich von dem wirksamen Frühwarn- und Boden-Luft-Leitsystem ab. Die Luftwaffe hatte zu Beginn der Schlacht ihre Bombardements von Radarstationen eingestellt. Hätte sie

Die „Spitfire", eines der besten und gefährlichsten Flugzeuge des Krieges. Sie wird als der bedeutendste Jäger der Briten im Zweiten Weltkrieg angesehen.

das verzweigte Verteidigungssystem der Briten durchschaut, so wäre ihr auch klar gewesen, dass diese Stationen die Augen waren, auf die sich die britischen Jagdflieger verließen.

Im Juli und August versuchte die Luftwaffe den Kanal für den britischen Schiffsverkehr zu sperren. Beide Seiten mussten schwere Verluste hinnehmen, doch die Briten besaßen den großen Vorteil einen Monat lang die Mängel des Verteidigungssystems studieren zu können. So hatten am 11. Juli Mitarbeiter des Luftleitsystems sechs „Hurricanes" zum Kampf gegen einen „einzelnen Angreifer" zusammengerufen. Die „Hurricanes" sahen sich jedoch plötzlich einem Angriff von 40 Maschinen gegenüber. Nachdem sie sich kämpfend zurückgezogen hatten, ließen die Piloten ihren Ärger auf die Luftraumbeobachter ab. Wenn relativ wenig auf dem Spiel stand, trugen solche Vorkommnisse zu einer Verbesserung des Systems bei.

Bereits der Beginn der Schlacht um England, der 13. August 1940, der von den Deutschen mit dem Kodenamen „Adlertag" versehen worden war, verlief alles andere als verheißungsvoll. Wegen des schlechten Wetters riefen die Deutschen ihre angreifenden Flugzeuge zurück, doch die Nachricht erreichte nur die Jagdflieger, während die Bomber weiterflogen, schwere Verluste einsteckten und selbst wenig bewirkten. Die ersten deutschen Angriffe richteten sich gegen Frontflugplätze, Radarstationen und Fabriken, die die RAF belieferten. Doch schon bald nahm die Luftwaffe von ihren Angriffen auf Radarstationen Abstand, weil ihnen deren Bedeutung für die britische Luftverteidigung nicht klar war. Aufgrund von Mängeln im Nachrichtendienst der Deutschen griffen diese auch erst ab Ende September die Hauptproduktionsstätte der „Spitfires" in unmittelbarer Nähe der Docks von Southampton an. Kurz darauf traten Nachteinsätze an die Stelle der Tagesangriffe und die „Spitfire" verlor etwas an Bedeutung. Auch die Annahme der Deutschen, Dowding würde seine Jäger in Südengland konzentrieren, erwies sich als falsch. Am 15. August flogen über 100 deutsche Bomber unter Jagdschutz durch Maschinen vom Typ Bf 110 von Norwegen aus einen Angriff auf Nordengland. Sie verloren fast 20 Prozent ihrer Maschinen und erreichten nicht das vorgesehene Ziel.

Dennoch übten die Deutschen in der zweiten Augusthälfte einen enormen Druck auf das Fighter Command in Südengland aus. Beide Seiten verzeichneten schwere Verluste an Flugzeugen und Piloten. Angriffe auf britische Flugplätze verursachten besonders hohe Schäden. Zeitweise schien die Luftwaffe das Fighter Command an den Rand einer Niederlage zu drängen. Selbst nach dem Aufstocken der Bestände durch frische Staffeln aus dem Norden und das Umsetzen von Piloten aus anderen Kommandos ging die Zahl verfügbarer Piloten stetig zurück. Doch auch die Luftwaffe büßte viele Bomber ein, sodass Göring forderte, die Bf 109 sollten dichter bei den Bomberverbänden bleiben. Die Luftwaffe hatte festgestellt, dass die

Deutsche Bomber im Anflug auf die Küste Südenglands.

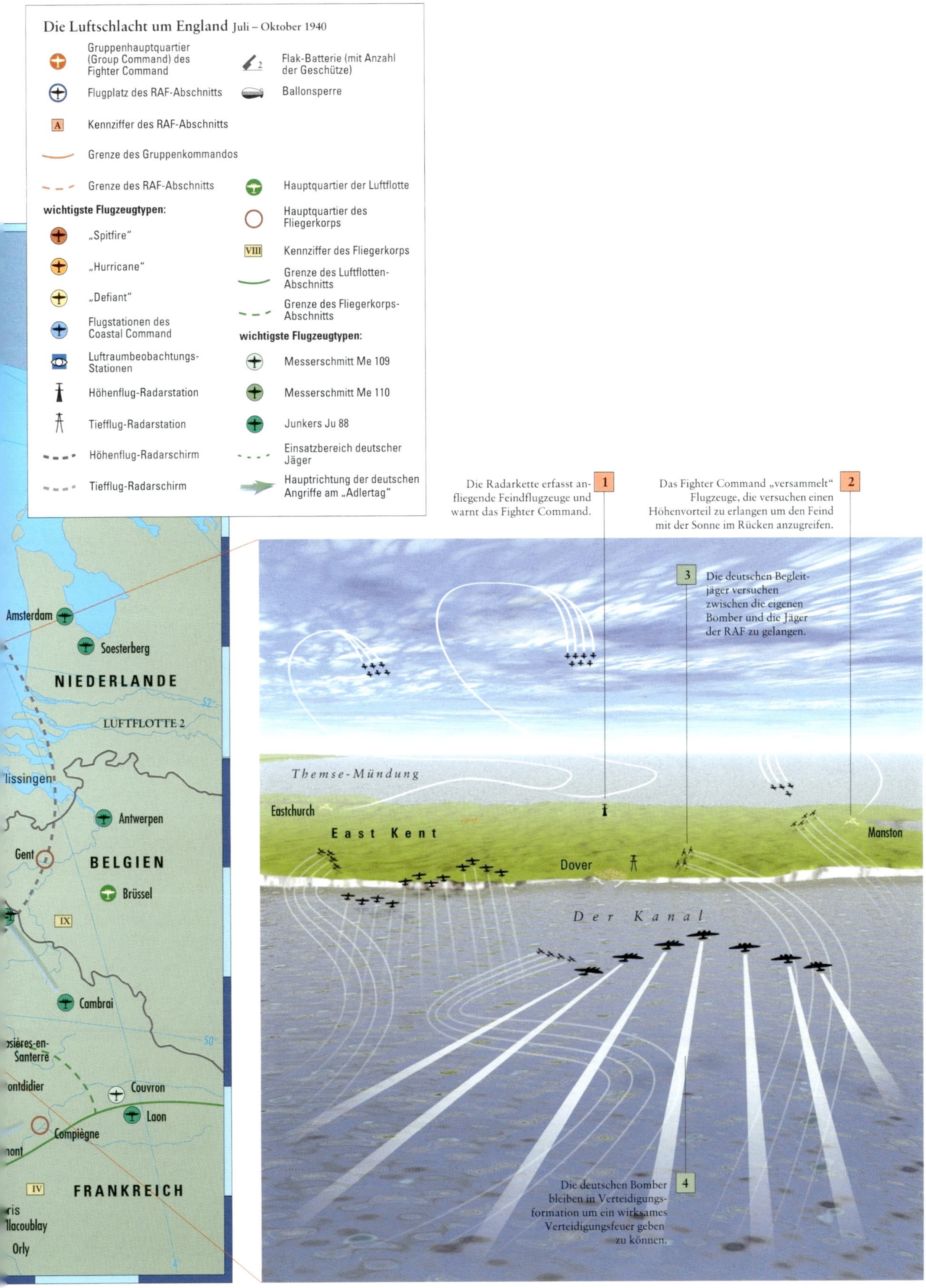

Die Luftschlacht um England Juli – Oktober 1940
Gruppenhauptquartier (Group Command) des Fighter Command
Flugplatz des RAF-Abschnitts
Kennziffer des RAF-Abschnitts
Grenze des Gruppenkommandos
Grenze des RAF-Abschnitts
wichtigste Flugzeugtypen:
„Spitfire“
„Hurricane“
„Defiant“
Flugstationen des Coastal Command
Luftraumbeobachtungs-Stationen
Höhenflug-Radarstation
Tiefflug-Radarstation
Höhenflug-Radarschirm
Tiefflug-Radarschirm
Flak-Batterie (mit Anzahl der Geschütze)
Ballonsperre
Hauptquartier der Luftflotte
Hauptquartier des Fliegerkorps
Kennziffer des Fliegerkorps
Grenze des Luftflotten-Abschnitts
Grenze des Fliegerkorps-Abschnitts
wichtigste Flugzeugtypen:
Messerschmitt Me 109
Messerschmitt Me 110
Junkers Ju 88
Einsatzbereich deutscher Jäger
Hauptrichtung der deutschen Angriffe am „Adlertag“
Amsterdam
Soesterberg
NIEDERLANDE
LUFTFLOTTE 2
lissingen
Antwerpen
Gent
BELGIEN
Brüssel
IX
Cambrai
Santerre
Couvron
Laon
Compiègne
FRANKREICH
IV
Villacoublay
Orly
1 Die Radarkette erfasst anfliegende Feindflugzeuge und warnt das Fighter Command.
2 Das Fighter Command „versammelt“ Flugzeuge, die versuchen einen Höhenvorteil zu erlangen um den Feind mit der Sonne im Rücken anzugreifen.
3 Die deutschen Begleitjäger versuchen zwischen die eigenen Bomber und die Jäger der RAF zu gelangen.
Themse-Mündung
Eastchurch
East Kent
Dover
Manston
Der Kanal
4 Die deutschen Bomber bleiben in Verteidigungsformation um ein wirksames Verteidigungsfeuer geben zu können.

Ein Augenblick des Schreckens: Eine „Spitfire“ beim Angriff auf einen deutschen Bomber.

Bf 110 sich nicht selbst verteidigen und auch die Bomber nicht schützen konnte. Dennoch legte ihre Feindaufklärung weiterhin viel versprechende Informationen vor und berichtete, das Fighter Command würde nicht mehr lange durchhalten. Die Piloten hatten jedoch weniger Grund zum Optimismus. Geschwaderkommodore Adolf Galland bat Göring sogar ironisch um die Ausrüstung seines Geschwaders mit „Spitfires“.

Die zunehmende Ernüchterung über das Unvermögen, mit Angriffen auf britische Flugplätze entscheidende Ergebnisse zu erzielen, bewirkte Anfang September eine Veränderung in der deutschen Strategie. Göring und Feldmarschall Albert Kesselring, einer der am meisten überschätzten Befehlshaber, vertraten den Standpunkt, dass das Fighter Command fast am Ende seiner Kräfte sei und schwere Angriffe auf London die Nation demoralisieren würden. Der Führer war von der Idee begeistert, da die britischen Bombenangriffe auf Berlin ihn verärgerten und er schon immer Douhets Ansicht teilte, man solle den Gegner demoralisieren anstatt seine Luftstreitkräfte anzugreifen.

Churchill verstand es jedoch, die Briten zu motivieren, sodass diese nicht ans Aufgeben dachten. Am 7. September verursachte ein Tagesangriff auf das Londoner East End erheblichen Schaden. Das Fighter Command hatte weitere Angriffe auf die britische Infrastruktur erwartet und war für die Attacke gegen London nicht gewappnet. Da sich die Luftwaffe auf die Zerstörung von Großstädten verlegt hatte, bot sich den Jagdfliegern eine kurze Verschnaufpause, bevor sie den nächsten großen Angriff am 15. September mit allen verfügbaren Kräften beantworteten. In Erwartung eines nur geringen Widerstands wurden die Bomberpiloten der Luftwaffe von „Spitfires“ und „Hurricanes“ völlig überrascht, die ihre Formationen zersprengten. Viele Besatzungen verfielen in Panik und warfen ihre Last über Kent ab, ehe sie die Flucht ergriffen. Das in Duxford stationierte Geschwader von Douglas Bader gab den Deutschen, die weiter in Richtung London flogen, mit einem geschlossenen Verband den Gnadenstoß. Zwar übertrieben die Berichte der RAF die feindlichen Verluste, doch die Moral der Bomberpiloten bekam einen solchen Knacks, dass die Luftwaffe ihre Tagesangriffe aufgeben musste.

Die Piloten der „Spitfires“ und „Hurricanes“ waren äußerst jung, manche noch nicht einmal 20 Jahre alt. Das erklärt vielleicht ihre Unverwüstlichkeit in jenen Septembertagen. Ihre Überlebenschancen waren entmutigend gering. Wer verwundet wurde, zahlte oft einen furchtbaren Preis: Beim Sprung aus ihren in Flammen stehenden Maschinen erlitten viele Verbrennungen, die entsetzliche Schmerzen verursachten. Sie mussten zahllose Operationen über sich ergehen lassen und wurden für immer entstellt. Beide Seiten erlitten schwere Verluste: Im Juli büßte das Fighter Command 10 Prozent seiner Piloten ein, im August 26 Prozent und 28 Prozent im September. Seitens der Luftwaffe kamen im gleichen Zeitraum 11, 15 bzw. 23 Prozent der Jagdflieger um.

Die Geschichte zweier Piloten steht stellvertretend für die Hartnäckigkeit und den Mut der Sieger. Der tschechische Feldwebel Josef František floh beim Einmarsch der Deutschen im März 1939 aus seiner Heimat nach Polen und beschoss auf seiner Flucht deutsche Kolonnen mit einem MG. Zunächst kämpfte er 1939 in der polnischen Armee, floh dann nach Frankreich und von da nach England. Im gesamten Monat September schoss er 17 deutsche Flugzeuge ab und erzielte damit während der Schlacht das höchste Ergebnis des Fighter Command. Am 8. Oktober verschwanden er und sein Flugzeug im Verlauf eines Luftkampfs über Sussex. Der zweite Pilot, Douglas Bader, war in den Jahren zwischen den Weltkriegen in die RAF eingetreten und verlor bei einem Flugunfall beide Beine. Er wurde pensioniert, erreichte jedoch bei Ausbruch des Krieges trotz seiner Beinprothesen eine Wiedereingliederung in den aktiven Dienst der RAF. Er galt als ein As in der RAF, bis er im Frühjahr 1941 über Frankreich abgeschossen wurde. Den Rest des Krieges verbrachte er mit Fluchtversuchen aus Kriegsgefangenenlagern und kam schließlich nach Colditz. Als der Krieg endete, war er gerade dabei, einen Segelflieger zu bauen, der ihn aus dem Schlossgefängnis tragen sollte.

Mit dem Ende der Attacken bei Tage hörten die Angriffe auf Großbritannien jedoch nicht auf. Kurz darauf begannen die Deutschen nämlich eine Nachtoffensive, die von ihren Opfern „The Blitz“ genannt wurde. Sie sollte die britische Industrie zerstören und die Bevölkerung demoralisieren. Auf diese Art von Militäroperation war die Luftwaffe besser vorbereitet als das Bomber Command. Sie verfügte sowohl über Pfadfindereinheiten als auch über die Technik, die nötig war um Bombenangriffe bei schlechter Sicht oder bei Nacht mit größter Genauigkeit durchzuführen: *Knickebein* lautete der Name eines Gerätes, das Funkwellen zur Ortung von Zielen nutzte.

Zum großen Glück für ihre Großstädte folgerte die britische Feindaufklärung unter dem jungen Wissenschaftler R. V. Jones im Juni auf der Grundlage von spärlichem Beweismaterial, dass es ein solches System geben musste. Jones stieß sowohl bei anderen Wissenschaftlern als auch bei RAF-Offizieren auf Zweifel, überzeugte Churchill jedoch von der Gefahr. Im Herbst ergriffen die Briten daher immer wirk-

Die deutschen Langstreckenjäger Messerschmitt Bf 110 hatten gegen die „Spitfires" und „Hurricanes" keine Chance. 1941/42 wurden darum die meisten von ihnen für die Luftunterstützung der Bodentruppen oder als Nachtjäger umgebaut.

Zerstörungen in London am Tag nach dem Bombardement.

Ein Bomber vom Typ Vickers „Wellington" über Südengland – das erste moderne Flugzeug des Bomber Command.

samere Gegenmaßnahmen und bemerkten auch die Einführung eines neuen Zielfindungsgerätes, das den Namen *X-Gerät* trug und auf der Grundlage von Radarimpulsen arbeitete. Von September 1940 bis März 1941 besaß Großbritannien keine Verteidigung gegen die Nachtangriffe und nur ihre Gegenmaßnahmen minderten die Wirkung der *Knickebein-Strahlen* und der Luftangriffe. Ab März fügten mit Radargeräten ausgestattete Nachtjäger den Deutschen wieder schwere Verluste zu. Die Luftwaffe zerstörte London, Coventry und die Hafenstädte an der Westküste stark, konnte die Briten jedoch nicht demoralisieren.

Einer der erstaunlichsten Gesichtspunkte der Schlacht um England ist, wie wenig die Beteiligten und Beobachter aus ihrer Erfahrung lernten. Den Deutschen zeigte die Schlacht, dass in der Zusammenarbeit mit dem Heer eine wirksamere Methode für den Einsatz des Flugzeugs bestand. Obwohl die Briten dem Bombardement so mutig getrotzt hatten, hielt die RAF an ihrer Auffassung fest, strategische Bombenangriffe könnten die Deutschen demoralisieren. Das Bomber Command schenkte den Problemen, die die Luftwaffenbesatzungen trotz ihres Funkmessverfahrens bei der Zielgenauigkeit gehabt hatten, kaum Aufmerksamkeit. Arthur Harris, der spätere Chef des Bomber Command, meinte im Frühjahr 1941, es gäbe keinen Grund zur Anwendung von Zielfindungsgeräten, weil die RAF-Besatzungen ihre Ziele auch ohne sie träfen. Das war jedoch falsch. Auch die Amerikaner missachteten die Erfahrungen der Schlacht und planten die Schaffung von Kommandos aus sich selbst verteidigenden Bomberflotten ohne Fernbegleitjäger als Jagdschutz. Sie führten die Verluste unter den deutschen Bombern auf eine schlechte Flugdisziplin, unzulängliche Flugzeuge und die geringe Operationshöhe der Luftwaffe zurück. Erst zwei katastrophale Angriffe auf Schweinfurt belehrten sie 1943 eines Besseren.

Doch eines hatten im Gegensatz zur Luftwaffe sowohl die RAF als auch die US Army Air Force begriffen: Die Schlacht um England unterstrich, dass eine bestimmte Frontstärke nicht genügte, sondern dass umfangreiche Produktionsvoraus-

setzungen und eine ständige Mannschaftsreserve unbedingt vorhanden sein müssen. Ab Mitte 1943 bauten die Amerikaner monatlich 1000 viermotorige Bomber, die Briten 600. Trotz der Annahmen seiner Theoretiker vor 1939 glich der Luftkrieg schließlich und sonderbarerweise den schlimmsten Zermürbungsschlachten des Ersten Weltkrieges, nur dass es nun um das Zermürben von teuren Maschinen, von Offizieren und Besatzungen ging.

Der leichte Bomber Bristol „Blenheim" flog erstmals 1936. Die 1938 eingeführte Mk IV besaß eine Reichweite von 2350 km und kam bis 1942 hauptsächlich in Nordafrika zum Einsatz.

Unternehmen „Barbarossa" und die Ostfront

Während sich die Luftwaffe für ihren Überfall auf die Britischen Inseln rüstete, planten Hitler und seine Oberste Heeresleitung die Zerschlagung der Sowjetunion. Ende Juli beschloss der Führer die Rechnung mit den Sowjets im Frühjahr 1941 zu begleichen. Die Planung und Vorbereitung der Invasion, die den Kodenamen „Barbarossa" erhielt, verlief so unvermeidlich wie eine griechische Tragödie. „Barbarossa" stellte das Erreichen eines ideologischen Ziels des Nazismus dar, nämlich Lebensraum zu schaffen und den „jüdisch-bolschewistischen" Feind auszulöschen. Die Planung stützte sich auf die Annahme, dass Wehrmacht und Luftwaffe die Armee und die Luftstreitkräfte der Sowjets entlang der Grenze zerschlagen könnten. Hitler verkündete, wenn erst einmal die Tür eingetreten sei, dann werde das ganze Gebäude wie ein Kartenhaus zusammenbrechen. Der Stabschef der Luftwaffe General der Flieger Hans Jeschonnek, fasste das übersteigerte Selbstwertgefühl seiner Streitkräfte angesichts des bevorstehenden Feldzugs mit der Bemerkung zusammen, dies sei endlich mal ein ordentlicher Krieg.

Die Messerschmitt Bf 109G wurde 1942 in Dienst gestellt. Ihre Höchstgeschwindigkeit lag bei fast 690 km/h und ihre Steigfähigkeit betrug nahezu 1220 m pro Minute.

Die Planungen liefen weiter, während die Luftwaffe ihr Bombardement Großbritanniens fortsetzte. Doch gleichzeitig zogen die Ereignisse am Mittelmeer die Aufmerksamkeit der Deutschen auf sich. Mussolini war im Juni 1940 mit starken militärischen Verbänden in den Krieg eingetreten, die jedoch nichts erreichten. Im Oktober 1940 besetzten die Italiener ohne ausreichende Vorbereitung Griechenland von Albanien aus. Die italienische Luftwaffe versuchte die Griechen mit einem Bombardement Athens und anderer Städte zur Kapitulation zu zwingen, doch weder die italienischen Fähigkeiten noch das Wetter ließen das zu. Die erzürnte griechische Bevölkerung erhob sich und die Armee vertrieb die Italiener zurück nach Albanien. Ermutigt durch die italienische Handlungsunfähigkeit und den Widerstand der Griechen gingen britische Streitkräfte im Mittelmeerraum in die Offensive. Im November starteten 21 mit Bomben und Torpedos bewaffnete „Swordfish"-Doppeldecker von Bord des Trägers *Illustrious* zu einem Angriff auf italienische Schlachtschiffe im Hafen von Tarent. Es war einer der gewagtesten Angriffe des Krieges, in dessen Verlauf die Briten die Hälfte der italienischen Schlachtflotte torpedierten und versenkten. Um sie endgültig zum Aufgeben zu zwingen führten die Briten einen Angriff in der Libyschen Wüste durch und drohten die gesamte italienische Kolonie zu besetzen.

Die Deutschen schritten angesichts der italienischen Niederlage in Griechenland zur Tat. Unter dem Schutz der Luftwaffe rückte die Wehrmacht durch Ungarn und Rumänien nach Bulgarien vor um Griechenland nach der Schneeschmelze anzugreifen. Anfang April stürzte ein Staatsstreich in Jugoslawien das achsenfreundliche Regime. Hitler reagierte sofort und brutal, indem er den Einsatz zusätzlicher Kräfte zur endgültigen Zerschlagung Jugoslawiens und Griechenlands befahl. Innerhalb einer Woche sandten die Deutschen eine weitere Armee nach Jugoslawien und setzten 600 Flugzeuge von ihren Basen zur Unterstützung des erweiterten Balkanfeldzugs um.

Die Luftwaffe verfügte nun über mehr als 1000 Flugzeuge für zukünftige Operationen auf dem Balkan. Ihr erster Auftrag bestand jedoch nicht in der Unterstützung des Heeres. Auf Weisung Hitlers sollte die Luftwaffe zunächst Belgrad mit einem großen Luftangriff zerstören. Der Kodename der Unternehmung lautete „Gericht“. Die Deutschen begannen früh am Morgen mit dem Bombardement der Stadt um so viele Brände wie möglich zu entfachen. Die Bombenangriffe setzen sich den gesamten Nachmittag und in der Nacht fort. Gewaltige Brände dienten der Luftwaffe als Zielmarkierung. Durch den Angriff verloren über 1500 Zivilisten ihr Leben, obwohl die Jugoslawen zu Beginn der Feindseligkeiten Belgrad zur offenen Stadt erklärt hatten.

Der Feldzug in Griechenland und Jugoslawien ähnelte in seinem Tempo den Offensiven gegen Frankreich und die Niederlande. Die Luftwaffe gewährte den Bodentruppen durch Angriffe auf feindliche Einheiten und Verkehrsknotenpunkte beträchtliche Unterstützung. Anfang Mai waren die Kämpfe vorüber und Hitler beschloss den Feldzug mit einer Luftlandeoperation auf Kreta zu beenden, wohin sich umfangreiche Truppenkontingente der Briten und des Commonwealth zurück-

Ein Schwarm von Messerschmitt Bf 110 über Jugoslawien.

gezogen hatten. Der Plan war einfach: Fallschirmjäger besetzten die Flugplätze von Malemes und Heraklion. Danach flog die Luftwaffe Einheiten und Ausrüstung der 22. Gebirgsdivision ein um die Operation abzuschließen. Zum ersten Mal hatten Luftlandeeinheiten ein Gebiet ohne die Hilfe von Land oder See aus eingenommen.

Es gab jedoch eine Reihe von Problemen. Die deutsche Aufklärung hatte die britischen und Commonwealth-Einheiten auf der Insel erheblich unterschätzt. Außerdem konnten die Briten ohne Wissen der Deutschen mit Hilfe eines vom Nachrichtendienst *Ultra* entwickelten Systems die kompliziert verschlüsselten Funksprüche der Wehrmacht lesen und die Informationen an die Kommandeure im Mittelmeerraum weiterleiten. Dadurch erhielt der Oberbefehlshaber der Truppen auf Kreta, General Bernard Freyberg, die Nachricht über den Zeitpunkt und den Plan des bevorstehenden Angriffs. Er nahm jedoch an, dass die Hauptanstrengungen nicht aus der Luft, sondern von See aus unternommen werden würden, und betraute nur ein Bataillon mit der Bewachung des wichtigen Flugplatzes von Malemes. Der Großteil der Verteidiger wartete an den Stränden vergeblich auf die Deutschen.

Nach umfangreichen Luftoperationen, die unter den Verteidigern jedoch kaum Opfer forderten, schlugen deutsche Luftlandeeinheiten zu. Die eigentliche Landung verlief zunächst katastrophal, denn in Heraklion schlachteten die Verteidiger die meisten Fallschirmjäger ab. Auf dem Flugplatz bei Malemes hatten diese bis zum Ende des Tages unter schweren Verlusten Fuß gefasst. Am Abend gab der Kommandeur des neuseeländischen Bataillons, das den Hügel oberhalb des Flugplatzes hielt, den Rückzugsbefehl, weil keine Verstärkung eingetroffen war. Nun endlich konnten die Deutschen die Entsatztruppen der 22. Gebirgsdivision einfliegen. Kretas Schicksal war besiegelt. Doch die deutschen Verluste waren so schwer, dass Hitler zukünftig vom Einsatz umfangreicher Luftlandeeinheiten Abstand nahm. Die Alliierten zogen aus den Erfahrungen des Kampfes gegen Fallschirmjäger der Luftwaffe jedoch ihre Rückschlüsse für eigene Luftlandeoperationen. Hitler hatte das Ziel erreicht, seine italienischen Verbündeten im Mittelmeerraum zu unterstützen, die rechte Flanke für das Unternehmen „Barbarossa" zu sichern und den Briten die Stützpunkte auf Kreta zu entreißen, von wo aus sie die rumänischen Ölfelder hätten bombardieren können.

Nach Abschluss der Operationen auf dem Balkan verlagerte die Wehrmacht ihr Gewicht auf die Sowjetunion. Einige Luftwaffeneinheiten, die vom Balkan umgesetzt wurden, erreichten ihre Bereitstellungsräume für „Barbarossa" erst eine Woche vor Beginn des Einmarschs. Trotz der bedeutungsvollen Aufgaben, die im kommenden Feldzug vor der Luftwaffe standen, spiegelte die Zusammensetzung der Truppe die Anstrengungen der fast ununterbrochenen Kämpfe des letzten Jahres wider: Am 22. Juni 1941 besaßen die Deutschen kaum 100 Jäger mehr, als sie am 10. Mai 1940 gehabt hatten, und 200 Bomber weniger als ein Jahr zuvor. In den frühen Morgenstunden des 22. Juni stiegen Bomber der Luftwaffe bis in eine große Höhe auf, überflogen die deutsch-sowjetische Grenze und stürzten sich dann beim ersten Tageslicht auf sowjetische Flugplätze. Trotz rechtzeitiger Warnung waren die Sowjets völlig überrascht und versuchten verbissen den Feind zurückzuschlagen. Sowjetische Flugzeuge wurden reihenweise zerstört, da sie meist noch Tragfläche an Tragfläche abgestellt waren. Der Erfolg des IV. Fliegerkorps am ersten Tag verdeutlicht, wie groß die Überraschung war. In seinem Bericht hieß es, man habe 142 Feindflugzeuge am Boden und nur 16 in der Luft zerstört. In den ersten achteinhalb Stunden verloren die Sowjets an der gesamten Front 1200 Flugzeuge. Die verzweifelte Lage am Boden zwang ihre Kommandeure, enorm viele Fliegereinheiten in den Kampf zu schicken um dem deutschen Vormarsch Einhalt zu gebieten. Die sowjetischen Fliegerkräfte waren schlecht ausgebildet, ausgerüstet und vorbereitet und mühten sich in taktischen Formationen ohne Verteidigung und in veralteten Flugzeugen ab. Luftwaffengeneralinspekteur Feldmarschall Erhard Milch dokumentierte die Verluste der sowjetischen Luftstreitkräfte mit 1800 Flugzeugen am ersten Tag, gefolgt von 800 am 23., 557 am 24., 351 am 25. und 300 am 26. Juni. Viele dieser Maschinen waren ohnehin veraltet, sodass der wahre Verlust auf Seiten der Besatzungen lag. Ende Juli stellten sich der Luftwaffe logistische Probleme, die denen des Heeres ähnelten. Das Nachschubsystem, zuständig für die Lieferung von Kraftstoff und Munition, war für den weiten Raum Russlands nicht ausgelegt, da die Deutschen die Entfernungen in Mitteleuropa gewohnt waren. Bereits am 5. Juli stellte der Kommandeur des VIII. Fliegerkorps, General Wolfram Freiherr von Richthofen fest, das in der Versorgung das größte Problem des Krieges bestehe. Anfang August brachten die Versorgungsschwierigkeiten die Offensive an Land zum Stehen und die sowjetischen Reserven setzten deutsche Angriffsspitzen insbesondere am Jelnja-Bogen stark unter Druck.

Abgesehen von logistischen Schwierigkeiten hatte die Luftwaffe auch mit ande-

1941: Eine Messerschmitt Bf 109 ist vom Schlamm eines russischen Flugplatzes umgeben.

ren Problemen zu kämpfen. Da der Kriegsschauplatz sich gleich einem Trichter aufweitete, als die Luftwaffe in den weiten Raum Russlands vorstieß, verringerte sich die Konzentration von Flugzeugen erheblich. Gleiches geschah mit den Bodentruppen, die immer öfter um Luftunterstützung baten. Während der ersten Monate der Invasion flog die Luftwaffe mehrere Fernangriffe gegen Moskau und Leningrad. Doch im Herbst nahm ihre Stärke ab und die Forderungen des Heeres zu. Die Luftwaffe flog kaum noch Angriffe auf sowjetische Großstädte. Aufgrund der großen Entfernungen und der mangelhaften Feindaufklärung bezüglich der Wirtschaftskraft der Sowjets konnten die Flugzeuge nur noch selten bedeutende Ziele hinter Moskau attackieren.

Die Luftwaffeneinheiten pendelten im Spätsommer und im Herbst ständig von einer Front zur anderen und vergrößerten damit nur die Versorgungs- und Wartungsschwierigkeiten auf ihren kargen Feldflugplätzen. Bei einem Besuch der Ostfront im Herbst 1941 stellte Milch eine desolate Situation fest: Auf vielen Stützpunkten warteten Flugzeug auf ihre Reparatur, doch es geschah nichts, weil die Einheiten weitergezogen waren. Außerdem standen kaum genug Bomben, Treibstoff und Ersatzteile zur Unterstützung der Kampfhandlungen zur Verfügung.

Ein weiterer Vorstoß in Richtung Moskau wurde zu einem Höhepunkt des Feldzugs. Das Unternehmen „Taifun" begann Ende September und erzielte spektakuläre Erfolge gegen ein verdutztes sowjetisches Oberkommando. Drei Panzerarmeen – unterstützt von mehr als 1500 Flugzeugen – brachen durch die lang gezogenen sowjetischen Verteidigungslinien. Mit über 1000 Einsätzen am Tag trug die Luftwaffe erheblich zum Durchbruch bei. Am 5. Oktober meldeten sowjetische Aufklärer, eine über 25 km lange deutsche Kolonne bewege sich entlang der Autobahn Smolensk – Moskau. Bei ihrer Rückkehr wurden die beteiligten Piloten beinahe wegen Wehrkraftzersetzung vom NKWD erschossen. Anfang Oktober kesselte die Wehrmacht zwei große Verbände im Raum Brjansk – Wjasma ein. Nach dem Ende der Kämpfe gaben die Deutschen an, über 500 000 feindliche Soldaten gefangen genommen zu haben.

Doch gerade als der Weg nach Moskau schon frei schien, setzte der Regen ein und verwandelte alles in Morast. Am 9. Oktober flog die Luftwaffe nur 300 Einsätze von ihren durchweichten Feldflugplätzen. Gegen alle bisherigen Schwierigkeiten der Luftwaffe war das Meer von Schlamm ein Alptraum, der den Zusammenbruch der deutschen Versorgung beschleunigte. Damit wuchs der Bedarf an Flugzeugbesatzungen, die Nachschub heranbringen und dem Heer direkte Unterstützung geben konnten. Nebel und Regen erschwerten die Zielfindung und die Treffergenauigkeit. Doch die oberste Führung blieb so optimistisch, dass sie Feldmarschall Kesselring und seine Luftflotte 2 in den Mittelmeerraum abkommandierte um dort die sich verschlechternde Lage zu stabilisieren.

Erst mit dem Einsetzen des kalten Wetters Mitte November nahm das Heer seinen Vormarsch auf Moskau wieder auf. Die Luftwaffe konnte ihm jedoch kaum Unterstützung geben. Sie musste sich vor Moskau mit unverändert schlechten Landebahnen herumschlagen und verfügte weder über ausreichende Wartung noch über genug Nachschub für anhaltende Operationen. Die Sowjets besaßen dagegen winterfeste Flugplätze und Hangars rund um Moskau. So gelang es ihnen erstmals in diesem Feldzug Luftoperationen aufzunehmen, die ihren Bodentruppen eine erhebliche Stütze wurden. Darüber hinaus erhielten die sowjetischen Fliegereinheiten modernere Flugzeuge aus den Werken im Ural. Ihre Piloten verfügten nun über Maschinen, die den Luftwaffenflugzeugen ebenbürtig waren. Anfang Dezember begann der russische Winter, auf den die Deutschen überhaupt nicht vorbereitet wa-

Das Transportflugzeug Me 323 kam zu spät für die Luftbrücke von Stalingrad.

ren. Die sowjetischen Armeen gingen nun in die Offensive und drohten in den folgenden drei Monaten das deutsche Heer an der Ostfront zu zerschlagen. Die noch flugtüchtigen Maschinen der Luftwaffe wurden für das Überleben der stark in Bedrängnis geratenen Bodentruppen unentbehrlich. Jäger, Langstreckenbomber – alles wurde an die Front geworfen, während sich die Aufgaben der Luftwaffe auf die Unterstützung der Kampfhandlungen am Boden beschränkten.

Im Dezember 1941 und Januar 1942 stand die Luftwaffe kurz vor dem Zusammenbruch. Während der ersten vier Monate von „Barbarossa“ verlor sie 36 Prozent ihrer Bf 109-Jägerpiloten und 56 Prozent ihrer Bomberbesatzungen. Die Verfügbarkeit der gesamten Jäger der Luftwaffe lag im Dezember 1941 aufgrund notwendiger Instandhaltungsarbeiten bei gerade einmal 50 Prozent, während die Zahl bei den Bombern auf 32 Prozent gefallen war. An der Ostfront waren die Werte sogar noch schlimmer, denn das Bodenpersonal musste Flugzeuge in unbeheizten Schuppen bei Temperaturen weit unter null reparieren. Dennoch ging es der Luftwaffe zu keinem Zeitpunkt so schlecht wie dem Heer. Sie konnte wenigstens auf ihr Lufttransportsystem zurückgreifen um Winterbekleidung, Ersatzteile und Spezialöle zu den Luftstützpunkten an der Front zu bringen. Doch im Januar 1942 befanden sich weniger als 15 Prozent ihrer 100 000 Flugzeuge in flugtüchtigem Zustand.

Im Frühjahr flauten die Kämpfe an der Ostfront ab. Beide Seiten waren völlig erschöpft. Trotzdem befahl Hitler den Übergang zu einer Sommeroffensive mit dem Ziel, Stalingrad einzunehmen und tief in den Kaukasus vorzudringen um die dortigen Ölfelder zu okkupieren und die Sowjetunion damit von einem Großteil ihrer Ölversorgung abzuschneiden. Der Luftwaffe kam noch stärker als 1941 die

Aufgabe zu dem Vorstoß des Heeres mit Luftschlägen und direkter Luftunterstützung zur Seite zu stehen. Wo sie in großer Truppenstärke eingesetzt wurde, konnte sie in der Regel die Luftherrschaft behaupten. Zwar hatte sich der Stand der sowjetischen Technik seit 1941 merklich verbessert, doch die sowjetischen Piloten waren noch immer nicht so gut wie ihre Gegner in der Luftwaffe. Der Großteil von ihnen wurde mit nur geringer Flugausbildung eilends an die Front geschickt. Doch auch die Deutschen standen unter Druck. Neue Jagdflieger absolvierten nun einen Teil ihrer Gefechtsausbildung in Frontgeschwadern.

Im Juni 1942 konnten Einheiten des Heeres mit Unterstützung durch schwere Luftwaffenbombardements die Seefestung Sewastopol einnehmen. Anfang Juli begann die Sommeroffensive mit einem Vorstoß in Richtung Woronesh und entlang des Don. Wie schon 1941 durchbrachen die Deutschen mit Leichtigkeit die sowjetischen Frontlinien. Die Rote Armee zog sich rasch in die Tiefe der südlichen Steppe zurück. Große Einkesselungen sowjetischer Streitkräfte fanden nicht mehr statt. Ende August stand die Wehrmacht vor Stalingrad und drang tief in den Kaukasus vor. Es schien, als würde wieder alles nach den Wünschen der Luftwaffe verlaufen, doch je mehr die Deutschen vordrangen, desto häufiger stießen sie auf die gleichen Versorgungsprobleme wie im Jahr zuvor. Die weit verstreuten Einheiten des Heeres waren zunehmend von der Versorgung aus der Luft abhängig. Doch das logistische System der Luftwaffe und des Heeres war durcheinander gebracht, sodass es für erstere immer schwerer wurde, ihre Missionen erfolgreich zu erfüllen.

Ende August richtete Hitler seine Aufmerksamkeit mehr auf Stalingrad als auf den Kaukasus. Tagtäglich bombardierte die Luftwaffe die Stadt, doch die hartnäckig kämpfenden sowjetischen Verteidiger zerrieben angreifende deutsche Einheiten und verwehrten ihnen die volle Kontrolle über Stalingrad. Inzwischen zogen die Sowjets nördlich der Stadt große Verbände ihrer Land- und Luftstreitkräfte für einen Gegenangriff zur Zerschlagung der deutschen 6. Armee zusammen. Im Sommer 1942 konnte die sowjetische Industrie schließlich beachtliche Stückzahlen

Eine Formation von Bombern des Typs Heinkel He 111. Mit ihrer Höchstgeschwindigkeit von 405 km/h und einer möglichen Zuladung von 1990 kg bildeten sie von 1939–1942 das Rückgrat der Luftwaffe.

Die Focke-Wulf FW 200 „Condor" wurde als Großraumtransporter bei der Luftbrücke von Stalingrad eingesetzt.

moderner Jäger und Bomber fertigen. Das sowjetische Oberkommando hatte einen Großteil davon für die Unterstützung der bevorstehenden Offensive in Auftrag gegeben. Den Sowjets gelang es, all diese Vorbereitungen durch sorgfältige Täuschungsmanöver geheim zu halten, die sie bis zum Ende des Krieges auch anderswo einsetzten.

So brach am 19. November für die Deutschen überraschend der sowjetische Gegenangriff auf die Flanken des Frontvorsprungs bei Stalingrad los. Unterstützt durch eine immense Zahl von Flugzeugen gelang den Sowjets an beiden Flanken ein sauberer Durchbruch. Das deutsche Oberkommando war nicht in der Lage eine schnelle Entscheidung zu fällen. Hitler verschwendete zwei Tage, als er sich von Berchtesgaden zu seinem Hauptquartier in Ostpreußen begab. Hohe Offiziere des Heeres, einschließlich der Befehlshaber der 6. Armee, meinten darüber hinaus, die Luftwaffe könne Stalingrad aus der Luft versorgen. Die Führung der Luftwaffe gab sich jedoch keinerlei Illusionen hin. General Wolfram Freiherr von Richthofen, ein Cousin Manfred von Richthofens, warnte, dass unter den winterlichen Bedingungen eine Luftbrücke technisch nicht realisierbar sei. In Ostpreußen versprach jedoch Göring dem Führer, die Luftwaffe könne das Unmögliche vollbringen. Dieses Versprechen erscheint umso absonderlicher angesichts der Tatsache, dass zum selben Zeitpunkt viele der Transportmaschinen Fallschirmjäger und Heerestruppen nach Nordafrika flogen, wo diese Tunesien einnehmen sollten.

Die Sowjets sorgten zunächst dafür, dass die deutsche 6. Armee nicht den Rückzug antreten konnte.

Sie versuchten die Luftbrücke nach Stalingrad zu unterbrechen, während starke Fliegerabwehreinheiten in den Bereich vorrückten, der für den Zugang zum Kessel wichtig war. In der Steppe vor Stalingrad hatte bereits der russische Winter begonnen. Die Deutschen flogen von den beiden Flugplätzen in Morosowskaja und Tazinskaja aus und mussten bei dieser Versorgungsoperation von Anfang an improvisieren. Die Luftwaffe konnte Flugzeugbesatzungen und Flugzeuge nur stellen, indem sie Ausbilder, Maschinen und sogar Flugschüler von den Ausbildungseinheiten abzog. Die für die Operation Verantwortlichen waren für diese Aufgabe nicht ausgebildet und vorbereitet: Die erste Ju 52 landete im Kessel mit einer Ladung vorbeugender Arzneimittel.

Wieder wurde das Winterwetter zum Alptraum der Mechaniker. Die Zahl der einsatzbereiten Maschinen lag unter 20 Prozent. Die sowjetischen Jäger und Fliegerabwehrgeschütze zerstörten immer mehr Flugzeuge, die den Kessel anflogen, und die Jagdflieger der Luftwaffe konnten die Transportmaschinen nicht mehr schützen. Schätzungen des Heeres ergaben einen Bedarf von 670 t Versorgungsgütern pro Tag. Jedoch lediglich an drei Tagen der Luftbrücke wurden ca. 300 t abgeworfen. Sonst lag der Tagesdurchschnitt um die 100 t. Als Reaktion auf die Luftbrücke und die Anstrengungen der Deutschen den Kessel von außen zu erreichen begannen die Sowjets eine Großoffensive entlang des oberen Don. Am 24. Dezember überrollten sowjetische Panzer Tazinskaja. Viele der deutschen Flugzeuge entkamen den Sowjets um Haaresbreite, als diese schon am Rande des Flugplatzes standen. Die Sowjets nahmen auch Morosowskaja unter Artilleriebeschuss. Anfang Januar verlor die Luftwaffe auch diesen Flugplatz, wodurch die Luftversorgung des Kessels nahezu unmöglich wurde.

Doch die Deutschen hatten auch noch andere Sorgen. Der Durchbruch am Don

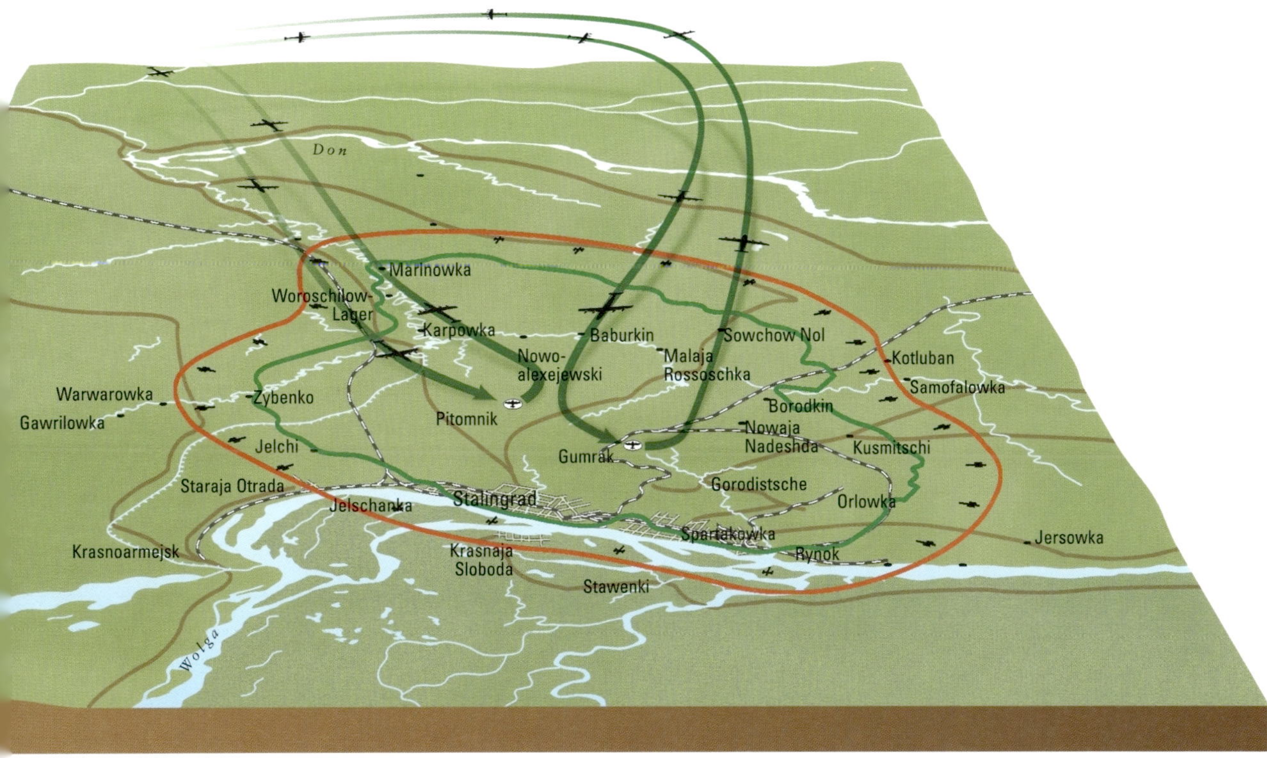

drohte die neu gebildete Heeresgruppe Don einzuschnüren. Es war eines der letzten Male, dass Hitler dem Rat der Militärs folgte und den Einheiten im Kaukasus den Rückzug gestattete. Dem Befehlshaber der Heeresgruppe Don von Manstein gelang es, seine deutschen Streitkräfte ohne ein weiteres Desaster vom Don zurückzuziehen. Im Februar kamen die Sowjets aufgrund ihres raschen Vormarschs in Versorgungsschwierigkeiten und verfügten über keine Luftunterstützung mehr, während die Deutschen wieder Nachschub erhielten. Luftwaffe und Heer konnten ausreichend für einen Gegenangriff aufgestockt werden. Ende des Monats holten die Deutschen zum Gegenschlag aus. Von Richthofens Einheiten gaben den Panzern von Mansteins Luftunterstützung. So konnten sie starke sowjetische Panzereinheiten aufreiben und Charkow wieder besetzen. Es sollte der letzte durch einen kombinierten Einsatz von Luftwaffe und Heer erzielte Erfolg im Zweiten Weltkrieg werden.

Das fürchterliche Frühlingswetter setzte mit Regen und Schlamm den militärischen Operationen beider Seiten erneut ein Ende. Die Deutschen standen vor den gleichen strategischen Problemen wie Anfang 1942: Die Bedrohung durch die Briten und Amerikaner wuchs. Gleichzeitig mussten die militärischen Möglichkeiten der Sowjets irgendwie eingeschränkt werden, ehe alliierte Einheiten wieder auf das Festland zurückkehrten. Doch inzwischen fügten Luftoperationen der Alliierten nicht nur im Mittelmeerraum, sondern auch in Deutschland selbst den Achsentruppen schwere Verluste zu. Bis zum Herbst 1942 waren rund 60 Prozent der deutschen Luftstreitkräfte an der Ostfront im Einsatz gewesen, doch nun veränderte sich wegen der Luftoperationen gegen die RAF und die US Army Air Force dieser Prozentsatz spürbar.

Nachdem Hitler Alternativen ausgeschlossen hatte, entschied er sich zu einem Angriff auf sowjetische Verbände am Kursker Bogen. Im Frühjahr war diese Operation mit dem Namen „Zitadelle“ noch viel versprechend gewesen. Sie wurde aber immer fragwürdiger, als der Führer ihren Beginn verschob um sicher zu gehen, dass alles bereit war. Die Verzögerung gab auch den Sowjets genug Zeit Atem zu schöpfen. Als die Deutschen ihre Offensive gegen den Frontvorsprung bei Kursk begannen, stießen sie auf sorgfältig vorbereitete Verteidigungsstellungen. Doch ein Versuch der Sowjets, bei Charkow Flugplätze voller deutscher Maschinen anzugreifen, schlug gleich zu Beginn der Schlacht fehl. Der deutsche Radar erfasste die anfliegenden sowjetischen Bomber, und Jäger der Luftwaffe vernichteten die Angreifer. Am Anfang der aufreibenden Schlacht am Kursker Bogen besaßen die Deutschen die örtliche Luftüberlegenheit, doch mit dem Fortgang der Kämpfe wendete sich das Blatt durch die zahlenmäßige Überlegenheit der Sowjets. Auch deren Fähigkeiten verbesserten sich. Am 6. Juli flog Iwan N. Koshedub, später das führende sowjetische Flieger-As mit 62 bestätigten Luftsiegen, seinen ersten Kampfeinsatz und kam gerade noch mit dem Leben davon. Zum Ende der Schlacht hatte er allerdings schon zwei Ju 87 und zwei Bf 109 abgeschossen. Die Luftwaffe konnte ihre anfänglichen Bemühungen nicht aufrechterhalten, während die sowjetischen Flieger immer öfter in die Ereignisse am Boden eingriffen. Beide Seiten hatten schwere Verluste zu verzeichnen. Wegen der Zwänge an anderen Schauplätzen konnte die Luftwaffe die ihrigen im Gegensatz zu den Sowjets aber nicht mehr ausgleichen.

Nach der deutschen Niederlage bei Kursk begannen die Sowjets eine Reihe gewaltiger Offensiven, die durch Fliegerkräfte unterstützt wurden. Die Rote Armee trieb die Deutschen über den Dnepr zurück. Die Luftwaffe wurde immer mehr zu einer Randerscheinung, weil viele ihrer Maschinen – insbesondere die Jäger – ins

Reich zurückbeordert wurden um gegen die Tagesangriffe von Bombern der 8. US Air Force vorzugehen. Zwar erzielten einzelne deutsche Piloten wie Erich Hartmann hohe Abschusszahlen, doch für den Rest des Krieges im Osten war die Luftwaffe nahezu bedeutungslos. Gleiches galt für die anderen Fronten: Die ermüdeten und schwer angeschlagenen Heerestruppen bekamen kaum noch Luftwaffenflugzeuge zu Gesicht.

Für die Luftwaffe war der Feldzug im Osten zu einer ernüchternden Angelegenheit geworden. In den ersten Tagen von „Barbarossa" hatte sie noch überwältigende Erfolge zu verbuchen gehabt, sich dann aber zunehmend auf eine Unterstützung des Heeres beschränken müssen. Die prekäre Situation am Boden hatte sie selbst in unmittelbarer Nähe von Moskau immer mehr von Angriffen auf Wirtschaftsstandorte der Sowjetunion abgehalten. Deren Industrie blieb nahezu verschont und konnte zum Wiedererstarken der sowjetischen Luftstreitkräfte beitragen. Auch ohne anderswo eingebunden zu sein wurde es ab 1943 für die Luftwaffe immer schwieriger, den eigenen Luftraum zu kontrollieren. Als sie sich 1942 auf eine Unterstützung der Schlachten im Kaukasus und um Stalingrad konzentrierte, verpasste sie eine günstige Gelegenheit zu Angriffen auf die sowjetische Erdölindustrie bei Baku. Wenn diese genutzt worden wäre, hätten die Deutschen die Fähigkeit der Roten Armee, mobile Operationen durchzuführen, beträchtlich und auf lange Sicht beschneiden können.

Eine Formation sowjetischer Schlachtflugzeuge vom Typ Il-2 „Sturmowik". Im Gegensatz zum Stuka war die „Sturmowik" eindeutig für die direkte Luftunterstützung bestimmt.

Der Seekrieg

Während an der Ostfront der Vorstoß Nazideutschlands zu Lande gezügelt wurde, führten in der Schlacht im Atlantik Großbritannien, die USA und Kanada einen todbringenden Krieg gegen die U-Boote. In vielerlei Hinsicht war diese Unternehmung der wichtigste Feldzug des Zweiten Weltkrieges, da von seinem Erfolg die Fähigkeit Großbritanniens und der USA abhing, militärische Macht in der Luft und zu Lande auf dem europäischen Kontinent auszuüben. Die Schlacht im Atlantik besaß jedoch nicht die für die Militärgeschichte zumeist typische Klarheit. Churchill betonte, dass es sich dabei um einen Krieg von Diagrammen und Schiffstonnagen handelte. Der größte Beitrag der Luftstreitkräfte lag nicht in der Zahl der von ihnen versenkten U-Boote, sondern in den endlosen Streifenflügen. Diese zwangen die deutschen U-Boote zum Abtauchen und verhinderten, dass sich Admiral Karl

Luftangriff auf einen Konvoi der Alliierten, 1942.

Die Focke-Wulf „Condor" FW 200 kam zunächst als ziviles Transportflugzeug zum Einsatz. Auf Grund ihrer Reichweite von 3500 km wurde sie dann fast ausschließlich für Transporte oder zur Unterstützung der Marine genutzt.

Dönitz' Rudel um die Geleitzüge scharten, die das Beste heranbrachten, was für Amerikas militärische und wirtschaftliche Macht stand. Die erfolgreichsten Geleitzüge waren diejenigen, die nie angegriffen wurden.

In diesem Kampf spielten die Luftstreitkräfte eine tragende, wenn nicht sogar entscheidende Rolle. Trotz des Beitrags, den die Fliegerkräfte im Ersten Weltkrieg beim Sieg über die U-Boote geleistet hatten, setzten die Briten sie zunächst nur zögerlich im erneuten Kampf ein. Eine Ursache dafür war, dass das Coastal Command bis 1942 ein unterentwickelter Bereich der RAF geblieben war. Als die Royal Navy auf die Bedrohung durch die U-Boote reagieren musste, hatte sie nichts mit den Luftstreitkräften im Sinn. Die Probleme der Briten wurden dadurch verschlimmert, dass die Regierung Chamberlain die britischen Zugangsrechte zu den Stützpunkten entlang der irischen Westküste aufgegeben hatte. Dadurch vergrößerten sich die Entfernungen für die Geleitschiffe erheblich und die Reichweite britischer Flugzeuge, die in den mittleren Atlantik hinausflogen, wurde kürzer.

Die Eroberung Frankreichs durch die Deutschen im Jahr 1940 veränderte die geografischen Umstände des U-Boot-Krieges zu Deutschlands Gunsten, insbesondere im Vergleich zum Ersten Weltkrieg. U-Boote konnten weiter und schneller in den Atlantik fahren. Außerdem verfügte die Luftwaffe nun über Stützpunkte für Langstreckenflugzeuge wie die FW 200 „Condor". Zum Glück für die Briten zeigten Göring und das Luftwaffenoberkommando wenig Interesse für eine Unterstützung der Marine bei der Schlacht im Atlantik. Vor dem Krieg war die deutsche Admiralität von dem Gedanken, Flugzeuge zur Unterstützung bei der Seekriegführung einzusetzen, ebenso wenig begeistert gewesen wie die der Royal Navy. Die verheerenden Angriffe auf britische Geleitzüge im Herbst 1940 zeigten beiden Seiten neue Möglichkeiten auf. In jenem Jahr besaßen die Deutschen jedoch noch nicht genug U-Boote um die Schlacht zu gewinnen, während die Royal Navy über viel zu wenig Geleitschiffe verfügte.

Eines war jedoch von Anfang an klar: Flugzeuge waren unabdingbar. Zumindest konnte ihre Anwesenheit die U-Boote zum Abtauchen zwingen, wodurch sie den Kontakt zu den Konvois verloren. Dort wo die Reichweite von Patrouillenflugzeugen nicht groß genug war, konnten die U-Boote den Konvois folgen und dann ein Rudel bilden. Nach der Verlagerung der Schlacht in den mittleren Atlantik im Winter 1940/41 trugen die „Condor"-Maschinen erheblich zum deutschen Erfolg bei, indem sie Konvois direkt angriffen und Aufklärungsflüge durchführten. Den Briten wurde Anfang 1941 klar, dass sie so weit als möglich in den Atlantik gelangen mussten um Deckung aus der Luft geben zu können. Doch die RAF verweigerte

BILD OBEN: *Flugboot „Catalina" auf einem Aufklärungsflug.*

BILD UNTEN: *Blick vom Kommandoturm eines U-Boots.*

hartnäckig ein Umverfügen jeglicher viermotoriger Bomber – einschließlich der amerikanischen – für die Schlacht im Atlantik.

In der zweiter Hälfte des Jahres 1941 minderte die Royal Navy die Bedrohung durch die U-Boote, indem sie mit Unterstützung von *Ultra* den Funkverkehr der Deutschen entschlüsselte. Das Wissen über deutsche Operationen gestattete es, Konvois um Ansammlungen von U-Booten herumzuführen und so die Verluste drastisch zu reduzieren. Doch im Januar 1942 veränderte sich die Lage wieder zu Gunsten von Dönitz. In die *Enigma* genannte Chiffriermaschine der U-Boote war eine zusätzliche Walze eingebaut worden, die verhinderte, dass die Briten weiterhin den deutschen Funkverkehr entschlüsselten. Gleichzeitig eröffneten sich mit dem Kriegseintritt der völlig unvorbereiteten USA neue und reichhaltige Jagdgründe für die U-Boote. Obwohl die Amerikaner Zugang zu Flugplätzen entlang der Ostküste und in der gesamten Karibik hatten, gaben sie den Handelsschiffen kaum Luftunterstützung und waren nicht einmal bereit ihnen Geleitschutz zu bieten. Während der folgenden sechs Monate genossen die deutschen U-Boote ihr neues Glück. Doch Ende Sommer 1942 wurden sie infolge von Maßnahmen der Amerikaner zur U-Boot-Abwehr und durch Marineflieger wieder in den mittleren Atlantik gedrängt.

In den entfernten Gewässern der Arktis erzielten die Deutschen im Sommer 1942 einen vorübergehenden Sieg über die Murmansk ansteuernden Geleitzüge. Nach mehreren katastrophalen Verlusten – insbesondere bei Geleitzug PQ 17 – wurden die Konvois angesichts einer dreifachen Bedrohung durch Luftwaffenflugzeuge, U-Boote und Kriegsschiffe eingestellt. Wiederum war die Luftwaffe jedoch nicht willens oder in der Lage ausreichend Energie in die gegen den Schiffsverkehr gerichteten Einsätze zu investieren. Im November zog sie daher die entsprechenden Maschinen aus dem Norden Norwegens für Angriffe auf die Schiffe der Alliierten in den Mittelmeerraum ab, die die Landungen für die Operation „Torch" unterstützten. Im Herbst 1942 lag der Schwerpunkt wieder im mittleren Atlantik. Die Deutschen hatten ihre U-Boot-Flotte im Vergleich zu 1941 fast verdoppelt und fügten den aufgespürten Geleitzügen schwere Verluste zu. Der Stab der RAF lehnte viermotorige Bomber noch immer ab. Die Führung der US Army Air Force stand dem in Bezug auf die Bomberproduktion nicht nach. Doch die Zahlen sprachen eine eindeutige Sprache: Dort wo Langstreckenflugzeuge ausreichend Luftdeckung

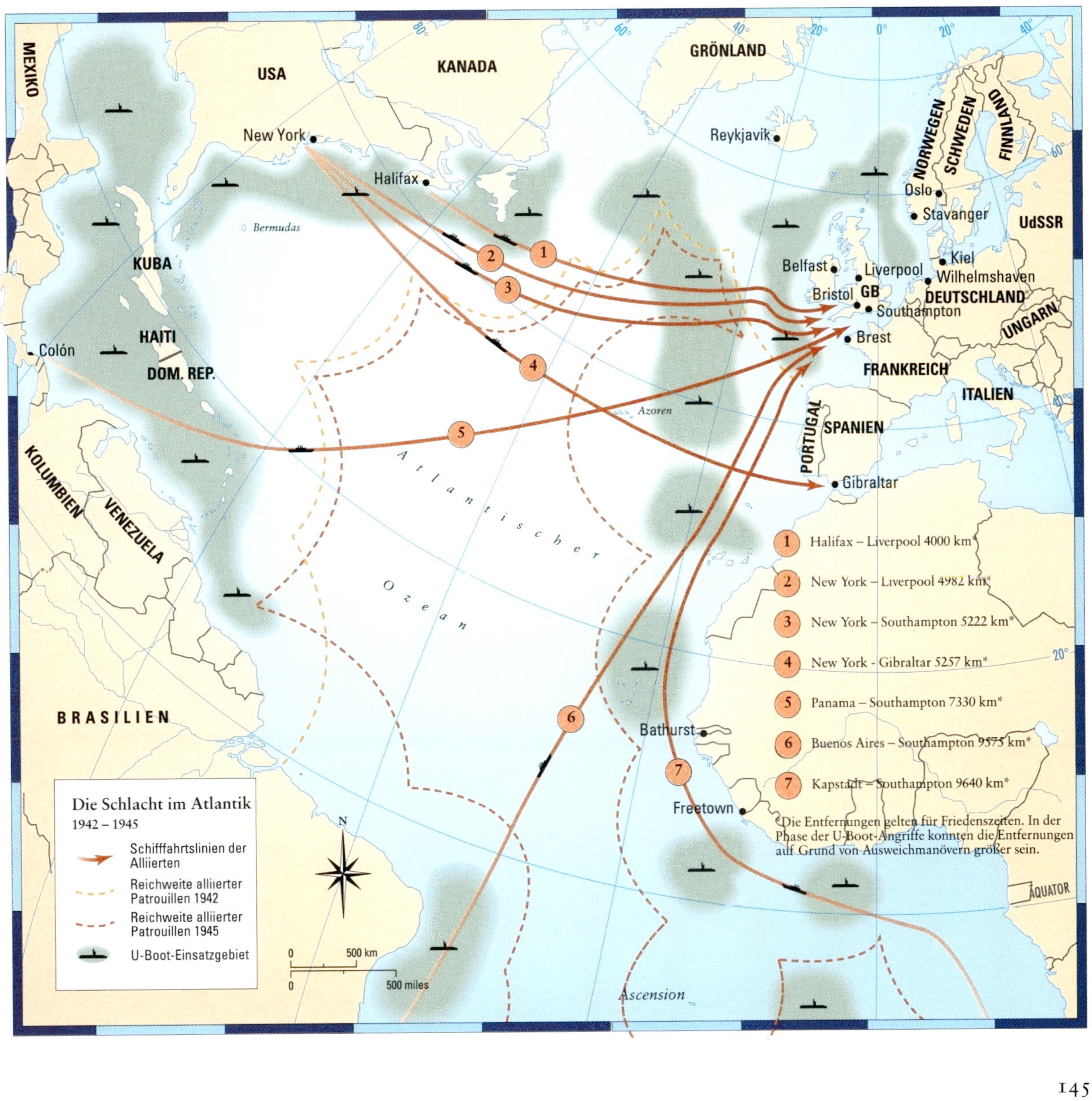

boten, stellte das U-Boot keine wesentliche Gefahr dar. Waren sie so wie in der Lücke zwischen Island und Neufundland nicht präsent, dann konnten U-Boote noch immer großen Schaden anrichten. Doch die sich verteidigenden Seestreitkräfte wurden schließlich mit Geleitträgern und Langstreckenflugzeugen ausgerüstet und konnten nun ihre Fliegereinheiten direkt auf die gefährdeten Geleitzüge konzentrieren.

Die Schlacht im Atlantik erreichte im Frühjahr 1943 ihren Höhepunkt. Als im März 1943 die Lücke im mittleren Atlantik noch bestand, versenkten die U-Boote 711 000 BRT Schiffsraum. Zwei Monate später schloss sich die Lücke durch den Einsatz von Langstreckenflugzeugen und die U-Boot-Abwehr der Alliierten drehte mit einer beträchtlichen Zahl von Geleitträgern den Spieß gegen die Deutschen um. Im Mai versenkten die Alliierten 41 U-Boote – fast so viele, wie die Seestreitkräfte in den ersten drei Kriegsjahren vernichtet hatten.

Der Langstreckenbomber B-24 „Liberator" wurde erfolgreich als Patrouillenbomber über dem Atlantik zur U-Bootbekämpfung und Geleitsicherung eingesetzt.

Der Mittelmeerraum

Da durch den Zusammenbruch Frankreichs 1940 den Briten und später den Amerikanern der Zugang zum europäischen Festland verwehrt wurde, mussten diese ihre Anstrengungen auf den Mittelmeerraum verlegen. Langfristig gesehen bot diese strategische Tatsache beiden Mächten die Möglichkeit ihre Fähigkeiten, zahlenmäßige Stärke und die Erfahrungen auf dem Schlachtfeld so weit auszubauen, bis sie der Wehrmacht schließlich ebenbürtig waren. Die Briten erkannten den Vorteil, den ein Vorgehen im Mittelmeerraum besaß, während die Amerikaner zu einem Eingreifen an diesem Schauplatz gedrängt werden mussten. Die Luftstreitkräfte sollten dort eine bedeutende Rolle spielen. Besonders nützlich erwiesen sie sich bei der Verteidigung von Malta und von da aus bei Angriffen auf Rommels Versorgungslinien nach Libyen. Sobald die RAF in der Lage war Malta eine gewissen Schutz zu bieten, begannen alliierte See- und Luftstreitkräfte mit der Zerstörung von Geleitzügen der Achsenmächte. Als die Luftwaffe jedoch mit der Ankunft von Kesselrings Luftflotte 2 im November 1941 den Spieß gegen die Briten umdrehte, trafen Rommels Nachschübe wieder ohne große Verluste ein. Die Lage im Luftraum über Malta hatte somit einen direkten und offensichtlichen Einfluss auf den Verlauf der Kampfhandlungen zu Lande in Libyen und Ägypten.

Bei ihren Wüsteneinsätzen stand die RAF unter dem Kommando eines der innovativsten und einfallsreichsten Befehlshaber des Zweiten Weltkrieges: Marshal Arthur Tedder, ein begabter Analytiker der konkreten Kriegsbedingungen. Im Nahen Osten gab die RAF Aufgaben den Vorrang, die ihr Stab in den Jahren zwischen den Kriegen ignoriert hatte. Zunächst erstritt sie die Luftüberlegenheit, dann griff sie Versorgungslinien der Achsentruppen an und unterstützte anschließend das Heer bei seinen Kämpfen gegen das Afrika-Korps. Der Einsatz britischer Luftstreitkräfte im Mittelmeerraum erforderte ein gut ausgebautes Logistiksystem, wobei Flugzeuge die Weiten Zentralafrikas und das Niltal überfliegen mussten.

Unter Tedders Führung wurde die RAF zu einem modernen und wirksamen militärischen Machtinstrument im Mittelmeerraum. Ihre Effektivität konnte jedoch nicht die erheblichen Mängel in der Kriegführung des britischen Heeres und in dessen Ausbildung und geistiger Vorbereitung wettmachen. Die Auswirkungen dieser Mängel traten in der Schlacht bei El Gasala im Mai und Juni 1942 zu Tage, wo die Luftstreitkräfte die Inkompetenz des britischen und die Kampfkraft des deutschen Heeres allein nicht ausgleichen konnten. Die Luftwaffe verfügte zu jenem Zeitpunkt vor Ort sogar über so große Reserven, dass sie den Kampf mit der RAF direkt über dem Schlachtfeld aufnahm.

Als dann Bernard Law Montgomery, einer der unangenehmsten, aber erfolgreichsten Generale des Krieges, in die Kämpfe eingriff, leitete er eine neue Stufe der Zusammenarbeit zwischen RAF und Heer ein. Er erkannte den Wert der Kooperation mit der RAF und Tedder unterstützte seine Unterstellten bei deren Ausbau. Der Kommandeur der RAF-Einheiten zur Luftunterstützung in Nordafrika Marshal Arthur Alan Conningham legte sein Hauptquartier mit dem Montgomerys zusammen und brachte der Wüstenarmee eine bislang nie da gewesene Aufmerksamkeit entgegen. Tedder war auch klar, welche Bedeutung breiter angelegte Luftoperationen für das Zurückdrängen der Luftwaffe und die Unterbindung der für das Afrika-Korps so wichtigen Nachschublieferungen besaßen.

Der umfassende Einsatz der Luftstreitkräfte half Ende Oktober 1942 der 8. Armee bei El Alamein dabei, die Kampfkraft des Afrika-Korps zu brechen. Bereits vor

Beginn der Schlacht hatte die RAF Rommels Versorgungslinien über das Mittelmeer ernste Schäden zugefügt und die Verbindung zwischen libyschen Häfen und der Front unterbrochen. Ebenso wichtig war, dass ihre Jäger die Luftüberlegenheit erzielten und die Befehlshaber die RAF nun zur Behinderung von Rommels Truppenbewegungen und zur Unterstützung des Heeres heranziehen konnten. Montgomerys Sieg unterschied sich stark von früheren britischen Siegen in der Wüste. Im Verlauf einer anhaltenden Zermürbungsschlacht gaben die Luftstreitkräfte direkte Unterstützung und führten Entlastungsangriffe für die Commonwealth-Truppen durch. So konnte Montgomerys 8. Armee das Afrika-Korps zerschlagen, indem sie ihm zunächst die Bewegungsfreiheit nahm und ihm dann ihre Kampfbedingungen diktierte. Die Schlacht bei El Alamein kündigte einen heftigen Schlag britischer und amerikanischer Seestreitkräfte gegen Französisch-Nordafrika an, die Operation „Torch“.

Hitler beantwortete den Beginn von „Torch“, indem er Fallschirmjäger zur Besetzung Tunesiens einflog und diesen dann Verstärkungstruppen zuführte. Letztere waren umfangreicher als die, die er Rommel im Sommer 1942 verweigert hatte. Rommel führte geschickt einen Rückzug durch Libyen durch, brachte seine Truppen nach Tunesien und holte im Februar 1943 zu einem Überraschungsangriff gegen die ungeschützten und schlecht ausgebildeten amerikanischen Streitkräfte am Kasserinen-Pass aus, ehe die Briten von Osten her aufschlossen. Die Luftwaffe brachte alliierte Verbände in Algerien sogar in ernste Schwierigkeiten, da die Kooperation zwischen den dortigen Land- und Luftstreitkräften weit hinter deren ursprünglichen Absprachen zurückblieb.

Die sich verstärkenden Achsenstreitkräfte in Tunesien waren in einer hoffnungslosen strategischen Lage. Als die Einheiten der Alliierten völlig Fuß gefasst hatten,

Luftangriff auf einen Geleitzug.

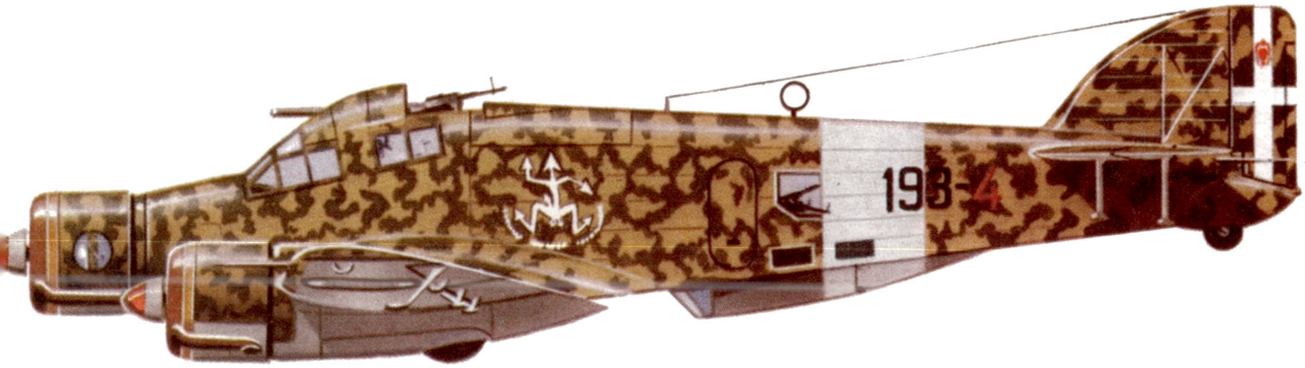

Der Torpedobomber Savoia Marchetti S. M. 79 war das Rückgrat der italienischen Luftstreitkräfte im Mittelmeerraum.

nahmen sie die Versorgungslinien der Achse in den Würgegriff. Die durch *Ultra* entschlüsselten Funksprüche ergaben ein gutes Gesamtbild der Nachschublieferungen zur See und in der Luft. So konnten bis Ende März alliierte Luftangriffe die Versorgung per Schiff lahm legen. Die Luftwaffe versuchte darum im April und Mai verzweifelt die stark unter Druck gesetzten Achsentruppen durch eine Luftbrücke zu versorgen, was aber nicht erfolgreicher verlief als bei Stalingrad. Das Ergebnis war sogar noch vernichtender, weil die alliierten Jagdflieger vorgewarnt waren und wiederholt Transportmaschinen abfingen oder zerstörten. Die Führung der Achse vor Ort unternahm jedoch nicht viel dagegen. Das große deutsche Flieger-As Johannes Steinhoff reiste Anfang 1943 durch Italien, um den Befehl in Tunesien zu übernehmen, und war über den Luxus und die Bequemlichkeiten in Kesselrings Stab erstaunt. In Steinhoffs Memoiren ist zu lesen, dass der große Heerführer in Bezug auf die Kampfbedingungen überhaupt nicht auf dem Laufenden war und einen erschütternden Optimismus versprühte. *Ultra* zufolge drängte Kesselring seine Jagdflieger während der gesamten Schlacht dazu, so fanatisch wie die Japaner zu kämpfen. Es überrascht nicht, dass die Luftwaffe überaus hohe Verluste hinnehmen musste.

Doch die wirklichen Probleme standen den Deutschen noch bevor. Nach dem Zusammenbruch des Kessels in Tunesien begannen die alliierten Luftstreitkräfte in Vorbereitung der Landung auf Sizilien (Operation „Husky") mit der Zerschlagung deutscher und italienischer Fliegereinheiten auf der Insel und in Süditalien. In Nordafrika stationierte alliierte Flugzeuge griffen nun auch Wirtschaftsstandorte in Norditalien an. Die Maßnahmen von Befehlshabern der US-Luftstreitkräfte machten deutlich, dass sie besser in der Lage waren sich auf die konkreten Bedingungen im Mittelmeerraum auf diesen Schauplatz einzustellen, als das bei den Briten der Fall war. Bereits im Mai 1943 warnte General James Doolittle, der Kommandeur der 12. US Air Force im Mittelmeerraum, den Kommandeur der USAAF General Henry Arnold, dass große Verbände schwerer Bomber nicht gegen den starken Widerstand der Luftwaffe bestehen könnten, wenn sie nicht von Fernbegleitjägern Deckung erhielten.

Die Vorbereitungen für die Landung auf Sizilien im Juli und dem italienischen Festland im September 1943 beschleunigten die letzten großen Luftschlachten im Mittelmeerraum. Die Luftwaffe konnte sich nicht mehr gegen die große Zahl alliierter Flugzeuge behaupten. In seinen bedrückenden Memoiren von den Kämpfen über Sizilien erinnert sich Steinhoff an den fürchterlichen Druck, der auf deutschen Jagdfliegerstaffeln lastete. Neue Piloten kamen beinahe sofort um, während erfahrenere sich etwas länger hielten. Den Verlusten von über 1000 Flugzeugen im

Juli und August standen kaum Erfolge der Luftwaffe gegenüber. Ihr Bestand verringerte sich zusehends, wodurch sie dem anwachsenden Druck der Bomberoffensive immer schlechter gewachsen war.

Die Niederlage der Luftwaffe

Die Bemühungen zur Demoralisierung Nazideutschlands und zur Zerstörung seiner wirtschaftlichen Grundlagen mit Hilfe strategischer Bombardements hatten begonnen, als die britische Regierung im Mai 1940 als Reaktion auf den Einmarsch in Westeuropa dem Bomber Command freie Hand gab. Im Verlauf der folgenden zweieinhalb Jahre erreichte die Bomberoffensive jedoch wenig, entgegen den übertriebenen Behauptungen ihrer Befürworter. Der Butt-Report, eine Untersuchung von nach Einsätzen gemachten Luftaufnahmen, die im Sommer 1941 veröffentlicht wurde, ergab, dass in einem Zielgebiet von 120 km^2 Größe nur jede fünfte Bomberbesatzung ihre Last innerhalb eines Umkreises von 8 km vom Ziel abwarf. Allein die Tatsache, dass Großbritannien über keine anderen Mittel zum Angriff auf Nazideutschland verfügte, führte zur Fortsetzung der Offensive. Die nötige Führung erhielt sie jedoch erst mit der Übernahme des Bomber Command durch Arthur Harris im Februar 1942.

Die Herangehensweise von Harris war simpel: Im Schutz der Nacht sollten Bomberverbände in großer Zahl eine deutsche Großstadt nach der anderen zerstören, bis die Bevölkerung Nazideutschlands demoralisiert wäre. Bis zum Ende des Jahres 1943 ließ die verfügbare Technik ohnehin nichts anderes als Angriffe

Das Jagdflugzeug Curtiss P-40 „Tomahawk“ eignete sich kaum für andere Aufgaben als die direkte Luftunterstützung.

auf Großstädte zu. Harris begann zielstrebig mit der Schaffung einer solchen Bomberflotte. Die Befehlshaber der RAF zeigten erst nach ihrer Niederlage Interesse an der Einführung neuer Bomber, verbesserter Methoden und technischer Hilfsmittel. Darum konnte das Bomber Command bis Anfang 1943 keine lang anhaltenden und wesentlichen Schäden in Deutschland verursachen. Dann jedoch hatten Harris' Einheiten eine Stärke erreicht, die genügte um das Ruhrgebiet mit einer Reihe von schweren Angriffen zu zerbomben.

Im Juli 1943 richtete Harris seine Aufmerksamkeit auf Hamburg. In über 3000 vernichtenden Angriffen bewies das Bomber Command seine Fähigkeit Großstädte zu zerstören. Die Bedingungen für den zweiten Angriff in der Nacht vom 27. zum 28. Juli, der besondere Wirkung zeigte, waren ideal. Wie bereits in der ersten Brandnacht wurde Hamburg leicht durch die mit H2S-Geräten bestückten britischen Markierer ausgemacht, die nach einem genauen Angriffsverfahren das Zielgebiet mit Leuchtbomben absteckten. Die Briten warfen bei ihren Angriffen auf Hamburg erstmals reflektierende Metallfolien – in Großbritannien als „Window", in Deutschland als „Düppel" bezeichnet – ab, um die deutsche Radarüberwachung unwirksam zu machen. Es handelte sich dabei um Aluminiumstreifen, die große Teile der deutschen Radarüberwachung lahm legten. Viele Einheiten der Hamburger Feuerwehr befanden sich weit vom Stadtzentrum entfernt im Einsatz und kümmerten sich um schwelende Kohlen- und Koksfeuer am Rande der Stadt. Die ersten Markierungen der Briten gingen zudem mitten auf Europas größtes Holzlager herab, wodurch sich eine weitere Zielmarkierung erübrigte. Das furchtbare Bombardement von schweren Luftminen und zehntausenden Stabbrandbomben, die dicht bebaute Wohngebiete trafen, rief erstmals eine Erscheinung im Luftkrieg hervor, die man bisher in dieser Stärke noch nicht gekannt hatte: den Feuersturm. Begünstigt wurde der Feuersturm durch die seit Ende Juli 1943 herrschende extreme Trockenheit; andererseits hatten bereits die tagelang wütenden Flächenbrände vom 24./25. Juli in Verbindung mit der speziellen Wetterlage, die sich durch ein Hochdruckgebiet in größeren Höhen und durch einen Tiefausläufer mit kalten Luftmassen auszeichnete, einen so genannten Luftschornstein über Hamburg erzeugt, der im Ergebnis der erneuten Flächenbrände zu einer gewaltigen Sogwirkung führte. Nach dem Angriff schätzten deutsche Fachleute, dass der Wind eine Geschwindigkeit von 480 km/h überschritten und die Temperatur in einigen Teilen der Stadt 1000 Grad betragen haben musste. Die Zahl der Todesopfer bei den Angriffen auf Hamburg lag zwischen 30 000 und 40 000.

Als der Reichsrüstungsminister Albert Speer von den Auswirkungen erfuhr, warnte er Hitler, dass sechs weitere Angriffe dieses Ausmaßes genügen dürften um die deutsche Rüstungsproduktion zum Stillstand zu bringen. Das Bomber Command war allerdings nur unter idealen Bedingungen zu einer Wiederholung in der Lage. Die Angriffe auf Hamburg hatten ebenso wie die auf andere Großstädte im Verlauf des Jahres ernste Auswirkungen auf die Moral der Deutschen, wie Berichte der Gestapo belegen. Es war jedoch schwer, die Bevölkerung zum Widerstand gegen das Naziregime zu bewegen, ein Regime, das seit seiner Machtübernahme eine außerordentliche Rücksichtslosigkeit gegen seine Feinde an den Tag gelegt hatte. Hier zeigte sich ein Manko vieler Luftkriegsdoktrinen: Moderne totalitäre Regimes können mit nahezu jeder Bedrohung fertig werden, es sei denn, feindliche Truppen besetzen das eigene Territorium.

Erfreut über die erfolgreiche Entwaffnung der deutschen Verteidigung im Sommer 1943 entschied sich Harris zur Zerstörung Berlins. Im November begann das Bomber Command eine Welle von Angriffen, bei denen seine Maschinen gezwungen waren, das gesamte deutsche Gebiet zu überfliegen um Berlin zu bombardieren. Doch das Ausmaß der Stadt und ihre geografische Lage ließen eine Konzentration des Bombardements wie bei der Zerstörung Hamburgs komplizierter erscheinen. Darüber hinaus erschwerten zwei weitere Faktoren die Aufgabe: Einerseits war es bis Februar 1944 wegen des Winterwetters schwierig, eine hohe Dichte des Bombardements zu erzielen und anschließend Erkundungsflüge durchzuführen. Andererseits hatte sich ab Herbst 1943 die Verteidigung besser auf die Auswirkungen der Düppel eingestellt: Die neuen Radargeräte der Nachtjagdstaffeln machten sie weitestgehend unwirksam. Bedeutsam war auch, dass die Luftwaffe eine neue Methode eingeführt hatte, die es Nachtjägern gestattete, direkt im Bomberstrom zu fliegen.

Den ganzen Winter 1943/44 trieb Harris seine Besatzungen rigoros an. Der Chef der Pfadfinder des Bomber Command Marshal D.C. Bennett meinte nach dem Krieg, die Schlacht um Berlin sei das Schlimmste gewesen sei, was dem Bomber Command widerfahren konnte. Während die Verluste unter den Besatzungen anstiegen, nahm die Wirkung der Bombardements jedoch nicht im gleichen Maße zu. Im November 1943 waren die Verluste mit weniger als vier Prozent überraschend gering gewesen – hauptsächlich ein Ergebnis des fürchterlichen Wetters. Danach stieg die Zahl der Bomberverluste rasant an. Im Dezember kletterte die Verlustrate auf 6,1 Prozent (162 Bomber), im Januar sogar auf 7,2 Prozent (316 Bomber). In der Nacht vom 30. zum 31. März 1944 war dann die Niederlage perfekt, als beim Angriff auf Nürnberg 108 Bomber abgeschossen wurden. Besonders schlimm traf es die No. 4 Group, die 20 der eingesetzten Halifax-Maschinen verlor (20,6 Prozent). Die zielstrebige Zerstörung deutscher Städte durch das Bomber Command fand ein jähes Ende. Harris musste nun dem politischen und militärischen Druck nachgeben und sich, wenn auch widerwillig, einer Unterstützung der Invasionstruppen in Europa zuwenden. Von Januar 1943 bis März 1944 verlor das Bomber Command 5881 Maschinen mit den meisten ihrer Besatzungen. Die Zahl der Opfer, die die Bomberoffensive zu einem so späten Zeitpunkt des Krieges noch

Der britische Bomber Vickers „Wellington“ war das Zugpferd des Bomber Command bei den Nachtangriffen auf Deutschland.

forderte, unterstreicht den Irrtum der Theoretiker der Vorkriegszeit, der Luftkrieg würde eine Wiederholung der schrecklichen Verluste aus den Grabenkämpfen des Ersten Weltkrieges verhindern.

Die US-Amerikaner hatten Anfang Sommer 1942 mit ihren B-17, den „Fliegenden Festungen“ in die Kämpfe eingegriffen. Sie waren aber zahlenmäßig zu schwach und unzureichend ausgebildet um Angriffe auf deutsches Gebiet zu wagen. Darum beschränkte sich die 8. US Air Force auf Angriffe gegen französische Industriestandorte, die die Kriegswirtschaft der Nazis unterstützten. Solange diese Angriffe innerhalb der Reichweite von Begleitjägern stattfanden, waren die Verluste unter den B-17 „akzeptabel“. Lagen die Ziele jedoch außerhalb der Reichweite des Jagdschutzes, dann stieg die Verlustrate auf ein inakzeptables Ergebnis von über sechs Prozent. Da die US-Luftstreitkräfte in Europa zum Mittelmeerraum abkommandiert wurden um die Operation „Torch“ zu unterstützen, verschob sich der Test der amerikanischen Theorie über Präzisionsbombardements bei Tage auf einen späteren Zeitpunkt.

Er begann Ende Frühjahr 1943, als der Kommandeur der 8. US Air Force General Ira Eaker über eine ausreichende Stärke für den Angriff auf Ziele in Deutschland verfügte. Tiefer nach Deutschland vordringende Bomberverbände stießen auf den erbitterten Widerstand der Luftwaffe. Von Anfang an waren die Verlustzahlen hoch. Im Mai verlor die 8. US Air Force 37,6 Prozent der Flugzeugbesatzungen, die zu Monatsbeginn im aktiven Dienst gestanden hatten. Im Juni waren es 38,3 Prozent, 34,7 Prozent im Juli, 31,3 im August und im Oktober 37,4 Prozent. Im Großen und Ganzen konzentrierte die 8. US Air Force ihre Anstrengungen auf Werke der Luftwaffe und auf Produktionsstätten für Kugellager. Bei Ersteren erzielte sie einige beachtliche, aber nicht entscheidende Resultate. Die Produktionszahlen neuer deutscher einmotoriger Jagdflieger gingen zwischen Juli und Dezember um 24 Prozent zurück. Es handelte sich dabei nicht um die generalüberholten oder reparierten Flugzeuge, deren Zahl in die Summe eingerechnet wurde, auf die sich Historiker normalerweise beziehen.

Der britische Bomber „Short Stirling“ erfüllte als schwerer Bomber nicht die Erwartungen der Militärs.

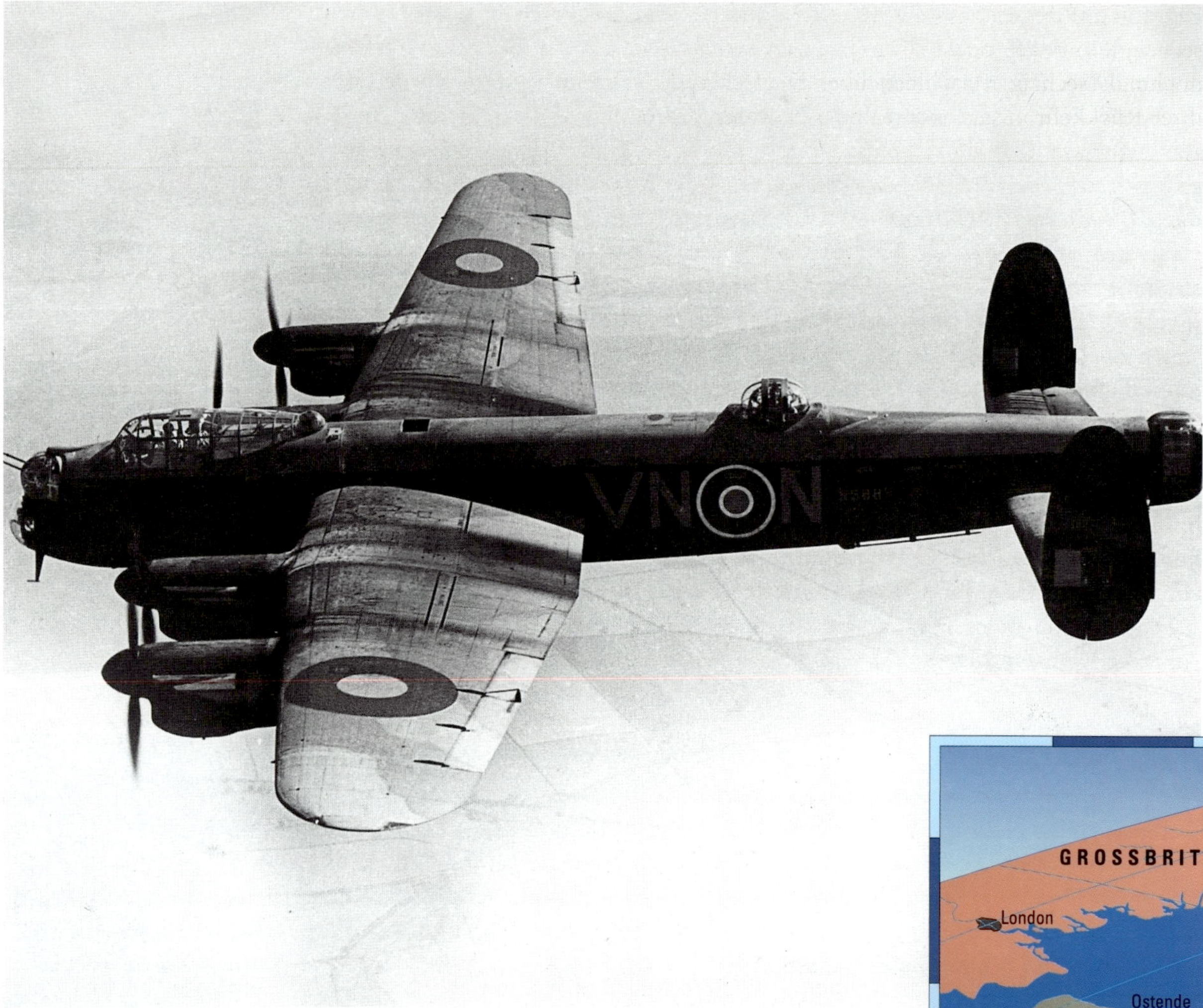

Die „Lancaster" war der hervorragendste schwere Bomber im Luftkrieg über Europa.

Die Kugellagerindustrie schien ein noch empfindlicheres Ziel darzustellen, denn die Werke in Schweinfurt fertigten fast 55 Prozent des Gesamtaufkommens im Reich. Die 1943 geflogenen Angriffe auf die Stadt richteten angeblich beträchtlichen Schaden an. Doch nach dem Krieg durchgeführte Untersuchungen verdeutlichten die Fehler, die die Luftkriegstheoretiker vor dem Krieg mit ihrer geradlinigen Herangehensweise begangen hatten. Die Bomben zerstörten zwar die Dächer und Mauern der Fabriken, doch die Maschinen, welche die Kugellager fertigten, wurden kaum beschädigt. Speer stellte sogar fest, dass die meisten deutschen Werke über beträchtliche Bestände an Kugellagern verfügten, dass Wälzlager in vielen Fällen als Ersatz dienen konnten und die geldhungrigen Schweden und Schweizer gegen gute Bezahlung gern bereit waren die Nazis mit allem zu versorgen, was ihre Kriegsmaschinerie in Gang hielt.

Der erste Angriff auf Schweinfurt ging mit einem

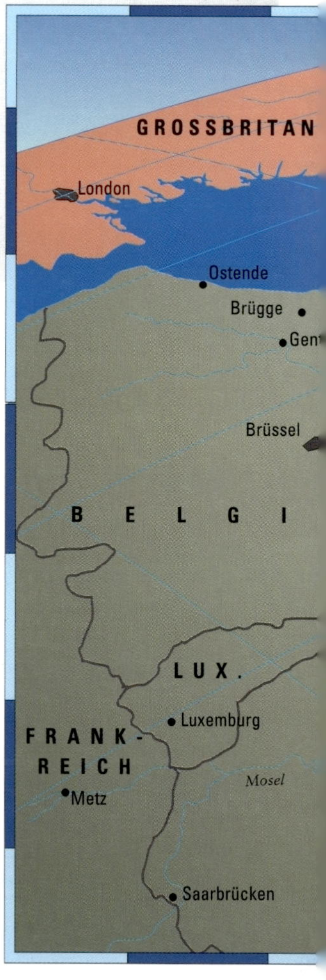

Überfall auf Regensburg einher. Die Verluste in beiden Angriffen beliefen sich auf sechzig Bomber. Zwei Monate später griff die 8. US Air Force erneut an und verlor nochmals sechzig Maschinen über Deutschland. Siebzehn weitere wurden nach ihrer Rückkehr ausgesondert und 121 waren beschädigt, doch in reparablem Zustand. Der zweite Angriff auf Schweinfurt war ein schwarzer Tag in einer auch sonst sehr ungünstig verlaufenden Woche. Zwischen dem 8. und dem 14. Oktober büßte die 8. US Air Force von in jenem Monat durchschnittlich 763 eingesetzten Bombern insgesamt 148 Maschinen ein (19 Prozent). Die Ursache war darin zu suchen, dass selbst die mit einem abwerfbaren Zusatztank ausgestatteten US-amerikanischen Jagdflugzeuge kaum über den Rhein hinausreichten. Die Reichweite britischer Jagdflugzeuge war sogar noch geringer. Hinter dem Rhein konnte die Luftwaffe ihre einmotorigen Tagjäger ebenso wie ihre Nachtjäger in Ausgangsposition bringen. So wie führende RAF-Offiziere Anfang der 40er-Jahre den Standpunkt vertreten hatten, dass Langstreckenjäger technisch nicht realisierbar seien, so sahen nun die amerikanischen Luftstreitkräfte einfach über die Möglichkeit des Jagdschutzes hinweg. Erst nach dem zweiten Angriff auf Schweinfurt forderte Eaker nachdrücklich den Einsatz solcher Jäger. Selbst die Entwicklung von abwerfbaren Zusatztanks zur Erhöhung der Reichweite der P-38 und P-47 war schlecht organisiert.

Die Lage der deutschen Luftwaffe war im Vergleich zu den Problemen, die die Amerikaner und Briten mit ihrer Bomberoffensive hatten, noch viel schlimmer. Die

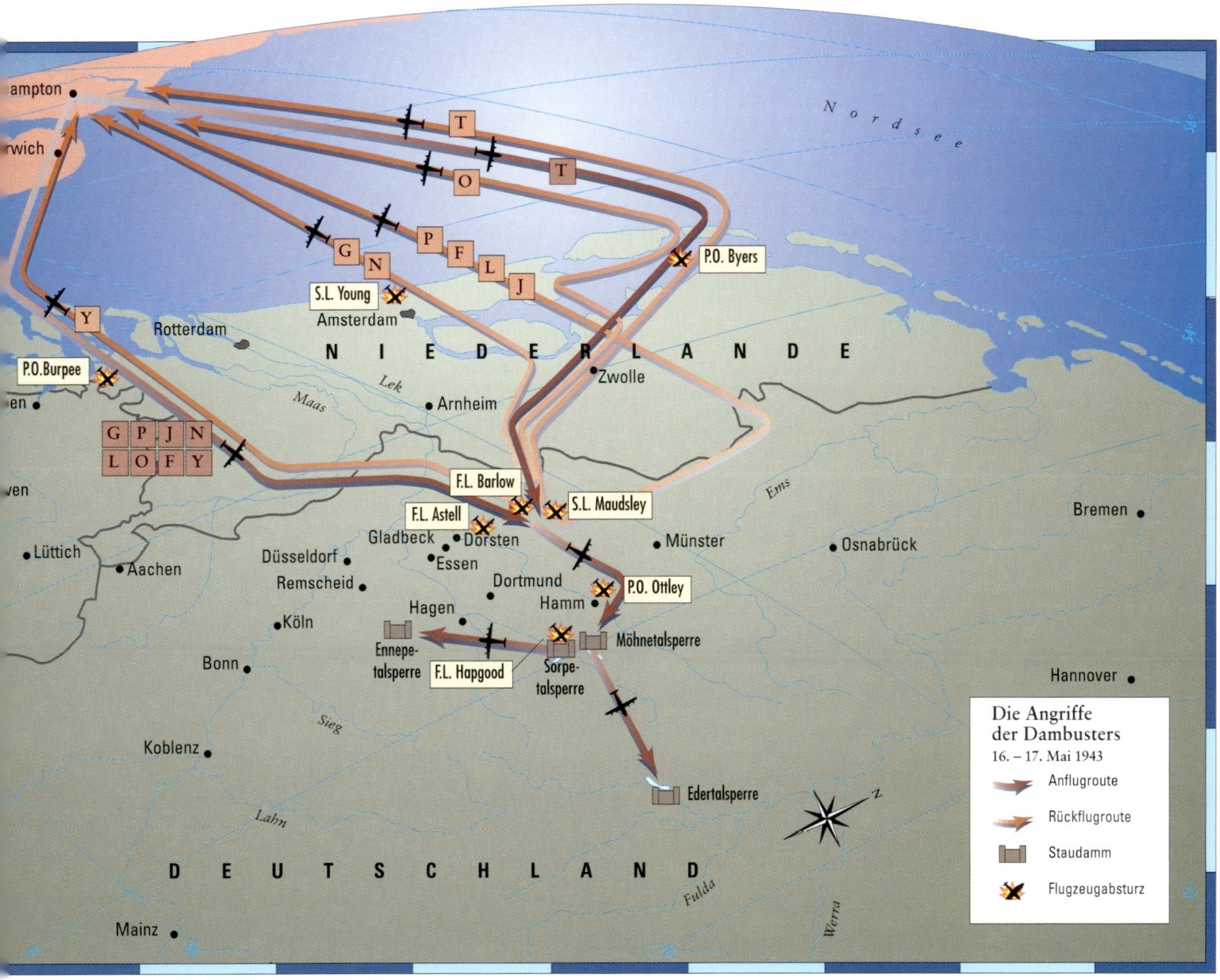

Die Rückkehr eines „Stirling"-Bombers. Die „Stirling" war der erste der viermotorigen strategischen Bomber, mit denen die Frontgeschwader ausgerüstet wurden.

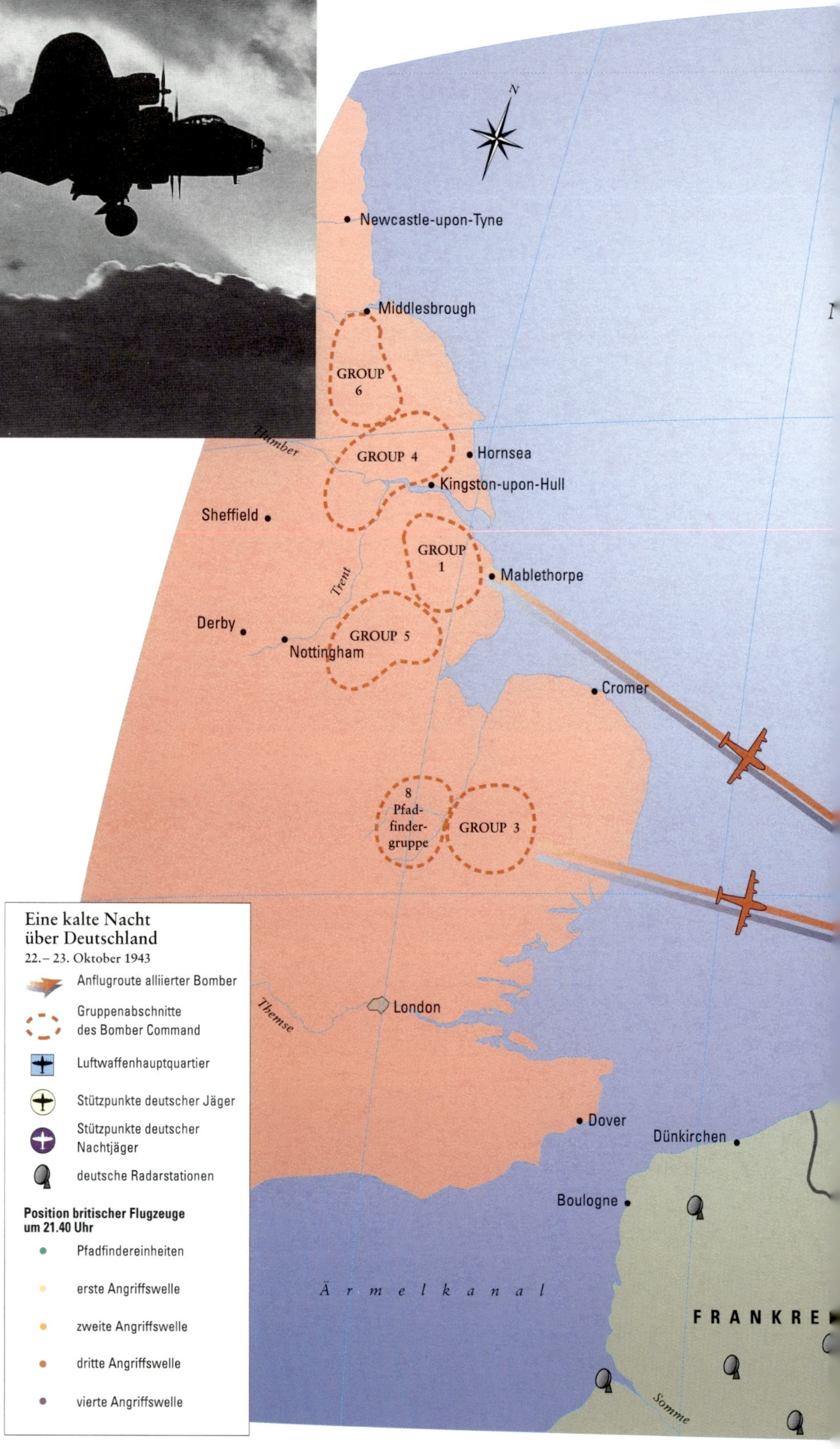

r d s e e
DÄNEMARK
Hamburg
Bremen
Amsterdam
Hannover
Ems
Weser
Lek
Rotterdam
Waal
NIEDERLANDE
Münster
DEUTSCHLAND
Dortmund
Essen
Duisburg
Antwerpen
Kassel
Schelde
Brüssel
Köln
Aachen
Bonn
BELGIEN
Maas
Lüttich
Fulda
Koblenz
Frankfurt

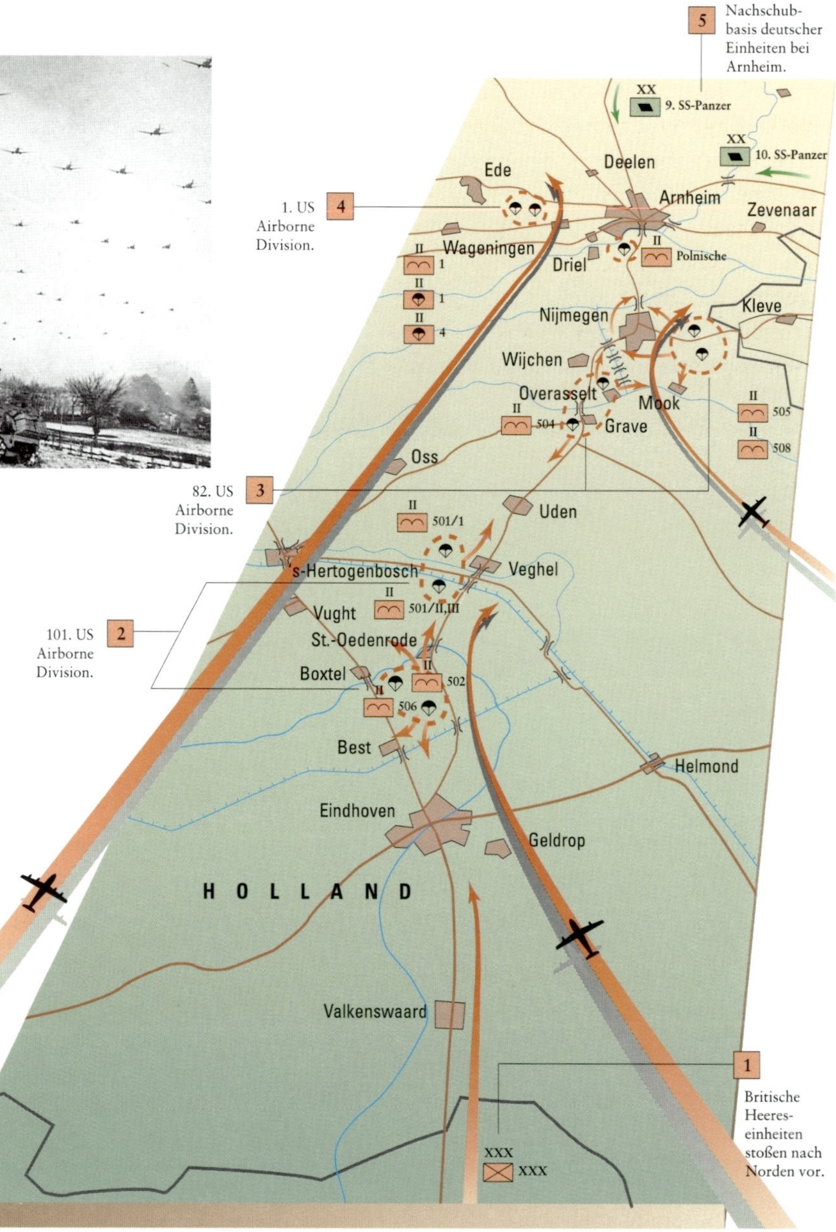

Operation „Market Garden"
September 1944

- Flugroute der alliierten Maschinen
- Absprungstellen der Luftlandeeinheiten
- Vorstoß der Alliierten
- deutscher Gegenangriff

Bild oben: *Ein Verband von Bombern des Typs Boeing B-17.*

Bild unten: *Transportflugzeuge vom Typ Douglas C-47 bringen Entsatz für die im Dezember 1944 bei Bastogne eingeschlossene 101. US Airborne Division.*

gleichzeitige Führung dreier großer Luftschlachten von Juli bis August 1943 – im Osten, im Mittelmeerraum und über dem Reichsgebiet – brachte entsetzliche Verluste von über 1000 Flugzeugen an jedem Kriegsschauplatz mit sich. Nach dem Angriff der 8. US Air Force auf Schweinfurt und dem vernichtenden Bombardement des Raketen-Versuchsgeländes von Peenemünde durch das Bomber Command wurde der Druck auf die Luftwaffe so groß, dass sich ihr Stabschef Hans Jeschonnek am 18. August 1943 das Leben nahm. Die Auswirkungen der Bomberoffensive auf das Reich zwang die Führung der Luftwaffe zu einer Konzentration ihrer Kräfte auf die Verteidigung Deutschlands. Die politische Führung und insbesondere Hitler erkannten jedoch noch immer nicht den Ernst der Lage. Bis zum Ende blieb der Führer den Auffassungen Douhets zur Luftkriegführung treu. Trotz der zunehmenden Bedrohung aus dem Westen gaben er und Göring der Fertigung von Bombern den Vorzug gegenüber der von Jagdflugzeugen. Dem Bau von Nachtjägern wiesen sie die geringste Bedeutung zu, während die Fliegerabwehreinheiten rasch zunahmen, obwohl deren mangelnde Schlagkraft in Deutschland bekannt war. Aus psychologischer Sicht wirkte der Donner der in den Nachthimmel feuernden Geschütze jedoch als moralische Stütze für die unter starkem Druck stehende Zivilbevölkerung. Es schien zumindest, als ob die Naziregierung etwas zum Schutz der Bürger unternahm. Hitler verschwendete für ein kostspieliges Waffensystem Gelder und Arbeitskräfte, die für die Gefechte an Land einen größeren Nutzen hätten bringen können.

Die Luftwaffe unternahm eine Reihe von Schritten, die kurzfristig gesehen die Lage im Luftkrieg verbesserten. Nach den mäßigen Abwehrerfolgen der „hellen" Nachtjagd, begann die Luftwaffe mit dem Einsatz von „Freya"- und „Würzburg"-Funkmeßgeräten die Nachtjagdflugzeuge vom Boden an die Luftziele heranzulei-

Ein Verband von B-17-Bombern mit Jagdschutz (im Hintergrund), 1944.

Die P-51 „Mustang" wurde von der RAF und der USAAF zum Jagdschutz eingesetzt. Sie wurde 1944 mit abwerfbaren Zusatztanks ausgestattet und konnte dann die B 17- und B 24-Bomber bis nach Berlin und zurück begleiten.

ten. Diese so genannte geführte Nachtjagd verringerte die Wirkung der Düppel, sodass die deutschen Nachtjäger den britischen Bombern schwere Verluste zufügen konnten. Ihren Höhepunkt erreichten diese bei der Abwehr von Angriffen auf Nürnberg Ende März 1944. Da sich die Jäger nun wieder auf das deutsche Territorium konzentrierten, konnten die Luftstreitkräfte dem wachsenden Druck der amerikanischen Bomberoffensive besser standhalten. Doch im Sommer und Herbst 1943 war die Lage äußerst prekär. Die amerikanischen Bomberbesatzungen übertrieben zwar heftig bei der Schilderung ihrer Erfolge gegen deutsche Jäger, schossen jedoch tatsächlich eine große Zahl von ihnen ab. Während der Angriffe auf Schweinfurt und Regensburg im August verloren die Deutschen 24 einmotorige Jäger und 2 Bf 110. 12 Jagdflugzeuge mussten wegen der erlittenen Beschädigungen abgewrackt werden, während weitere 25 wieder repariert werden konnten. Im Zeitraum Juni bis Oktober verlor die Luftwaffe monatlich 15 Prozent ihrer Jagdflieger.

Die Deutschen konnten im Herbst 1943 jedoch nur für kurze Zeit die Wirkung der Tagangriffe schmälern. Obwohl die Luftwaffe der 8. US Air Force große Verluste zufügte, nahm die Stärke der amerikanischen Bombergeschwader weiter zu. Im Mai 1943 besaßen sie lediglich 340 Bomber, doch schon im November 902 Maschinen. Allerdings waren die erzielten Ergebnisse so enttäuschend, dass General Henry Arnold gegen Jahresende einige Umbesetzungen unter seinen Befehlshabern vornahm. Er versetzte General Eaker in den Mittelmeerraum und als Ersatz für ihn wurde General James Doolittle dem Oberkommandierenden der USAAF in Europa, General Carl Spaatz, unterstellt. Ein Grund für die Umbesetzung war Dwight Eisenhowers vertrautes Verhältnis zu Doolittle, der darüber hinaus beeindruckendere Ergebnisse als Eaker erzielt hatte, insbesondere beim taktischen Einsatz der Luftstreitkräfte.

Die neue Führung war gegenüber der Situation von 1943 in dreierlei Hinsicht im Vorteil: Zunächst einmal konnte die 8. US Air Force aufgrund ihrer zahlenmäßigen Stärke und ihrer guten Versorgungssituation einen entschieden heftigeren Zermürbungskrieg führen. Außerdem war es der von den Flugplätzen um Foggia in Italien aus operierenden 15. US Air Force möglich, sowohl Ziele auf dem Balkan als auch in Süddeutschland und Österreich anzufliegen, wodurch sich eine zusätzliche Gefahr für die Luftwaffe ergab. Die bedeutendste Neuerung bestand jedoch in der Einführung des Jagdflugzeugs P-51 „Mustang". Es war während des Krieges das beste durch einen Kolbenmotor angetriebene Jagdflugzeug der USAAF und konnte aufgrund seiner Zusatztanks ab März 1944 sogar bis nach Berlin fliegen. Allerdings standen von diesem Flugzeugtyp nicht genug Maschinen zur Verfügung um überall Jagdschutzaufgaben zu erfüllen. War die P-47 jedoch an die Grenze ihrer ebenfalls durch Zusatztanks erhöhten Reichweite gelangt, so konnte die P-51 dort die B 17- und B 24-Bomberverbände übernehmen und ihnen für die verbleibende Flugstrecke Jagdschutz gewähren.

Nach einer längeren Schlechtwetterperiode, die bis gegen Ende Februar 1944 währte, klarte der Himmel für eine Woche auf und die 8. US Air Force flog eine Reihe verheerender Angriffe gegen die Flugzeugwerke, die Deutschlands Jagdflugzeuge herstellten. Durch einige verzweifelte Maßnahmen wie z. B. die Einstellung der Bomberproduktion gelang es den Deutschen zwar einerseits, ihre Jagdflugzeugfertigung zu erhöhen, doch ihre Jahreszielstellung erreichten sie bei weitem nicht. Der eigentliche Erfolg der amerikanischen Angriffe bestand darin, dass die deutschen Jagdflieger zur Verteidigung der Produktionsanlagen gebunden wurden und die P-47 und P-51 viele von ihnen abschossen. Von Februar bis Mai 1944 büßte die Luftwaffe jeden Monat über 20 Prozent ihrer Jagdflieger ein. Sie hatte zwischen Januar und Mai zwar monatlich im Durchschnitt 2283 Jagdflieger im aktiven Dienst, verlor jedoch in diesem Zeitraum insgesamt 2262 von ihnen.

Im Mai verfügten die Piloten der Luftwaffenjagdflugzeuge über durchschnittlich drei Wochen Kampferfahrung nach einer Ausbildung, in der sie mit ihrem Kampfflugzeug kaum Berührung gehabt hatten (25 Stunden in im Einsatz be-

Der Tod eines weiteren unerfahrenen Piloten: ein deutsches Jagdflugzeug geht in Flammen auf.

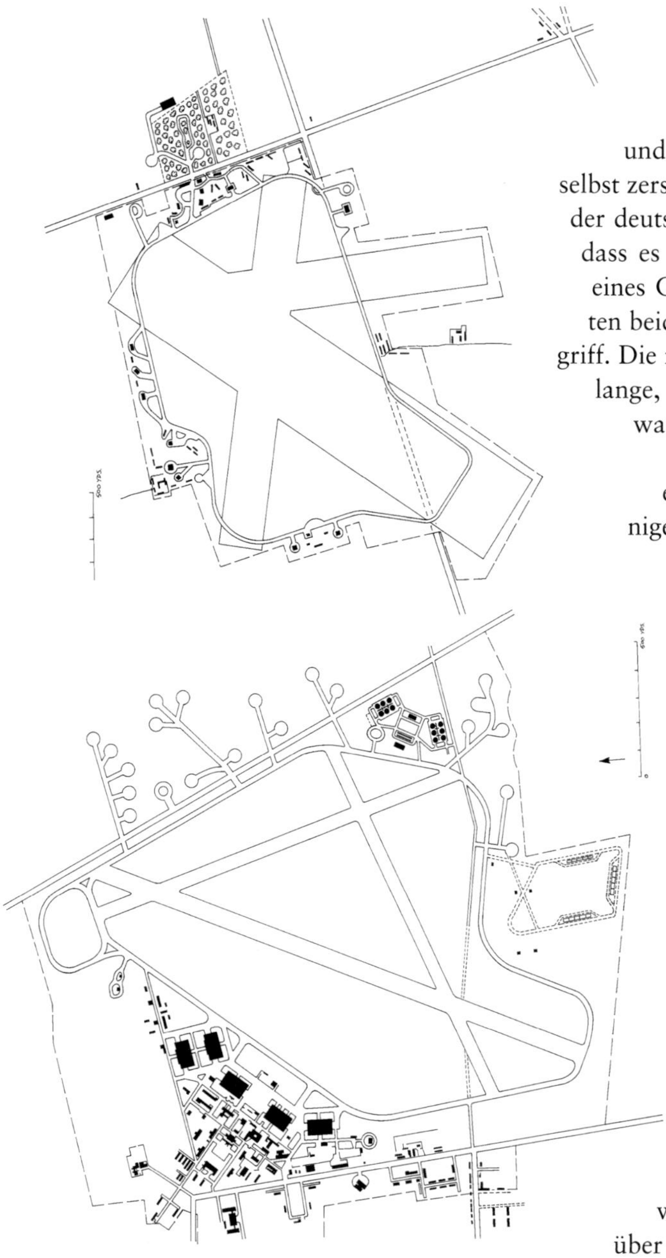

findlichen Ausbildungsgeschwadern). Manche von ihnen konnten ihr Flugzeug kaum starten und landen, sodass zu diesem Zeitpunkt die Zahl schwerer Unfälle innerhalb der Luftwaffe relativ hoch war und deutsche Jagdflieger fast genauso viele Flugzeuge selbst zerstörten wie die Alliierten abschossen. Die Unfähigkeit der deutschen Piloten wird durch die Tatsache unterstrichen, dass es Chuck Yeager im Oktober 1944 gelang, innerhalb eines Gefechts fünf ihrer Flugzeuge zu vernichten. Die ersten beiden kollidierten miteinander, als er sie von hinten angriff. Die nächsten zwei schoss er ab und das fünfte jagte er so lange, bis es zu Boden stürzte. Im Mai 1944 brach die Luftwaffe zusammen und konnte von da an den alliierten Bombenangriffen nur noch sporadischen Widerstand entgegensetzen. Die Amerikaner verloren immer weniger ihrer Bomber. Im Ergebnis dieser Entwicklung erlangten die alliierten Luftstreitkräfte die allgemeine Luftüberlegenheit über dem europäischen Festland. So konnte die Operation „Overlord" zur Landung in der Normandie unter schwacher Gegenwehr der Luftwaffe ihren Lauf nehmen.

1944 zeichneten sich innerhalb der Luftwaffe zwei Gruppierungen ab: Die eine bestand aus einer geringer werdenden Zahl von Jagdfliegern, die seit Kriegsbeginn unglaubliche Abschusszahlen verbuchen konnten und im ständigen aktiven Dienst so viel Erfahrung gesammelt hatten, dass sie buchstäblich unschlagbar geworden waren. Die Amerikaner und Briten dagegen nahmen ihre Asse aus dem Kampfgeschehen heraus, wenn diese bedeutende Abschusszahlen zu verzeichnen hatten, und schickten sie zurück nach Hause, wo sie die nächste Generation von Jagdfliegern auszubilden hatten. Die große Masse der Jagdflieger in der Luftwaffe besaß jedoch keine Chance. Sie verfügten nur über halb so viele Flugstunden wie ihre Gegner und besaßen lediglich ein Fünftel von deren Kampferfahrung.

Zeichnungen typischer Flugplätze in den Jahren 1944/45.

BILD NEBENAN: *Bombardement eines deutschen Zieles durch das Bomber Command, Sommer 1944.*

Am 1. April 1944 wurden die in Großbritannien stationierten Bombereinheiten zur Vorbereitung der Landung vorübergehend unter Eisenhowers Befehl gestellt. Ihre Führung beschwerte sich darüber, den Kampfhandlungen zu Lande untergeordnet zu werden. Sie hatten jedoch angesichts der Bedeutung der Operation „Overlord" für die Strategie der Alliierten politisch keine andere Wahl. Auch militärisch besaß Harris aufgrund der in der Schlacht um Berlin erlittenen verheerenden Verluste keine Alternative. Tedder, der Stellvertreter Eisenhowers, entwarf einen Einsatzplan für die alliierten Fliegerkräfte. Dieser zielte darauf ab, das Landungsgebiet durch die Zerstörung des Eisenbahn- und Straßennetzes in Nordfrankreich von den Verstärkungseinheiten abzuschneiden. Harris, der um die Ängste Churchills vor einer Beeinträchtigung der britisch-französischen Beziehungen nach dem Krieg wusste, vertrat den Standpunkt, dass das Bomber Command

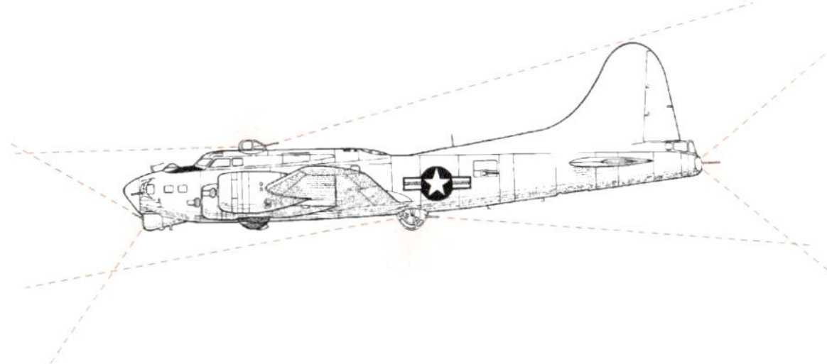

Abwurf!

BILD UNTEN: *Abschuss eines deutschen Flugzeugs.*

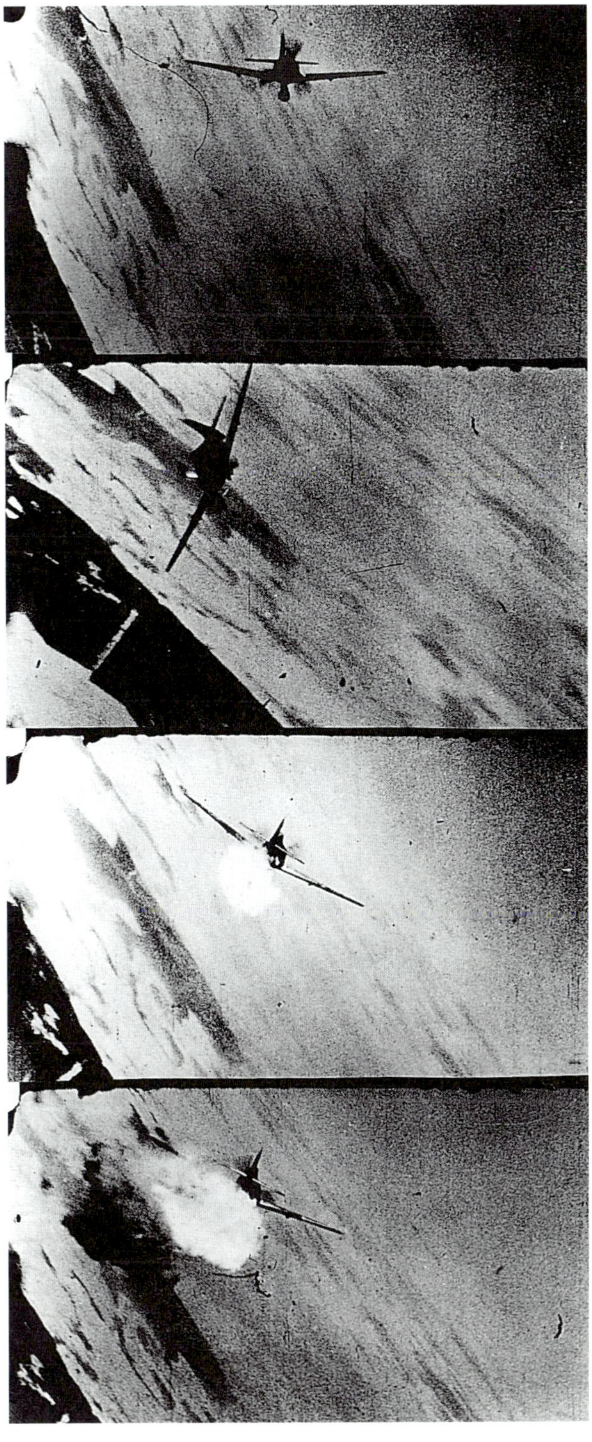

keine Präzisionsangriffe auf Ziele wie z.B. Rangierbahnhöfe ohne anderweitige Beschädigungen durchführen könne. Doch er sollte sich irren: Durch neuartige Methoden und die Reichweite der Navigationshilfen in Großbritannien konnte das Bomber Command das französische Verkehrsnetz nachhaltig beschädigen. Auch amerikanische strategische Bomber und taktische Fliegereinheiten trugen erheblich zum Gelingen der Operation bei.

Anfang Juni kamen die Transporte über das französische Eisenbahnnetz zum Erliegen und die meisten Straßenbrücken waren von alliierten Fliegern zerstört worden. Am 11. Juni verließ die SS-Division „Das Reich" Limoges, erreichte jedoch erst zum Monatsende die Normandie. Nur mit Hilfe von Lastkähnen auf der Seine, die durch ein Versehen der Alliierten nicht angegriffen wurden, konnte bis zum Zusammenbruch der gesamten Front Anfang August ausreichend Nachschub zu den Kampfeinheiten in die Normandie transportiert werden. Der Vormarsch der Alliierten kam an der deutschen Grenze zum Stehen und über die folgenden sechs Monate kaum voran. Das lag hauptsächlich an den Versorgungsschwierigkeiten, da ja die alliierten Einheiten die französischen Straßen und Bahnlinien selbst verwüstet hatten.

Anfang 1944 waren die angloamerikanischen Luftstreitkräfte so erstarkt, dass Eisenhower Spaatz und Doolittle gestattete Großangriffe auf Hydrierwerke und Raffinerien im Deutschen Reich zu fliegen, die der Wehrmacht den Großteil ihres Treibstoffs lieferten. Sie nahmen diese Angriffe Mitte Mai auf, nachdem Anfang April die 15. US Air Force bereits von Italien aus anhaltende Bombardements der rumänischen Ölfelder von Ploiesti begonnen hatte. Diese Anstrengungen führten zu Beginn des Sommers zum Zusammenbruch der Versorgung des Deutschen Reichs mit Erdöl und Erdölprodukten. Sowohl die direkten als auch die indirekten Auswirkungen waren verheerend. Das deutsche Heer, das durch die alliierten Luftstreitkräfte bereits im Osten und im Westen in seiner Bewegungsfreiheit eingeschränkt war, verfügte nun über fast gar kein Benzin für seine Truppenbewegungen

B 17-Bomber am Himmel über Deutschland. Hoch über ihnen die Kondensstreifen der Begleitjäger.

BILD UNTEN: *Die Focke-Wulf Fw 190 war als Standardjäger der Luftwaffe ein zuverlässiges und wirksames Jagdflugzeug.*

mehr. Auch die Ardennenoffensive im Dezember 1944 konnte ohne ausreichende Kraftstoffversorgung nicht alle ihre operativen Ziele erreichen. Die Planung der Deutschen ging davon aus, dass ihre angreifenden Truppen den benötigten Kraftstoff erbeuten könnten. Durch die Zerstörung der Erdöl verarbeitenden Anlagen war außerdem nicht mehr genügend Kraftstoff für eine ordnungsgemäße Ausbildung neuer Piloten oder Panzerbesatzungen vorhanden.

Die letzten fünf Kriegsmonate wurden im Osten und im Westen durch eine Reihe vernichtender Angriffe der Alliierten eingeleitet. Deutsche Soldaten mussten an allen Kriegsschauplätzen ohne Luftwaffenunterstützung auskommen. Gleichzeitig flogen rie-

Bombenangriffe der Alliierten, 1944 – 1945

- alliierte Bombardements
- Reichweite der Jagdflugzeuge
- Hauptquartier des RAF-Gruppenkommandos
- Hauptquartier der USAAF
- Hauptangriffe auf das Transportsystem
- Flächenbombardements auf Großstädte
- Ziele der USAAF außerhalb Deutschlands
- Angriffe des Bombers Command auf Mineralöl- und Treibstoffwerke
- Angriffe der USAAF auf Mineralöl- und Treibstoffwerke
- vor 1944 errichtetes Flugzeugwerk
- nach 1944 errichtetes Flugzeugwerk
- Flugzeugmotorenwerk
- Stützpunkt deutscher Jäger
- Stützpunkt deutscher Nachtjäger
- Hauptquartier der Luftwaffe
- deutsche Radarstationen
- Reichweite des deutschen Radars
- neutrale Gebiete

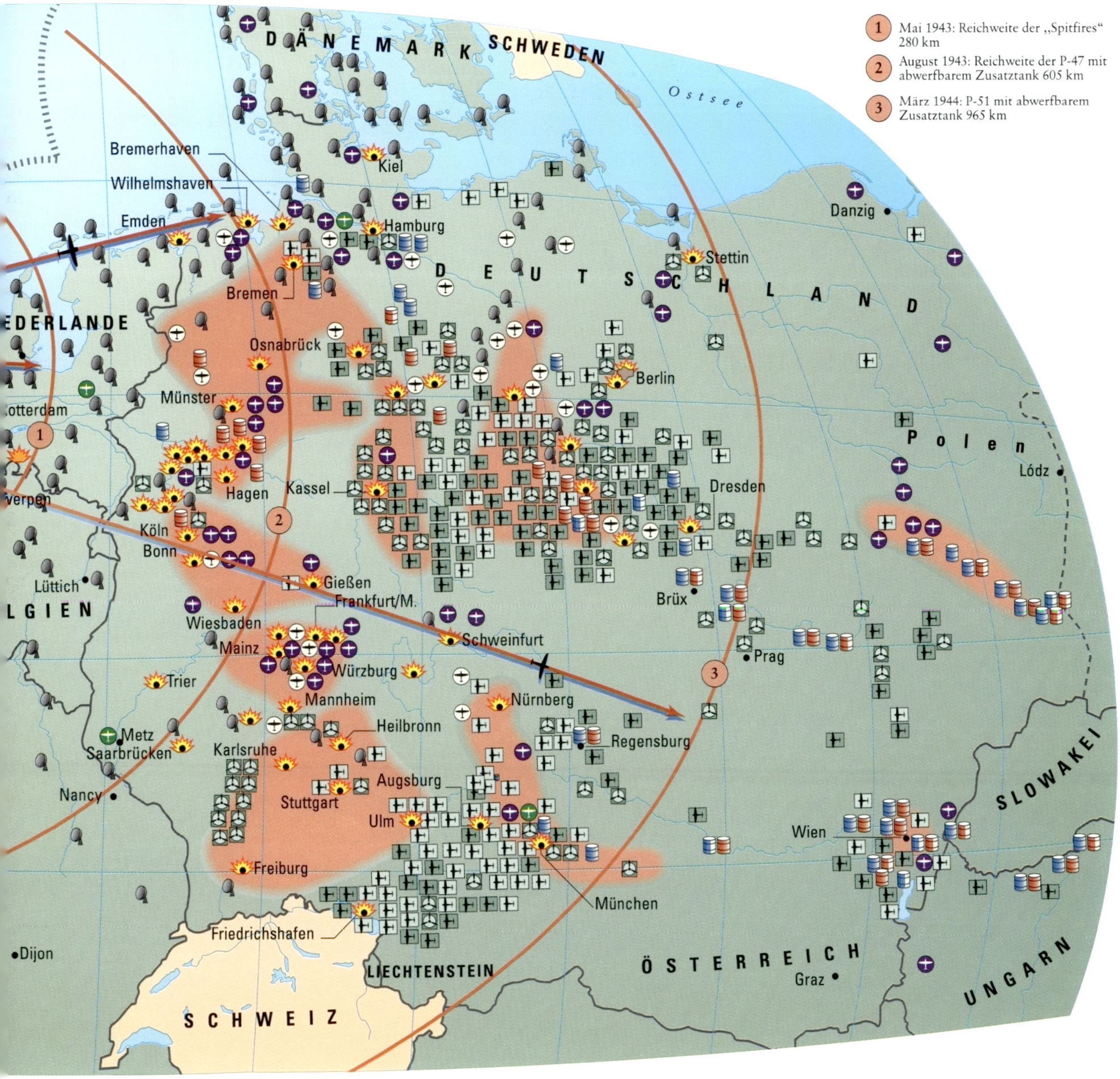

Massenfertigung von B 24-Bombern im Jahr 1944. Während des Krieges wurden etwa 19 000 „Liberator“ gebaut und 1952 waren noch viele dieser bewährten Flugzeuge im Dienst.

sige Verbände von viermotorigen Bombern bei Tag und Nacht schwere Angriffe auf deutsche Großstädte und andere Ziele. Die Amerikaner setzten unterdessen ihre Angriffe auf die deutsche Treibstoffindustrie fort und machten die verzweifelten Versuche zum Wiederaufbau der zerstörten Werke immer wieder zunichte, da sie von *Ultra* über den Fortgang der Reparaturarbeiten unterrichtet wurden. Das Bomber Command nahm ebenfalls seine Angriffe auf deutsche Großstädte wieder auf. Da sich die Frühwarneinrichtungen an der französischen Küste nun in den Händen der Alliierten befanden und die Treibstoffversorgung immer katastrophaler wurde, konnten die Nachtjäger der Luftwaffe dem Bomber Command keinen so erbitterten Widerstand mehr entgegensetzen wie bei dessen Angriff auf Nürnberg im März des Jahres.

Abschuss einer B-24 „Liberator", 1944.

Tedders neuer Plan sah Angriffe auf die deutsche Transportindustrie vor und fand die Unterstützung beider Bomberstreitkräfte. Die Bombardements begannen im September und führten zu einer schleichenden Lähmung der gesamten deutschen Kriegswirtschaft und ihrer Fähigkeit zur Unterstützung der Wehrmacht. Infolgedessen kam es im Frühjahr 1945 im Osten wie im Westen zu einem Zusammenbruch und die Wehrmacht konnte aufgrund der mangelnden Treibstoff- und Munitionsversorgung das Versprechen des Führers nicht einlösen, eine letzte „Götterdämmerung" auf den Ruinen des Reichs entstehen zu lassen. Das Zusammenbrechen des deutschen Transportsystems verkürzte zweifellos den Krieg um einige Monate und verhinderte einen wirksamen Widerstand, nachdem die Alliierten den Rhein überschritten hatten.

Luftherrschaft und Kriegsgewinn

Die Verkünder der Luftkriegsdoktrinen hatten in den Jahren zwischen den Kriegen den Standpunkt vertreten, dass in einem zukünftigen Konflikt das Flugzeug zur kriegsentscheidenden Waffe werden würde. Die Theorie besagte weiterhin, Flugzeuge würden bei einem sachgemäßen Einsatz durch die betreffenden Nationen – das heißt im Rahmen strategischer Bomberflotten – einen raschen Sieg herbeiführen, wodurch sich die hohen Opferzahlen des Ersten Weltkrieges vermeiden ließen.

Eine B-17 „Flying Fortress" über einem Werk der deutschen Firma Focke-Wulf.

Doch die strategischen Bombenangriffe führten zu der gleichen Zermürbung wie im vorangegangenen Krieg, nur dass sie nun Flugzeuge und deren Besatzungen statt schlammbesudelte Infanteristen traf. Monat für Monat und Jahr für Jahr stiegen Bomberbesatzungen in ihre Maschinen und flogen über das europäische Festland. Ihre Generale maßen den Erfolg an den sinkenden Verlustraten unter den Bombern und Jagdflugzeugen und nicht an der Größe des eroberten Gebietes. Anthony Verrier beschrieb die Situation folgendermaßen:

> Die Gesetze des Krieges galten für die strategische Luftoffensive, die fünfeinhalb entbehrungsreiche Jahre lang an Europas Himmel geführt wurde, ebenso wie für die Seeleute und Soldaten auf den fernen Meeren und im Sand und Schlamm der

> Gefechte an Land. Mitunter mag es den Fliegern so vorgekommen sein, als ob sie in einer neuen Dimension lebten und kämpften, und die Befehlshaber der Luftstreitkräfte werden manchmal das Gefühl der Bewegungsfreiheit genossen haben, die den Admiralen und Generalen vorenthalten blieb. Doch der Pilot kam um und der Befehlshaber wurde besiegt, wenn er die Gesetze des Krieges nicht beachtete. Tat man das, so stellte sich der Erfolg ein, doch ehe man sie beachten konnte, hielt nur der Mut die Hoffnung aufrecht.

Die Luftstreitkräfte errangen keine billigen und leichten Siege.

Im Gegensatz zu den Auffassungen der Luftkriegstheoretiker der Jahre zwischen den Kriegen erwiesen sie sich durch die Breite ihres Beitrags als entscheidend für den Kriegsgewinn. Ohne den Einsatz von Langstreckenflugzeugen hätten die Flotten der Alliierten die Atlantikschlacht wohl kaum so früh gewonnen. Aufgrund dieses Erfolges wurde es möglich, britische und amerikanische Fliegereinheiten und Landstreitkräfte ab 1944 auf dem europäischen Festland einzusetzen. In den großen Luftschlachten von Januar bis Mai 1944 und durch die strategische Bomberoffensive errangen die Alliierten die Luftherrschaft über Europa. Diese erlaubte es den Westmächten, in der Normandie Fuß zu fassen und deutsche Fronteinheiten von ihren Nachschüben abzuschneiden. Als ebenso bedeutsam erwiesen sich die taktischen Fliegerkräfte der Alliierten, die mit ihrer direkten Luftunterstützung einige taktische Schwächen der alliierten Landstreitkräfte wettmachen konnten.

Die große strategische Bomberoffensive gegen Deutschland stellt jedoch den umstrittensten Gesichtspunkt der britisch-amerikanischen Lufteinsätze dar. Als Autor des vorliegenden Bandes halte ich sie für einen der vier bedeutenden Faktoren, die zum Sieg der Alliierten über Nazideutschland führten. Die anderen Faktoren sind in der Ostfront, der Schlacht im Atlantik und der wirtschaftlichen Stärke der Amerikaner zu suchen. Betrachten wir einmal näher, welchen Beitrag zum Sieg die Bombenangriffe leisteten.

Es ist schwer, die Auswirkungen der Bombardements zu ermessen, weil sie im Widerspruch zu den Thesen der Luftkriegsdoktrinen zum großen Teil indirekter Natur waren. Messen lässt sich dagegen der Anstieg der deutschen Produktivität, die sich durch Speers Ausnutzung der europäischen Wirtschaftsstrukturen ergab. Wie hoch wäre der Produktionsausstoß jedoch gewesen, wenn britische Bomber die Großstädte des Reichs nicht in Trümmer gelegt hätten? Zumindest kann man behaupten, dass durch die zunehmende Effektivität des Bombardements ab 1942 die Deutschen an der Nutzung von Ressourcen ihrer eigenen Wirtschaft und der Industrie der von ihnen beherrschten Nationen wesentlich gehindert wurden. Die Qualität der deutschen Rüstungsproduktion nahm nach 1942 beträchtlich ab.

Die Reaktionen der Naziregierung auf die Angriffe der Nachtbomber veranschaulichen die nachhaltigen indirekten Auswirkungen der Bomberoffensive. Das Anwachsen der Fliegerabwehreinheiten zur Verteidigung des Reichs vollzog sich zu einem Zeitpunkt, als die deutschen Landstreitkräfte an allen Fronten auf immer zahlreichere und schlagkräftigere Gegner trafen. Das verdeutlicht, welche Wirkung die Bombardements auf die Führer der Nazis hatten und wie groß deren Angst vor einem Zusammenbruch der Heimatfront wie im Jahr 1918 war. Die Zahl der Flakbatterien stieg von 791 im Jahr 1940 auf 967 im Jahr 1941. Im Folgejahr waren es bereits 1148 und ein Jahr darauf 2132. Ende 1943 besaßen die Deutschen fast 10 000 Fliegerabwehrgeschütze von hoher Geschwindigkeit, mit denen 500 000 Mann eine große Zahl von Granaten in den Himmel über dem Reich schossen, jedoch nur wenig trafen. Die Auswirkungen, die solche Geschütze und eine derartig hohe Truppenstärke an anderen Fronten in den Jahren 1943 und 1944 hätten haben können, müssen wohl kaum betont werden.

Die zweite indirekte Auswirkung der Flächenbombardements fand auch in den Köpfen der Naziführung statt. Aus Angst vor der Wirkung der Bombardements auf die Moral der Deutschen gingen Hitler und seine Berater zu einer Strategie der Vergeltung über, die völlig im Einklang mit den Thesen Douhets und Trenchards standen. Die Deutschen pumpten enorme finanzielle Mittel in die Entwicklung so genannter Vergeltungswaffen, der V 1 und V 2. Für Erstere waren keine riesigen Investitionen erforderlich, doch der für die V 2 betriebene Aufwand war unvertretbar. Diese Rakete benötigte eine umfangreiche technische Unterstützung und wurde dadurch unwahrscheinlich kostenaufwendig. Ihre Entwicklung verschlang ohnehin schon knapp bemessene Mittel und mit ihrer Fertigung waren der Gerätebau und die Elektroindustrie überlastet. Da der Schwerpunkt nun auf diesen Vergeltungswaffen lag, wurden die Einheiten der Luftverteidigung weiter finanziell vernachlässigt. In einem in der Nachkriegszeit veröffentlichten US-amerikanischen Bericht über die Auswirkungen des strategischen Bombardements wird geschätzt, dass die Anstrengungen der Wirtschaft zur Herstellung der V-Waffen und die dafür ausgegebenen Gelder für die Fertigung von 24 000 Jagdflugzeugen genügt hätten. Eine Untersuchung jüngeren Datums ergab, dass das V 2-Programm in etwa so viel Geld wie das *Manhattan Project* zur Entwicklung der Atombombe in den USA verschlang. All das um eine ballistische Rakete zu entwickeln, die mit einer Tonne Sprengstoff bestückt ein Zielgebiet von der Größe Londons benötigte.

Der Einsatz der Amerikaner lässt sich leichter bewerten. Bis 1943 waren die Ergebnisse ihres Luftkrieges insbesondere angesichts der erlittenen Verluste enttäuschend. Doch sie fügten auch der Luftwaffe schwere Verluste zu, die sich bis 1944 fortsetzten. Dann konnten die massiven Angriffe der 8. US Air Force auf die Produktionsgrundlagen der Luftwaffe eine weitere Zunahme des deutschen Flugzeugbaus verhindern. Am wichtigsten dabei ist jedoch die Tatsache, dass die Jagdflugzeuge der Luftwaffe in Luftkämpfe verwickelt werden konnten, in deren Verlauf US-amerikanische Langstreckenjäger sie zerstörten. Das unmittelbare Resultat war der Zusammenbruch der Luftwaffe im Mai 1944. Angriffe auf die deutsche und rumänische Erdöl verarbeitende Industrie ließen eine Erneuerung der Kampfkraft innerhalb der Luftwaffe nicht zu. Darüber hinaus ergaben sich für die Deutschen unlösbare Schwierigkeiten für den Kampf am Boden. Im Februar 1945 eroberten die sowjetischen Armeen Schlesien in weniger als einer Woche. Zwar verfügten die Deutschen dort über 1000 Panzer, doch diese waren durch den Mangel an Treibstoff außer Gefecht gesetzt und demzufolge nutzlos.

Auch für die Geschehnisse in der Normandie und den endgültigen Sieg über Nazideutschland im Frühjahr 1945 waren strategische Einsätze der Luftstreitkräfte von Bedeutung. Tedders Plan zu Angriffen auf das Transportsystem ließ sich mit den Fähigkeiten, die das Bomber Command über dem Reichsgebiet entwickelte, gut in die Tat umsetzen. Leider ging es trotzdem wieder zu Großangriffen auf Städte über und beschnitt dadurch seine eigenen Möglichkeiten, obwohl es zu genaueren Bombardements als die 8. und 15. US Air Force in der Lage gewesen wäre.

Allerdings gewannen die Luftstreitkräfte den Krieg nicht allein. Ihr Beitrag bestand in einem breit angelegten Einsatz all ihrer Fähigkeiten, wodurch sie einen erheblichen Anteil am Sieg in der Luft, zu Lande und zur See hatten. Das Versagen der Luftwaffe besaß Symbolcharakter für das Schicksal des gesamten Dritten Reiches, dessen Führung Ziele verfolgte, die für ihre Nation unerreichbar waren. Die

Zerstörungen in Nürnberg, 1945.

durchschlagende Wirkung deutscher Erfolge in den ersten Kriegsjahren darf nicht über den Dilettantismus derer hinwegtäuschen, die die Geschicke des Reichs führten. Außerordentlich große fachliche Kenntnisse und Fähigkeiten auf taktischem und operativem Gebiet gingen einher mit der allgemeinen Unfähigkeit das Verhältnis von Zweck und Mittel sachlich zu beurteilen. Zwar führten die Deutschen bis zuletzt ihren Kampf mit diesem operativen und taktischen Sachverstand, doch die Hartnäckigkeit der Verteidiger machte die endgültige Niederlage nur noch schrecklicher.

GC
T-1

KAPITEL VIER

DER LUFTKRIEG IM PAZIFISCHEN RAUM

EIN VERBAND VON Marine-Torpedobombern des Typs Avenger.

DIE HINTERGRÜNDE

Die meisten Geschichtsbücher zum Zweiten Weltkrieg stellen die Kämpfe auf dem europäischen Festland in den Mittelpunkt und beginnen ihre Darstellungen mit dem 1. September 1939. Für sie gilt als Kriegseintritt der Vereinigten Staaten und Japans der Angriff auf Pearl Harbor am 7. Dezember 1941. Doch der Krieg im pazifischen Raum nahm eigentlich bereits im Juni 1937 seinen Anfang. Als Reaktion auf einen chinesischen Boykott japanischer Waren und eine Reihe von Zwischenfällen begannen die Japaner eine groß angelegte Invasion in China. Da die Japaner jedoch unrealistische strategische und politische Vorstellungen hatten, wurden sie mehr und mehr in einen endlosen Krieg verwickelt.

Die Zwischenfälle in China boten den japanischen Luftstreitkräften Gelegenheit, mit geringem Aufwand erhebliche Kampferfahrungen zu sammeln. Zwar brachten die chinesischen Landstreitkräfte besonders zu Beginn des Konflikts den Japanern

Japanische Bomber in Angriffsformation.

Japanische Flugzeuge werden für den Angriff auf Pearl Harbor startklar gemacht.

heftigen Widerstand entgegen, doch in der Luft konnten sie praktisch überhaupt nichts ausrichten. So führten japanische Flugzeuge ein Bombardement der schutzlosen Stadt Nanking durch, dem zahllose Vergewaltigungen und Morde durch die Armee folgten. Im Verlauf des Zweiten Weltkrieges legten die Japaner eine Rücksichtslosigkeit und Gefühllosigkeit gegenüber der chinesischen Zivilbevölkerung an den Tag, der die Deutschen bald nacheiferten. Der Krieg mit China verschärfte trotz seiner geringen Erfolge die Spannungen mit den Westmächten und der Ausbruch des Krieges in Europa bot der japanischen Kriegsflotte, die schon seit langem auf eine Ausdehnung japanischer Interessen auf Südostasien spekulierte, beträchtliche Möglichkeiten. Der deutsche Sieg über Frankreich im Juni 1940 vervielfältigte diese Möglichkeiten noch, sodass die Japaner im Juli das Recht einforderten, in der Nordhälfte Französisch-Indochinas Stützpunkte einzurichten, und sich dieses Recht mit ein paar kurzen Gefechten auch nahmen. Die belagerten Briten und die unschlüssigen Amerikaner sahen tatenlos zu. Das Ziel der Japaner bestand eher darin, China von seinen Rohstoffquellen abzuschneiden, als gegen die Besitztümer der europäischen Mächte vorzugehen.

Im folgenden Jahr machten die Japaner auch ihre Ansprüche auf das noch von französischen Truppen besetzte südliche Indochina geltend. Die Einnahme der französischen Stützpunkte zeigte unmissverständlich, dass die Japaner die Ausdehnung ihrer Machtgebiete auf Malaya und Niederländisch-Indien anstrebten. Die Amerikaner reagierten vielleicht etwas zu rigoros, indem sie japanische Guthaben in den USA einfroren und ein Embargo gegen alle Waren von strategischer Bedeutung einschließlich der Erdölprodukte verhängten. Öl hatte nicht auf der Embargoliste stehen sollen, war aber versehentlich mit aufgenommen worden und konnte nun nicht wieder entfernt werden. Ein Krieg im pazifischen Raum wurde in naher Zu-

Vollkommen überrascht müssen US-amerikanische Seeleute mit ansehen, wie die Japaner die amerikanische Schlachtflotte zerstören.

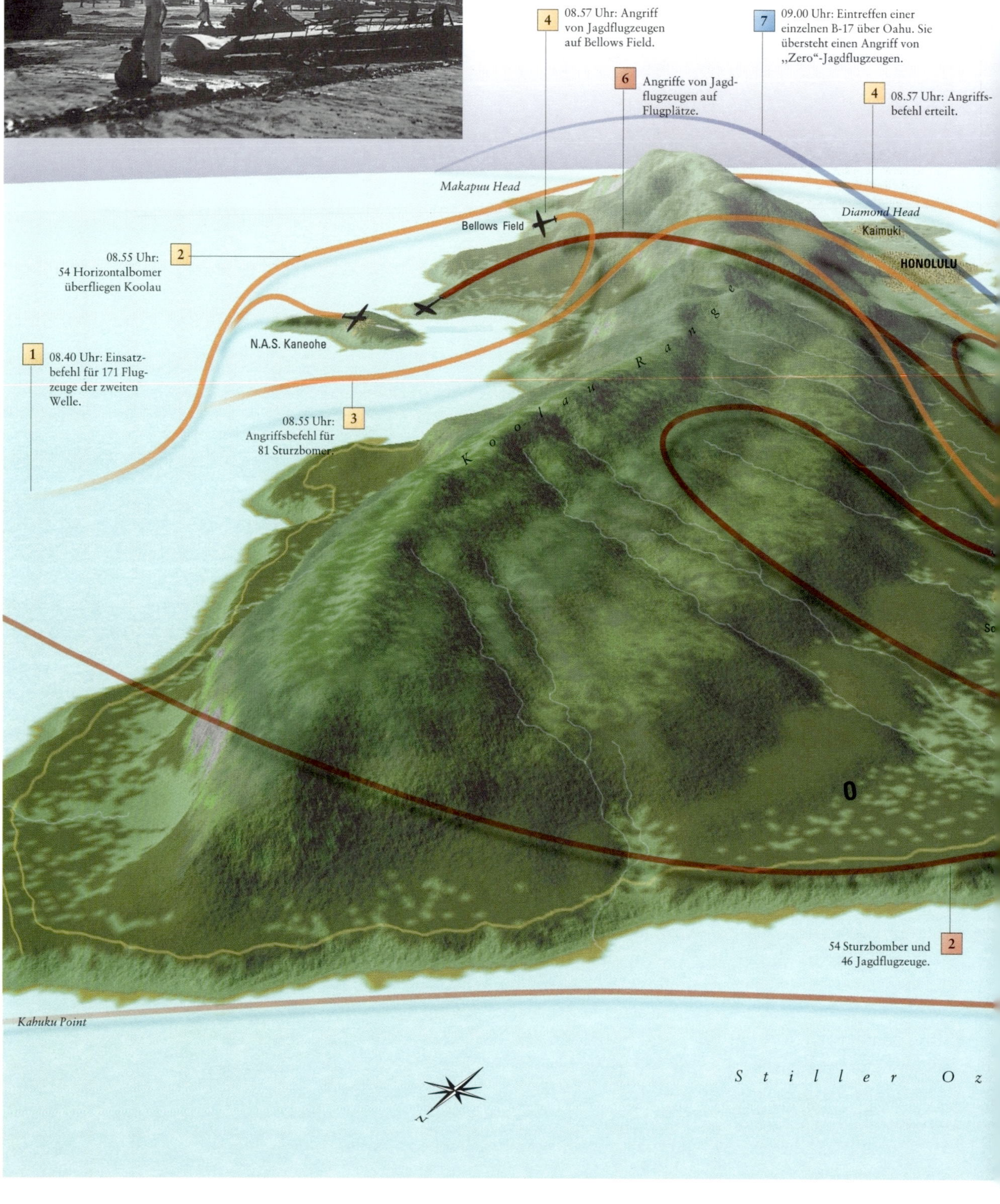

Japanische Luftangriffe
7. Dezember 1941
erste Welle 7.50 Uhr
zweite Welle 08.40 Uhr
5 Angriff von Sturzbombern und Jägern.
6 09.00 Uhr: Qualm der durch die erste Welle ausgelösten Brände und Fliegerabwehrfeuer behindert die zweite Welle.
Hickham Field
Pearl Harbor
Navy Yard
Pearl City
Waiphu
M.C.A.S. Ewa
4 40 Torpedobomber.
3 50 Horizontalbomber.
Barbers Point
Waianae Range
5 08.58 Uhr: Angriff von Jagdflugzeugen auf Wheeler Field.
H
U
Haleiwa
Mokuleia Field
1 07.50 Uhr: Angriffsbefehl erteilt.
Kaena Point

Der japanische Sturzbomber Aichi D3A. Maschinen dieses Typs nahmen an den Angriffen auf Pearl Harbor und an den frühen Feldzügen im pazifischen Raum teil. Ihrem Bombardement wurde eine Treffergenauigkeit von 80–82 Prozent zugeschrieben.

kunft unvermeidlich, da dem japanischen Militär ohne den Zugang zu Erdölquellen innerhalb eines Jahres die Treibstoffreserven ausgehen würden.

Japan hatte sich zunächst auf einen Verteidigungskrieg im Pazifik eingestellt, in dessen Verlauf im zentralpazifischen Raum stationierte U-Boote und Flugzeuge die US-Flotte zerstören sollten, wenn sie den Ozean überquerte. Die Japaner nahmen an, dass sich für sie dadurch günstige Bedingungen ergeben würden mit dem Hauptteil ihrer Flotte von den Mutterinseln aus einen vernichtenden und entscheidenden Sieg zu erringen. Mit der Aufstellung eines Trägerverbandes aus sechs schweren Flugzeugträgern im April 1941, boten sich ihnen verlockende, aber auch riskantere Möglichkeiten. Obwohl es zwischen den Teilstreitkräften keine wirkliche Kooperation gab, entschieden sich die Japaner zu einem gleichzeitigen Angriff auf Malaya, Niederländisch-Indien und die Philippinen. Diese Offensive hinterließ allerdings eine offene Flanke für den Angriff der US-Flotte.

Anfang Sommer setzte der Oberbefehlshaber der vereinten japanischen Flotte Admiral Isoroku Yamamoto, ein Mann mit wenigen Illusionen über die Erfolgsaussichten Japans, seinen Plan durch, die 1. Marine-Luftflotte mit ihren sechs Trägern gegen Pearl Harbor zu senden um bereits bei Kriegsausbruch die dortige US-Flotte zu vernichten. Im Nachhinein betrachtet erwies sich Yamamotos Plan als ein schrecklicher Fehler, damals jedoch schien er aus operativer und strategischer Sicht sinnvoll. Im Falle seines Erfolges konnte die US-Flotte zerstört werden und die starken isolationistischen und Antikriegsbestrebungen in den USA ließen hoffen, dass die Amerikaner ebenso reagieren würden wie die Russen auf den Überraschungsangriff von 1904 auf Port Arthur. Erstaunlicherweise ging Yamamoto große Risiken ein, indem er einerseits einen schnellen Angriff über den Nordpazifik zu führen gedachte und der gesamte Plan andererseits auf den noch nicht erprobten Fähigkeiten trägergestützter Kampfflugzeuge basierte.

Zur Ausführung des kühnen Vorhabens, die amerikanische Pazifikflotte zu zerschlagen und die wirtschaftlichen Ressourcen Südostasiens zu erobern, verfügte Japan über lediglich 1300 Kampfflugzeuge bei der Marine und 1500 im Heer. Das Land besaß erfahrene Piloten, die allesamt das weltweit härteste Ausbildungsprogramm absolviert hatten. Die Piloten der Alliierten waren von ihren Geheimdiensten in dem Glauben gelassen worden, die Japaner flögen veraltete Maschinen. Zu ihrer großen Überraschung waren jedoch die japanischen Flugzeuge, insbesondere die A6M „Zero“, ihren eigenen weitaus überlegen. Auch die Marinestreitkräfte der Japaner übertrafen mit ihren Waffen wie z. B. dem 610-mm-Torpedo, Typ 93, alles, was ihre Gegner besaßen. Die Amerikaner, deren Kampfflugzeuge 1941 und 1942 noch unterlegen waren, mussten sich in Geduld üben, bis in den USA die Fertigung modernerer Flugzeuge und Schiffe in Gang kam.

Ein japanisches Jagdflugzeug vom Typ Mitsubishi A6M „Zero-Sen".

Japan über alles

Während die Verhandlungen der Diplomaten noch andauerten, überquerten japanische Träger bereits den Nordpazifik und andere japanische Einheiten wurden im westpazifischen Raum für Operationen gegen die Philippinen und Malaya zusammengezogen. Die Amerikaner wussten die Zeichen zu deuten. Sie waren bereits zum Entschlüsseln einer ganzen Reihe von Kodes in der Lage, die die japanischen Diplomaten verwendeten. Obwohl sie sich über die Unabwendbarkeit eines Krieges im Klaren waren, so rechneten sie doch nicht damit, dass er gerade an jenem 7. Dezember 1941 ausbrechen würde. Das Bedienpersonal der Radargeräte bemerkte eine Unmenge aus nördlicher Richtung anfliegender Maschinen. Doch der Dienst habende Offizier in der Leitzentrale teilte ihnen mit, es handle sich dabei lediglich um den bereits aus den USA erwarteten Verband von B 17-Bombern. In Pearl Harbor hatten vor Ford Island sieben Schlachtschiffe festgemacht, ein weiteres befand sich im nahe gelegenen Trockendock. Zwei Träger waren in Richtung

Nachdem der US-amerikanische Flugzeugträger USS Yorktown *bei den Kämpfen in der Korallensee nur leicht beschädigt worden war, wurde er in der See-Luft-Schlacht bei den Midway-Inseln so stark getroffen, dass er schließlich sank.*

der Midway- und Wake-Inseln ausgelaufen, um Flugzeuge dorthin zu bringen, und einer lag vor der Westküste der USA. Die Amerikaner hatten während der ersten sechs Monate des Krieges im Pazifik nicht immer so viel Glück.

Mit ihren Torpedoflugzeugen und Sturzbombern fügten die Japaner den Kriegsschiffen in Pearl Harbor schwere Schäden zu. Von den Schlachtschiffen überstand nur die *Pennsylvania* in ihrem Trockendock den Überfall relativ unversehrt, während die beiden Zerstörer vor ihr stark beschädigt wurden. Der scheinbare Erfolg des Überfalls auf Pearl Harbor fügte den Japanern jedoch eine schwere politische und strategische Niederlage zu, denn nichts hätte die USA mehr vereinen können. Auch aus operativer Sicht war Pearl Harbor ein Fehlschlag, versäumten es die Japaner doch, die großen Tanklager anzugreifen, die weit über 500 Millionen Liter Treibstoff enthielten. Dadurch war es der US Navy möglich, 1942 und Anfang 1943 von Pearl Harbor aus zu operieren.

Die Japaner nutzten ihren Erfolg aus um gegen Besitztümer der europäischen Weltmächte in Südostasien gewaltsam vorzugehen. Acht Stunden nach dem Überfall auf Pearl Harbor griffen japanische Flugzeuge die Philippinen an und vernichteten die meisten der Tragfläche an Tragfläche abgestellten B 17-Bomber. Nach der Zerschlagung der US-Luftstreitkräfte auf den Philippinen landeten die Japaner dort, stießen nur auf geringen Widerstand und konnten rasch gegen die Verteidigung vordringen. Diese wurde dadurch noch mehr geschwächt, dass General Douglas MacArthur versuchte die gesamte Hauptinsel zu verteidigen, anstatt sich wie ursprünglich vorgesehen nach Bataan zurückzuziehen. Vor der Küste Malayas stießen japanische Flugzeuge auf das britische Schlachtschiff *Prince of Wales* und den Schlachtkreuzer *Repulse*, die versuchten amphibische Landeoperationen im Norden Malayas zu verhindern. Der Befehlshaber des Verbandes Admiral Tom Phillips war fest von der Unverletzbarkeit schwerer Schiffe durch Flugzeuge überzeugt. Er bezahlte für diese Ansicht mit seinem Leben und der Zerstörung seiner Schiffe.

In den folgenden fünf Monaten überrollten die Japaner alles, was vor ihnen lag: Malaya, Singapur, die Philippinen, Guam, Niederländisch-Indien und Burma. Trafen japanische und alliierte Flottenverbände aufeinander, so gingen die Japaner nahezu unbeschadet aus den Gefechten hervor. Indessen gaben japanische Flugzeuge den Truppenbewegungen bei amphibischen Landeoperationen Deckung und griffen feindliche Anlagen an. Die Eroberung Südostasiens kostete die Japaner weniger als ein Dutzend Kriegsschiffe und kaum einhundert Flugzeuge. Sie standen jedoch vor der Frage, wie sie diese riesigen Eroberungen gegen eine erregte und wütende amerikanische Politik verteidigen sollten. Ihre strategischen Schwierigkeiten verstärkten sich durch zwei Faktoren: Einerseits machte sich unter den Japanern die „Siegeskrankheit" noch stärker breit, als das bei den Naziführern im Juni 1940 der Fall gewesen war. Andererseits verfügten sie – abgesehen von ihrem Vorsatz die Inseln im zentralpazifischen Raum zu halten – über keine klaren militärischen

Ziele. Ende Januar 1942 überfielen US-amerikanische Trägerverbände die Marshall- und die Gilbert-Inseln. Die Angriffe sollten die Japaner von Operationen in Südostasien abhalten, erreichten dieses Ziel jedoch nicht und verursachten auch keine größeren Schäden. Erst im März konnte eine aus den beiden Trägern *Yorktown* und *Lexington* bestehende Spezialeinheit mit einem Angriff auf japanische Landeeinheiten vor der Ostküste Neuguineas größere Erfolge verbuchen. Die Torpedos der amerikanischen Torpedobomber waren nicht wirksamer als die der U-Boote. Stattdessen gelang es Sturzbombern jedoch, vier Schiffe zu versenken und neun weitere zu beschädigen, darunter zwei Zerstörer und ein leichter Kreuzer. Der Angriff überzeugte die Japaner davon, dass zur vollständigen Eroberung Neuguineas die Unterstützung durch Träger unabdingbar war. Sie riefen darum zwei schwere Träger in diese Zone um Ende April eine Operation zu beginnen.

In Japan diskutierte die Führung des Militärs bereits die nächsten größeren Schritte. Innerhalb der Marine wurde ein Angriff auf Australien gefordert, was die Vertreter des Heeres wegen der zu großen Entfernungen und logistischen Probleme jedoch ablehnten. Andere Marineangehörige schlugen einen Vorstoß in den Indischen Ozean vor um eine räumliche Verbindung mit den Deutschen herzustellen. Auch diese Möglichkeit stieß beim Heer auf ein geringes Echo. Mit Blick auf

Die erste der B-25 „Mitchell“ hebt vom Flugdeck des Trägers USS Hornet *ab um auf Befehl Doolittles 1942 den berühmt gewordenen Angriff auf Tokio zu fliegen.*

Ein US-amerikanisches Flugzeug überfliegt vor dem Krieg die Insel Wake. Die zum Schutz von Wake eingesetzten US-Marines verfügten leider über unzureichende Flugzeuge um die Insel zu halten.

Hawaii stellten sowohl die Armee als auch die Marine fest, dass die Verteidigung der amerikanischen Flotten- und Luftstützpunkte wahrscheinlich zu stark sei. Ohne eine eindeutige Entscheidung getroffen zu haben beorderte die Marine fünf schnelle Träger in den Indischen Ozean. Diese vertrieben die britische Flotte nach Kenia und versenkten den alten Träger *Hermes* und zwei Kreuzer. Sie versenkten 100 000 BRT Schiffsraum; Trägerflugzeuge flogen schwere Angriffe auf Ceylon. Die Japaner hätten sich sicherlich im Indischen Ozean halten und den Alliierten einen nicht wieder gutzumachenden Schaden zufügen können, wenn sie die britischen Streitkräfte im Nahen Osten von ihrer Versorgung abgeschnitten hätten. Da es jedoch nie zu einem koordinierten Vorgehen der Achsenmächte kam und die japanische Armee sich weigerte von ihrem strategischen Ziel, die Sowjetunion und China anzugreifen, Abstand zu nehmen, kehrte die Flotte wieder um.

Inzwischen hatten die Amerikaner ein gewagtes Unterfangen vorbereitet, bei dem sie B-25 der USAAF einsetzten. Die mittleren Bomber starteten von Bord des neuen Flugzeugträgers *Hornet* zu einem Angriff auf Tokio aus einer Entfernung außerhalb der Reichweite von Trägerflugzeugen und flogen dann weiter um in China zu landen. Da die Japaner im zentralpazifischen Raum über Patrouillenschiffe verfügten, mussten die Amerikaner früh abfliegen und die Mutterinseln tagsüber angreifen. Die japanische Verteidigung wurde von den B-25 völlig überrumpelt. Zwar richteten sie in Tokio nur geringe Schäden an, doch die Bestürzung über den Angriff hatte eine strategische Entscheidung großer Tragweite zur Folge: Die Japaner führten einen massiven Angriff gegen die Midway-Inseln und nahmen anschließend mit Landeeinheiten die Insel ein. Somit ergaben sich für die Japaner aus dem Trägerangriff der Amerikaner im Grunde zwei wichtige strategische Entscheidungen. Die erste wurde bereits umgesetzt, als die Amerikaner Tokio angriffen: Zwei japanische Flugzeugträger sollten dabei amphibische Operationen unterstützen, in deren Verlauf Port Moresby eingenommen werden und ganz Neuguinea in die Hände der Japaner fallen sollte.

Als Ende April 1942 der am häufigsten verwendete operative Kode der Japaner entschlüsselt wurde, konnte der amerikanische Marinenachrichtendienst vorhersagen, dass ein Angriff auf Port Moresby kurz bevorstand. *Magic*, so der Kodename dieses Geheimdienstes, warnte die Amerikaner auch vor der Absicht der Japaner die Midway-Inseln anzugreifen. Daraufhin kommandierte der Befehlshaber der Pazifikflotte Admiral Chester Nimitz den Träger *Lexington* zur Verstärkung der *Yorktown* nach Süden. Die nun entbrennende Schlacht in der Korallensee war die erste in der Seekriegsgeschichte, bei der die gegnerischen Flotten nie auf Sichtweite aneinander herankamen. Die Zerstörungen wurden allein durch Trägerflugzeuge herbeigeführt. Die eigentliche Schlacht war durch ein großes Durcheinander gekennzeichnet. US-amerikanische Marineflieger versenkten den leichten Träger *Shoho*, während landgestützte japanische Flugzeuge von Rabaul aus eine Spezialeinheit alliierter Schiffe angriffen, die aus Australien kamen. Letztere wurden außerdem von mehreren B-17 bombardiert, die ihr Ziel jedoch glücklicherweise verfehlten. In der Dunkelheit und bei schlechter Sicht versuchten einige japanische Flugzeuge sogar auf den US-amerikanischen Trägern zu landen und wurden abgeschossen.

Am nächsten Tag stießen die gegnerischen Träger letztlich doch noch aufeinander. Amerikanische Sturzbomber beschädigten den schweren Träger *Shokaku* erheblich, landeten jedoch keinen einzigen Treffer auf der *Zuikaku*. Die *Yorktown* erlitt durch eine Bombe der Japaner lediglich geringfügige Beschädigungen, doch die *Lexington* wurde von zwei Torpedos und einer Bombe getroffen. Nach kurzer Zeit trat der schwere Träger mit 25 Knoten die Flucht an. Doch nach einigen provisorischen Reparaturen erschütterte eine gewaltige Explosion das Schiff, die von Treibstoffdämpfen verursacht worden war. Eine weitere heftige Explosion löste zwei Stunden später Brände aus, die außer Kontrolle gerieten. Der Kapitän befahl daraufhin der Mannschaft das Schiff zu verlassen. So ging die Schlacht in der Korallensee ohne eine Entscheidung zu Ende. Nach dem versenkten Schiffsraum zu urteilen waren die Japaner die Sieger. Doch diese Zahlen führen in die Irre, denn sowohl die *Shokaku* als auch die *Zuikaku* waren für die Operation auf den Midway-Inseln nicht einsatzbereit, Erstere aufgrund von Schlachtbeschädigungen und Letztere infolge von Flugzeugverlusten. Die Japaner begruben ihre Absicht Port Moresby durch eine amphibische Landeoperation einzunehmen. Stattdessen entschlossen sie sich zur Errichtung von Stützpunkten für Jagdflugzeuge und Seeflugzeuge auf Guadalcanar und Tulagi um einen weiteren Angriff auf Port Moresby zu unterstützen.

Die *Yorktown* dampfte inzwischen nach Pearl Harbor zurück und ging dort am 22. Mai vor Anker. Die Techniker meinten, der Schaden am Schiff lasse sich innerhalb von neunzig Tagen beheben. Nimitz forderte, die Reparatur in drei Tagen zu bewerkstelligen, und man einigte sich schließlich auf sieben. Am 29. Mai lief die *Yorktown* wieder in Richtung Nordwest aus um sich den Flugzeugträgern *Hornet* und *Enterprise* anzuschließen. Landgestützte Flugzeuge erhielten den Auftrag feindliche Träger aufzuspüren, die dann angegriffen werden sollten.

Nachdem Admiral Yamamoto sich zur Einnahme der Midway-Inseln entschlossen hatte, begann er mit der Planung einer komplizierten Operation, die die Amerikaner von seinen eigentlichen Absichten ablenken sollte. Leichte Träger sollten gegen Dutch Harbor und US-Stützpunkte in Alaska vorgehen. Anschließend beabsichtigte er mit dem nur noch aus vier schweren Trägern bestehenden Hauptverband US-Fliegereinheiten auf den Midway-Inseln auszuschalten und die Verteidiger zu schlagen. Letzten Endes sollte dann die Hauptschlachtflotte eintreffen und gemeinsam mit den schnellen Trägern die US-amerikanische Flotte in einer Entscheidungsschlacht im Sinne des amerikanischen Seestrategen Alfred Mahan vernichten. Die Amerikaner waren jedoch durch *Magic* vorgewarnt und konzentrierten sich lediglich auf den bevorstehenden Angriff auf die Midway-Inseln.

Am Morgen des 4. Juni befanden sich die japanischen Träger in Reichweite der Midway-Inseln. Ein Angriffsverband von über einhundert Trägerflugzeugen startete von den japanischen Flottenträgern aus um die Verteidigung von Midway zu zerschlagen. Doch das Glück, das Japan so lange auf seiner Seite gehabt hatte, war ihnen nicht mehr hold. Gerade das Flugzeug, welches das Planquadrat überfliegen sollte, in dem sich die amerikanischen Träger befanden, hatte einen Motorschaden und konnte nur mit Verzögerung starten. Da der Schaden auf dem Midway-Atoll durch den ersten Luftangriff gering blieb, planten die Japaner einen zweiten. Erst jetzt wurde der amerikanische Trägerverband von einem japanischen Aufklärungsflugzeug gesichtet. Die die Angriffe auf die Midway-Inseln fliegenden Maschinen kehrten zu ihren Trägern zurück, nachdem sie bereits von landgestützten Marineflugzeugen und B-17 der US-Armee attackiert worden waren. An Bord sollten sie sich auf die nächste Angriffswelle gegen die Inseln vorbereiten.

Japanische „Zeros“ auf einem Luftstützpunkt im Pazifik. Durch ihre außergewöhnliche Reichweite und ihre Schlagkraft wurde die „Zero“ zu einer unangenehmen Überraschung.

Als dann die japanischen Flugdecks voller Maschinen standen, mit Torpedos und panzerbrechenden Bomben teilweise noch bestückt, und die Kraftstoffschläuche zur Betankung der zurückgekehrten Schlachtflugzeuge ausgelegt waren, begann der Angriff der amerikanischen Torpedobomber. Zwar vernichteten japanische Jäger viele von ihnen, doch drei Angriffswellen zwangen die „Zeros“ auf das Hallendeck und die Fliegerabwehrgeschütze der begleitenden Schiffe wurden wirkungslos gemacht. Genau in diesem entscheidenden Augenblick erreichten die amerikanischen Sturzbomber den Schauplatz. Zwei Bomben trafen die *Akagi*, sodass Flugzeuge, Bomben und Torpedos in einem flammenden Inferno explodierten. Auch die *Kaga* erhielt vier Treffer, von denen einer ihre Brücke und die Aufbauten zerstörte, und auf die *Soryu* gingen drei Bomben nieder. Innerhalb weniger Minuten verwandelte sich die Hälfte der schnellen japanischen Träger in brennende Wracks. Die *Hiryu* war der einzige Träger, der den Angriff bis dahin unbeschadet überstanden hatte. Zwei ihrer Flugzeuge konnten drei Bomben- und zwei Torpedotreffer auf der *Yorktown* landen. Doch drei Stunden später setzten US-amerikanische Sturzbomber auch diesen japanischen Träger außer Gefecht. Yamamoto hatte vier seiner besten Träger verloren und musste eine Niederlage eingestehen. Damit wendete sich das Blatt endgültig zu Gunsten der Amerikaner.

Die Zermürbungsschlacht: Salomonen und Neuguinea

Durch den amerikanischen Sieg bei den Midway-Inseln verbesserte sich die Defensivposition der Alliierten. Für Angriffshandlungen waren die Reserven der Amerikaner jedoch noch zu gering. Sie schlugen erst ab 1943 einen Vorteil aus der Leistungsfähigkeit ihrer Wirtschaft. Doch der Vorstoß der Japaner bis zu den Salomonen drohte die Verbindungslinien zwischen den USA und Australien zu un-

Eine B-17 hoch über Guadalcanar. Sowohl im Pazifik als auch in Europa wurde dieses Flugzeug zum Rückgrat der USAAF-Bombereinheiten.

terbrechen. Die Japaner hatten auf Guadalcanar bereits einen Flugplatz nahezu fertig gestellt, von dem aus sie die südlichen Salomonen beherrschen und die Neuen Hebriden bedrohen konnten.

Sowohl der Oberkommandierende der US-Flotte Admiral Ernest J. King als auch Admiral Nimitz waren sich über dieses Risiko im Klaren und übertrugen der 1. US-Marinedivision die Aufgabe, Guadalcanar mit seinem Flugplatz einzunehmen um ein weiteres Vordringen des Gegners zu verhindern. Zum Glück für die Amerikaner hatten die Japaner in ihrer übersteigerten Zuversicht lediglich Bautrupps zur Fertigstellung des Flugplatzes geschickt. So überrannten die Marines die Baustelle ohne größeren Widerstand und stellten innerhalb weniger Tage den Flugplatz fertig, der den Namen Henderson Field erhielt. Der Befehlshaber einer der eingesetzten Trägerkampfgruppen, Admiral Frank Fletcher, überließ die Marines jedoch sich selbst, als die zum Schutz der Landeoperation eingesetzten Kreuzer noch am gleichen Abend in der Schlacht bei der Insel Savo eine schwere Niederlage hinnehmen mussten. Sie waren von japanischen Kreuzern angegriffen worden, die vier der fünf amerikanischen Schiffe versenkten. Es wurde klar, welch weiter Weg noch vor der US Navy lag.

Entscheidend für den Fortgang der Gefechte war jedoch die Tatsache, dass die Marines nun Henderson Field hielten, während die Japaner noch immer voller Zuversicht waren. Die Einnahme des Flugplatzes auf Guadalcanar verschaffte den

Amerikanern die Kontrolle über das Meer um die Salomonen bei Tag und hinderte die Japaner ernsthaft daran, ihre frühere Position wiederzuerlangen. Eine Woche nach der Landung brachten US-Zerstörer Bomben, Munition und Treibstoff heran. Fünf Tage später erreichten neunzehn Jagdflugzeuge und zwölf Sturzbomber die Insel, sodass die Amerikaner eine gewisse Luftherrschaft über die Salomonen ausüben konnten. Die Landeoperation auf Guadalcanar leitete eine langwierige und blutige Auseinandersetzung ein, in deren Verlauf beide Seiten immer umfangreichere Truppen einsetzten. Da die japanischen Luftstützpunkte so weit entfernt lagen, beherrschten die amerikanischen Flugzeuge tagsüber die mittleren und südlichen Salomonen. Obwohl die Amerikaner über Radar verfügten, waren ihre bei Nacht durchgeführten Operationen weniger erfolgreich. Überraschten sie die Japaner jedoch bei Tage wie im Falle des Schlachtschiffs *Hiei*, dann waren die Folgen fatal. Die als „The Slot" bezeichnete Straße von Neugeorgien, die von den zwei einander gegenüberliegenden Inselreihen der Salomonen gebildet wird, wurde zum weltweit am heftigsten umkämpften Seegebiet.

Die Japaner kämpften verbissen. Ende Oktober trugen die beiden Flotten bei Santa Cruz erneut eine große Trägerschlacht miteinander aus. Doch diesmal hatten die Amerikaner das Nachsehen. Sie verloren die *Hornet*, die *Enterprise* wurde beschädigt. Auch zwei japanische Träger erlitten Beschädigungen: die *Zuiho* und die *Shokaku*. Die Verluste in der Luft waren auf beiden Seiten nahezu gleich: fast 100 Maschinen seitens der Japaner und 74 bei den Amerikanern. Zuerst zogen sich die US-amerikanischen Flottenverbände zurück, doch die fortwährenden Störangriffe landgestützter Flugzeuge zwangen schließlich auch den japanischen Admiral zur Aufgabe. Am 15. November verhinderten amerikanische Flugzeuge die Versuche der Japaner ihre unter starkem Druck stehenden Truppen auf Guadalcanar zu versorgen, indem sie sechs Transporter und einen schweren Kreuzer versenkten. Am folgenden Morgen liefen die verbliebenen vier japanischen Transporter auf Strand. Einige der Überlebenden sowie wenige Ausrüstungsgegenstände und Teile des Nachschubs gelangten an Land. Etwa 6000 Japaner verloren bei diesem Blutbad ihr Leben.

Die Curtiss P-40 „Warhawk". Sowohl in Europa als auch im Pazifik waren ihr andere Flugzeuge überlegen, sodass sie mit der Einführung neuerer Modelle vollkommen bedeutungslos wurde.

Von den vor Guadalcanar bombardierten Schiffen steigt Rauch auf. Die mit der Einahme von Henderson Field zu Beginn des Feldzugs erlangte Luftherrschaft verhalf den Amerikanern zum Sieg.

Die ohnehin schon von Hunger und Krankheiten geplagten japanischen Einheiten auf Guadalcanar mussten nun noch mehr Soldaten verpflegen. Zur weiteren Nachschublieferung beschränkten sie sich auf schnelle Zerstörer, die nachts durch den „Slot" fuhren und Flöße an japanisch kontrollierten Stränden anlandeten. Anschließend jagten sie in großer Eile wieder durch den „Slot" zurück um bei Tagesanbruch außer Reichweite zu sein. Im Januar 1943 zogen sich die Japaner schließlich von der Insel zurück, nachdem von den 36 000 Mann, die zur Vertreibung der Amerikaner eingesetzt worden waren, bereits 23 000 ihr Leben gelassen hatten. Im Verlauf des gesamten Krieges waren sie jedoch nur selten zu einem Rückzug zu bewegen.

Während die Marines, Soldaten und Seeleute unter dem Schutz von land- und seegestützten Fliegerkräften mit den Japanern um Guadalcanar rangen, wurden MacArthurs australische und US-amerikanische Heereseinheiten in Neuguinea in ebenso blutige Gefechte verwickelt. Sie kämpften unter furchtbarsten Bedingungen, und auch hier spielten alliierte Fliegerkräfte eine wichtige Rolle, als sie die japanischen Einheiten von deren Verstärkungstruppen und Nachschublieferungen abschnürten. Bei den Kämpfen besaßen nur wenige Momente entscheidenden Charakter, doch die Taktik der Zermürbung der fähigen japanischen Marine- und Heeresfliegerbesatzungen war wesentlich für den weiteren Verlauf des Krieges. Das japanische Flieger-As Saburo Sakai wurde als einer von achtzig Piloten im Sommer 1942 an den Kriegsschauplatz verlegt. Anfang 1943 waren davon nur noch acht am Leben, einer von ihnen war Saburo. Er war auf einem Auge erblindet und konnte mit dem anderen nur noch sehr schlecht sehen. Nach einer abenteuerlichen Flucht von Guadalcanar kehrte er schließlich nach Rabaul zurück.

Das Ziel der Gefechte um Neuguinea bestand von 1943 bis 1944 in der Einnahme des großen japanischen Stützpunkts von Rabaul. Der Beitrag trägergestützter Fliegereinheiten war beträchtlich, doch noch bedeutender war der Einsatz der 5. US Air Force und ihrer landgestützten Flugzeuge beim Erlangen der Luftherrschaft und bei der Isolation des Schlachtfeldes. Ihr Kommandeur General George C. Kenney erwies sich als einer der anpassungs- und urteilsfähigsten Befehlshaber des Krieges. Außerdem war er im Gegensatz zu MacArthurs kriecherischem Stab ein entschiedener Verfechter der Luftangriffe und der Interessen seines Befehlsbereichs. Bei Kenneys Eintreffen am Kriegsschauplatz wollte ihn MacArthurs Stabschef General Richard Sutherland über die besten Einsatzmöglichkeiten der Luftstreitkräfte belehren. Daraufhin griff sich Kenney von Sutherlands Schreibtisch ein Blatt Papier, malte in dessen Mitte mit einem Bleistift einen Punkt und erklärte, dieser Punkt stehe für das, was der Stabschef über die Luftstreitkräfte wisse, während die restliche weiße Fläche Kenneys Wissen darüber repräsentiere.

General Hap Arnold hatte Kenney im August 1942 nach Südostasien geschickt. Er sollte dort Ordnung in ein katastrophal organisiertes Kommando bringen, das Unmengen von Reserven verschwendete, aber nur wenig zum Gewinnen des Krieges beitrug. Kenney griff durch, indem er fünf Generale und mehrere Oberste entließ. Plötzlich zeichneten sich ein viel größerer Elan und mehr Entschlossenheit in den Reihen der 5. US Air Force ab. Ihre Fliegerbesatzungen töteten von nun an eine wachsende Zahl von Japanern. Bislang hatte die 5. US Air Force phlegmatisch an der Vorkriegsdoktrin festgehalten und japanische Schiffe aus einer Höhe bombardiert, die von der feindlichen Flak kaum zu erreichen war. Sie hatte damit nur spektakuläre Wasserfontänen bewirkt und Unmengen von Fischen getötet, den Japanern jedoch kaum Schaden zugefügt. Kenney wies die B 17-Piloten an bei ihren Bombardements tiefer zu fliegen. In die Kanzel der mittleren Bomber vom Typ B-25 ließ er acht Maschinengewehre einbauen und leitete ein Umschulungsprogramm ein, in dessen Verlauf die Besatzungen lernten Angriffe aus geringer Höhe zu fliegen und ihre Bomben direkt auf die japanischen Schiffe zuspringen zu lassen.

Die so ausgebildeten und neu orientierten Fliegereinheiten leisteten einen entscheidenden Beitrag bei der Schlacht in der Bismarcksee. Die Japaner waren gerade dabei, ihrer 51. Division auf Neuguinea von Rabaul aus umfangreiche Verstärkungstruppen zuzuführen. Sie liefen mit acht Transportern, geschützt durch acht Zerstörer und unter Deckung von einhundert Flugzeugen, entlang der Küste Neubritanniens in die Salomonsee aus. *Magic* hatte die Funksprüche der Japaner entschlüsselt und Kenneys 5. US Air Force hielt sich bereit. Die ersten Angriffe der B-17 zerstörten zwei der Transporter, später entdeckten japanische Beobachtungsposten etwa einhundert alliierte Flugzeuge, die mit großer Geschwindigkeit und in geringer Höhe direkt auf sie zu rasten. Die B-25, A-20 und australische „Beaufighter“ stürzten sich auf den Geleitzug. Bereits am gleichen Abend waren die Transporter und die Hälfte der Zerstörer versenkt. Danach nahmen alliierte Flieger die Rettungsboote unter Beschuss um die Überlebenden zu töten. Die japanische 51. Division verlor fast den gesamten Stab, sämtliches Kriegsgerät und über dreitausend Soldaten.

Admiral Yamamoto versuchte der wachsenden Schlagkraft der alliierten Luftstreitkräfte zu begegnen, indem er dreihundert Flugzeuge des Heeres und Kreuzer für Angriffe auf Flugplätze der Alliierten auf den Salomonen und in Neuguinea zusammenzog. Die Überfälle richteten beträchtlichen Schaden an, führten aber gleichzeitig zu einer weiteren Abnutzung der japanischen Luftstreitkräfte. Inzwischen hatten die Amerikaner mehr Flugzeuge und Piloten erhalten. Unter den Maschinen befanden sich neue und erheblich verbesserte Modelle. Die USAAF erhielt beispielsweise die P-38 „Lightning“, die mit ihrer höheren Reichweite und der Fähigkeit, in großer Höhe zu operieren, zu einer ernsten Bedrohung für die japanischen Jäger wurde. Gleichzeitig führte die US Navy die F6F „Hellcat“ ein und verschaffte damit den Marinepiloten eine Überlegenheit im Luftkampf.

Die Auswirkungen der Kämpfe ähnelten den Erfahrungen, welche zur gleichen Zeit auch die deutsche Luftwaffe machen musste: Den Luftschlachten über den Salomonen und Neuguinea fielen die wenigen noch vorhandenen erfahrenen Piloten zum Opfer. Ihr Ersatz erhielt eine immer minderwertigere Ausbildung und kam demzufolge noch schneller ums Leben. Die Japaner waren zunächst verschwenderisch mit dem Leben ihrer Flieger umgegangen, weshalb sie die durch den Verlust ihrer hervorragend ausgebildeten Piloten gerissenen Lücken eiligst mit schlecht ausgebildeten und vorbereiteten Fliegern schließen mussten. Saburo Sakai, der mit dem ihm verbliebenen einen Auge als Ausbilder zurückkehrte, erinnert sich:

> Ich konnte es kaum fassen, als ich sah, wie die neuen Flugschüler die Startbahn entlangholperten und sich schlingernd in die Luft erhoben. Die Marine benötigte dringend Piloten, sodass die Schule monatlich erweitert wurde und die Aufnahmebedingungen drastisch sanken. ... Alles musste schnell gehen! Wir wurden beauftragt die Männer durch die Ausbildung zu peitschen und auf Feinheiten nicht zu achten. Ein Übungsflugzeug nach dem anderen stürzte zu Boden, manchmal auch gleich zwei oder drei. Sie trudelten wie wild in der Luft herum. ... Es war hoffnungslos.

Die Amerikaner dagegen glichen ihre Verluste mit neuen Piloten aus, denen sie ausreichend Flugstunden einräumten. Mit einer neuen Generation überlegener Flugzeuge besaßen sie zudem noch einen weiteren Vorteil. Symptomatisch für diese

Situation war der Absturz des Flugzeugs von Admiral Yamamoto, das P 38-Jäger Mitte April 1943 vom Himmel holten. Die Amerikaner waren von ihrem Nachrichtendienst, der den japanischen Code entschlüsselt hatte, vorinformiert und stellten eine Staffel von „Lightning"-Maschinen zusammen, die sie mit abwerfbaren Zusatztanks versehen hatten. Das so ausgerüstete Todeskommando verfügte über eine extrem große Reichweite und schoss das Flugzeug des Admirals vor der Küste südlich von Bougainville ab.

Die Wende zugunsten der Amerikaner

Das Schlimmste stand den Japanern jedoch noch bevor. Im Sommer 1943 begann das große, bereits 1938 eingeleitete Schiffbau-Programm der Amerikaner im Pazifik Früchte zu tragen. Im Herbst 1943 kamen fünf Flugzeugträger der *Essex*-Klasse nach Pearl Harbor. Sie trugen beinahe einhundert Maschinen, waren schneller und weitaus schwerer mit Fliegerabwehrkanonen bewaffnet als frühere US-amerikanische Träger. So wurden sie zu Vorboten des Aufschwungs in der amerikanischen Industrieproduktion. Mit ihnen trafen sechs weitere Träger der *Independence*-Klasse ein, die etwa halb so groß waren wie die Schiffe der *Essex*-Klasse, und auch nur

„Corsair"-Jagdflugzeuge beim Start auf der Insel Okinawa. Die „Corsair" war der Beleg für die außerordentliche Verbesserung der US-amerikanischen Flugzeuge im Verlauf des Krieges.

halb so viele Flugzeuge trugen. Allerdings waren sie ebenso schnell und manövrierfähig. Von nun an erhielt die US-Pazifikflotte fast monatlich einen neuen und schnellen Träger. Diese waren mit Maschinen jener neuen Typen bestückt, die bereits die technische Wende zu Gunsten der Amerikaner eingeleitet hatten. Ende 1943 besaß die US Navy 10 schwere und 9 leichte Träger sowie 35 Geleitträger. Die Japaner dagegen verfügten nur über 4 schwere und 5 leichte Träger sowie 3 Gleitträger. Im Herbst 1944 war die 3. bzw. 5. US-Flotte größer als alle anderen Flotten der Welt zusammen.

Die Zunahme an Trägern und Flugzeugen gestattete es der US Navy, einen Feldzug bislang nie da gewesenen Ausmaßes zu führen. Die Pazifikflotte konnte für unbestimmte Zeit auf See bleiben, da sie die Unterstützung durch Liefer- und Reparaturschiffe, schwimmende Trockendocks und Tankschiffe genoss. 1944 war sie abwechselnd zwei verschiedenen Flottenkommandos unterstellt: der 5. Flotte unter Admiral Spruance bzw. der 3. Flotte unter Admiral Halsey. Während die eine Flotte eine Operation durchführte, plante die andere bereits den nächsten Schritt. Mit dem Anwachsen der US-Flotte nahmen auch die Streitereien zwischen ihr und der Armee über die Zuständigkeit für weitere Operationen zu. MacArthur bemühte

sich sogar um politische Unterstützung innerhalb der USA für seine Kandidatur als Oberkommandierender im Pazifik. Die Flotte war jedoch nicht willens sich der Befehlsgewalt MacArthurs unterzuordnen, wodurch sich eine undurchsichtige Befehlsstruktur ergab. MacArthur beabsichtigte von Neuguinea in Richtung der Philippinen vorzudringen, während Nimitz' Ziel in einem Vorstoß durch den zentralpazifischen Raum bestand. Beide Seiten umgingen japanische Garnisonen auf den Inseln im pazifischen Raum. Unter Ausnutzung der alliierten Luftüberlegenheit begannen sie ein Inselspringen über jene Inselketten, von denen sich die Japaner Sicherheit versprochen hatten. Da sie jedoch ihre Kräfte nicht bündelten, setzten sie sich den Angriffen des Gegners aus. Lediglich die von *Magic* gewonnenen Erkenntnisse und die Unfähigkeit der Japaner ihre Truppen zu konzentrieren ersparte den Amerikanern einen schweren Rückschlag.

Der Vorstoß im zentralpazifischen Raum begann im November 1943 mit einem Überfall von Marinetruppen auf das zu den Gilbert-Inseln gehörende Atoll Tarawa. Amerikanische Trägerflugzeuge schnitten die japanische Garnison von ihrer Unterstützung durch landgestützte Fliegereinheiten ab. Dann stürmten die Marinesoldaten an Land. Zunächst erhöhte eine Reihe von Fehleinschätzungen seitens der Amerikaner die Wirkung der japanischen Verteidigung an Land. Dann jedoch nahmen die Marineinfanteristen Tarawa, sodass die amerikanischen landgestützten Fliegereinheiten nun die Gilbert-Inseln beherrschten. Anschließend ordnete Admiral Nimitz einen Schlag gegen das Kwajalein-Atoll im Zentrum der Marshall-Inseln an. Er stieß jedoch bei all seinen Unterstellten auf Ablehnung. Selbst Spruance vertrat den Standpunkt, dass die amphibische Landeoperation durch japanische Luftstützpunkte nahe Kwajalein gefährdet werden könnte und japanische Luftangriffe für die Flotte ein unannehmbares Risiko darstellten. Die meisten befürworteten stattdessen einen Angriff auf eine der östlichen Marshall-Inseln, da eigene landgestützte Fliegerkräfte von den Gilbert-Inseln aus die Landung unterstützen konnten.

Doch Nimitz blieb stur: Die US Navy sollte endlich einmal beweisen, dass ihre Träger auch ohne die Hilfe landgestützter Flugzeuge operieren konnten. Zunächst bombardierten die Amerikaner japanische Luftstützpunkte auf den Marshall-Inseln mit ihren auf Makin und Tarawa stationierten Flugzeugen. Im Januar 1944 übernahmen die Träger die Beendigung der Operation und nach zwei Tagen befanden sich auf der Inselkette kaum noch japanische Flugzeuge. Zwar verfügten die Japaner auf Kwajalein über große Truppenkontingente, doch der amerikanische Angriff erfolgte zu schnell für das Ausheben von Verteidigungsstellungen. Darüber hinaus führte die US Navy ein viel heftigeres und wirkungsvolleres Luft- und Seebombardement gegen die japanischen Stellungen als zuvor auf Tarawa. Aus der Überlegenheit der Amerikaner ergaben sich weit reichende Konsequenzen. Kwajalein fiel Mitte Februar viel schneller als erwartet, sodass die Amerikaner im Anschluss daran Eniwetok und die angrenzenden Atolle am Rande der Marshall-Inseln einnehmen konnten. Innerhalb von drei Monaten stießen Nimitz' Streitkräfte fast 2100 km durch die Verteidigung der Inseln hindurch, die eigentlich als Bollwerk zum Schutz Japans hatten dienen sollen. Die Amerikaner verfügten nun über einen idealen Ausgangspunkt für Angriffe auf die Marianen, von wo aus ihre Bomber Fernangriffe gegen die japanischen Mutterinseln fliegen konnten.

Luftkrieg über dem Schauplatz China – Burma – Indien

Nach dem Zusammenbruch der britischen Kolonialherrschaft in Südostasien eignete Japan sich mit geringem Aufwand Burma und Malaya an und gefährdete die Stellung der Briten in Indien. Da die Japaner jedoch noch immer Krieg in China führten, verfügten sie weder über das für einen Einmarsch in Indien notwendige logistische System noch über die dazu erforderlichen Reserven. Den Briten war das allerdings nicht bekannt, und so versuchten sie die Japaner von der Grenze zwischen Burma und Indien zu verdrängen. Auch die Amerikaner bekundeten Interesse an der Region, wobei es ihnen aber weniger um den Schutz Indiens ging. Stattdessen hegten sie übertrieben optimistische Hoffnungen in Bezug auf den von Chiang Kai-sheks Truppen besetzten Teil Chinas. Eine Zusammenarbeit zwischen Briten und Amerikanern in der Region fand zwar statt, doch sie verfolgten unterschiedliche Ziele. Für die Briten erwiesen sich die Luftstreitkräfte im Krieg gegen Japan als besonders nützlich. Es dauerte jedoch zwei Jahre, bis ihr fähigster General in diesem Krieg, General William Slim, eine bunt zusammengewürfelte Truppe britischer und Commonwealth-Truppen in einen schlagkräftigen Kampfverband umgewandelt hatte. Der dichte Wuchs des Dschungels erschwerte den Flugzeugen die Angriffe auf feindliche Versorgungslinien in Burma. Erst 1943, beim japanischen Angriff auf Imphal, konnten die Luftstreitkräfte wirksam eingreifen. Ende 1942 hatten die Briten eine Kommandoeinheit unter dem exzentrischen General Orde Wingate gebildet. Seine aus der Luft versorgten Truppen griffen japanische Versorgungslinien im Norden Burmas an und behinderten so die japanischen Nachschublieferungen, während ihre eigene Versorgung relativ reibungslos verlief. Allerdings erlitten sie bei den Gefechten und durch die unter ihnen ausgebrochenen Krankheiten schwere Verluste. Aus der Sicht der meisten führenden britischen Militärs waren diese Überfälle kein herausragender Erfolg.

Wingates Angriffe veranlassten die Japaner zu einer Invasion in Ostindien. Slim machte sich die Luftüberlegenheit der Alliierten zu Nutze und verlegte innerhalb von elf Tagen mit Hilfe von Transportmaschinen eine ganze Division: Einheiten, Artilleriegeschütze und Lastesel. Mit direkter Luftunterstützung durch RAF-Jagdbomber gelang es, die japanischen Angriffe abzuwehren. Slims größter Vorteil war, dass seine Einheiten aus der Luft versorgt werden konnten, während die Angriffe der Briten die japanischen Versorgungslinien unterbrachen. Als schließlich die Offensive der Japaner zusammenbrach, zogen sich die erschöpften und halb verhungerten Überlebenden der japanischen 15. Armee nach Burma zurück.

Für die Amerikaner hatte der Sinn der Kämpfe im Norden Burmas lediglich darin bestanden, die Voraussetzungen zur Versorgung der Chinesen von Indien aus zu schaffen. Sie waren der Ansicht, eine Wiedereröffnung der Burmastraße sei eine unabdingbare Ergänzung zur Luftbrücke über den Himalaja. Die strategischen Ziele der Amerikaner unterschieden sich jedoch nicht nur von denen der Briten, sondern auch in ihren eigenen Reihen und mit den Chinesen herrschte dazu kaum Übereinstimmung. Anfangs schätzten viele in der amerikanischen Führung die Fähigkeiten der Chinesen zu optimistisch ein. Sie schickten General Stilwell, der in den Jahren zwischen den Kriegen einer ihrer besten Heeresoffiziere gewesen war, als Militärberater zu den chinesischen Nationalisten. Deren Führer Chiang Kai-shek beabsichtigte jedoch nicht seine mit amerikanischer Hilfe aufgebaute Armee gegen die Japaner zu führen. Stattdessen wollte er damit nach dem Ende des Krieges mit Mao Tse-tungs Kommunisten abrechnen.

Ein weiterer Vertreter der Amerikaner, General Clare Chennault, war der Ansicht, der Krieg gegen Japan sei mit Hilfe von Langstreckenbombern zu gewinnen, die von chinesischen Stützpunkten aus operierten. Nach einem lang anhaltenden Kräftemessen zwischen Chiang, Chennault und Stilwell gelang es den Chinesen schließlich, Roosevelt dazu zu überreden, Stilwell abzulösen und Chennaults Strategie zu folgen. Im Sommer 1943 richteten die Amerikaner eine große Luftbrücke über den Himalaja nach China ein. Dabei kamen hauptsächlich Frachtflugzeuge vom Typ C-46 zum Einsatz. Im August flogen sie sogar über 5000 t und bis zum Januar 1944 beförderte das Air Transport Command insgesamt mehr als 15 000 t Güter. Der Preis, den die Amerikaner für dieses Unternehmen zahlten, war allerdings hoch: Es kostete sie etwa fünfhundert Flugzeuge.

Doch die Bemühungen waren umsonst. Zwar konnten die Amerikaner durch die Aufstockung der Treibstoff- und Munitionsreserven ihr erstes Geschwader von B 29-Bombern „Superfortress" in China zum Einsatz bringen. Doch die Japaner hatten inzwischen nicht geschlafen: Bereits vor Beginn der US-amerikanischen Bomberoffensive hatten sie alle Bodentruppen zusammengezogen. Im Januar 1944 begannen sie eine Großoffensive mit dem Ziel die amerikanischen Luftstützpunkte in China auszuschalten. Im Verlauf der folgenden zehn Monate rückten die Japaner gegen die einen wirkungslosen Widerstand leistenden Truppen Chiang Kaisheks vor, welche von der Luftbrücke über die Berge des Himalaja kaum profitiert hatten.

Die US-Luftstreitkräfte waren nicht in der Lage, nachhaltig in die Kämpfe am Boden einzugreifen, und Chennault musste mit ansehen, wie die Japaner seine Jäger und Bomber von einem Stützpunkt zum anderen vertrieben. Im Sommer 1944 kam das USAAF-Hauptquartier zu dem Schluss, dass die durch Nimitz' Vorstoß im zentralpazifischen Raum gerade eingenommenen Marianen-Inseln einen sichereren und günstigeren Ausgangspunkt für die Offensive der B-29 gegen Japan darstellten. Das Interesse der Amerikaner an einer Unterstützung Chiang Kai-sheks, der sich als durch und durch korrupt und inkompetent erwiesen hatte, begann zu schwinden. China verlor für sie an Bedeutung, als die Japaner ihre Truppen abzogen, während die chinesischen Nationalisten und Kommunisten sich auf den bevorstehenden Machtkampf einstellten.

Die Niederlage der Japaner

Im Verlauf des gesamten Jahres 1943 vermied die japanische Flotte eine Konfrontation mit US-amerikanischen Marineeinheiten im Pazifik. Als jedoch Anfang 1944 Kwajalein und Eniwetok fielen und die Japaner auch ihre Stützpunkte auf den Gilbert- sowie den Marshall-Inseln verloren, ahnte deren militärische Führung, dass die Amerikaner bald zum Angriff auf die Marianen-Inseln übergehen würden. Sie sollten Recht behalten: Zwar dauerten die Streitigkeiten unter den amerikanischen Militärs weiterhin an, da MacArthur die Kontrolle über die gesamte Region anstrebte. Dennoch beschloss der Oberbefehlshaber der US-Flotte Admiral Ernest King, dass die Marianen das Ziel der nächsten Angriffe sein sollten. Kings Unterstellte vor Ort hegten einige Zweifel, doch Henry Arnold unterstützte ihn enthusiastisch, da er die Inseln als Stützpunkte für seine wertvollen B 29-Bomber nutzen wollte. Die unter Spruances Befehl stehende 5. Flotte wurde nun in die Task Force 58 mit fünfzehn schnellen Trägern (fast neunhundert Flugzeuge) und das V. Amphibische Korps mit über vierhundert Kriegs- und Amphibienschiffen und großen Landungsbooten aufgeteilt. Ihr Ziel waren die Inseln Saipan und Guam. Letztere hatten die Japaner schon zu Beginn des Krieges besetzt.

Den Japanern war klar, welche Bedeutung diese Inseln besaßen und wie sehr die Mutterinseln von dort aus durch Fliegerkräfte bedroht werden würden. Der Hauptteil der japanischen Flotte konzentrierte sich auf den Liegeplatz bei Tawi-Tawi zwischen Mindanao und Borneo. Die Japaner hatten dort neun Träger und über fünfhundert Flugzeuge zusammengezogen. Außerdem bereiteten sie ca. 1000 landgestützte Maschinen auf ihren Einsatz zur Verteidigung vor. Mit Hilfe Letzterer wollten sie den Amerikanern schweren Schaden zufügen, während die Trägerflugzeuge und der Schlachtverband ihnen anschließend den Gnadenstoß versetzen sollten. Der Vorteil der japanischen Flugzeuge bestand in ihrer größeren Reichweite, doch die amerikanischen Maschinen waren ihnen in nahezu allen Kampfeigenschaften überlegen. Darüber hinaus waren die amerikanischen Piloten besser als ihre japanischen Gegner mit Ausnahme der wenigen Überlebenden der Vorkriegseinheiten. Der Plan der Amerikaner sah vor, dass die Task Force 58 zunächst die landgestützten Fliegereinheiten auf den Marianen zerschlagen sollte. Im Anschluss daran sollte sie den angreifenden Truppen den Weg bereiten und die Hauptkräfte der japanischen Flotte abpassen, die *Magic* zufolge die Landungsoperationen zu verhindern suchen würden.

So begannen die Schlacht im Philippinischen Meer und das „Truthahnschießen bei den Marianen". Am 11. Juni flogen US-amerikanische Flugzeuge umfangreiche Angriffe im gesamten Gebiet der Marianen. Im Verlauf der folgenden acht Tage vernichteten sie 50 Prozent der japanischen landgestützten Fliegerkräfte ohne selbst größere Verluste hinnehmen zu müssen. Als dann Marineinfanteristen Saipan angriffen, verließ die japanische Flotte ihre Stützpunkte. Sie gelangte am 19. Juni in Reichweite der 3. Flotte und ging zum Angriff über. Während des gesamten Tages flogen die Japaner 328 Einsätze und büßten 243 ihrer Trägerflugzeuge ein, was einem Verlust von 74 Prozent entsprach. Darüber hinaus gingen ihnen auch fünfzig landgestützte Flugzeuge verloren.

Gegen Ende des gleichen Tages ließ Spruance seine Träger nach Osten laufen um den Landeeinheiten Schutz zu gewähren und eine Wiederholung der Ereignisse von Savo zu vermeiden. Früh am nächsten Morgen drehte er nach Westen ab und nahm die Verfolgung der Japaner auf. Aber erst am späten Nachmittag stießen die Amerikaner auf den Hauptverband der japanischen Flotte. Dieser bestand aus 6 Schlachtschiffen und 6 Trägern, zu deren Schutz lediglich 35 Jagdflugzeuge verblieben waren. Spruance ordnete den Start seiner Flugzeuge an, obwohl es bereits spät war und sich die Japaner an der Grenze der Reichweite der amerikanischen Maschinen befanden. Die Amerikaner beschädigten einige japanische Schiffe und versenkten einen Träger. Doch auf ihrem nächtlichen Rückflug gingen bei vielen amerikanischen Maschinen die Treibstoffreserven zur Neige. Spruance konnte ernste Verluste lediglich dadurch vermeiden, dass er anordnete die Bordbeleuchtung auf den Trägern einzuschalten. Die Zerstörung der japanischen land- und seegestützten Fliegereinheiten ermöglichte die Eroberung Saipans sowie weitere Landungen auf Guam und Tinian. Von ihren neuen Basen konnten die Amerikaner Luftoffensiven gegen die japanischen Mutterinseln durchführen. Mit großer Eile nahmen sie die pioniertechnischen Arbeiten auf und begannen mit der Heranführung von Flugzeugen, Munition und Treibstoff über den Pazifik.

Bei der Einnahme von Basen auf den Marianen-Inseln vernichteten die Amerikaner im westpazifischen Raum mehr als ein Drittel der 1500 landgestützten Flugzeuge, die die Japaner zur Verteidigung der Philippinen zusammengezogen hatten. Die Luftherrschaft der US-Einheiten war so überwältigend, dass Halsey Nimitz und MacArthur dazu drängte, von einer Invasion auf Mindanao abzusehen und stattdessen auf Leyte inmitten der Philippinen zu landen. Die Vereinten Oberbefehlshaber billigten die Änderung und legten das Datum für die Landung auf Mitte Oktober fest. Die Japaner errieten natürlich, dass die Philippinen das nächste Ziel der Operationen sein würden, und setzten den Überrest ihrer Flotte zur Verteidigung der Inseln ein. Die meisten japanischen Träger waren zwar einer Zerstörung während der Schlacht im Philippinischen Meer entgangen, hatten jedoch ihre Marineflugzeuge und deren Piloten verloren. Der japanische Flottenstab beschloss daher die Träger als Köder zu benutzen. Sie verließen die Mutterinseln und versuchten die Task Force 58 von den Landungsbereichen wegzulocken. Der aus Schlachtschiffen und Kreuzern bestehende Hauptverband ihrer Flotte lag bei Lunga nahe der Treibstofflager von Borneo auf Reede. Er sollte zum Schlag gegen die Landungstruppen ausholen, nachdem diese die verschiedenen Meerengen der Philippinen durchfahren hatten.

Die Schlacht im Golf von Leyte glich einem heillosen Durcheinander, welches für die Amerikaner beinahe zu einem Fiasko wurde. Doch auch hier gelang es, mit Hilfe der Luftstreitkräfte eine Entscheidung zu ihren Gunsten herbeizuführen. Der Schlachtverband der Japaner durchfuhr die San-Bernardino-Straße in der Nacht vom 23. zum 24. Oktober. Der amerikanische Marinenachrichtendienst und Aufklärungsflugzeuge hatten sein Erscheinen bereits angekündigt. Halseys Flugzeuge nahmen die Japaner unter Beschuss und versenkten das Schlachtschiff *Musashi*, eines der drei größten Kriegsschiffe der Welt. Das riesige Schiff erhielt 19 Torpedo- und 17 Bombentreffer, ehe es in den Fluten versank. Die Piloten der US-amerikanischen Trägerflugzeuge schätzten den unter den Angreifern angerichteten Schaden jedoch viel zu hoch ein. Sie meldeten auch, dass die Japaner den Rückzug angetreten hätten. Der entmutigte Befehlshaber der Einheiten von San Bernardino Admiral Takeo Kurita hatte zwar tatsächlich den Rückzugsbefehl gegeben. Als seine Vorgesetzten jedoch davon Kenntnis erhielten, befahlen sie ihm umzukehren und wieder in die San-Bernardino-Straße einzufahren.

Halsey wurde über den der japanischen Flotte zugefügten Schaden unterrichtet,

Diese Jagdflugzeuge vom Typ Grumman „Hellcat“ waren die Gegenspieler der US Navy für die japanische „Zero“. Ab 1943 verfügten amerikanische Träger über eine große Anzahl von ihnen.

erhielt aber gleichzeitig die Nachricht, dass sich feindliche Träger von Norden näherten. Er beorderte sofort die gesamte 3. Flotte in diese Richtung, und zwar nicht nur die schnellen Träger, sondern auch die schnellen Schlachtschiffe. Seine Einheiten versenkten alle vier japanischen Flugzeugträger. Doch nun war die San-Bernardino-Straße offen für die vier Schlachtschiffe und acht Kreuzer umfassende Streitmacht Kuritas, die sich der amerikanischen Invasionsflotte unangefochten nähern konnte. Diese bestand aus Truppentransportern und Lieferschiffen, welche durch sechs Geleitträger sowie sieben Zerstörer und Geleitzerstörer nur leicht abgeschirmt wurden. In den frühen Morgenstunden des 25. Oktober machten die amerikanischen Beobachtungsposten zu ihrem Entsetzen die Pagoden ähnelnden Konturen der schweren japanischen Einheiten aus, die auf sie zuhielten. Trotz der überwältigenden Überlegenheit des Feindes wehrten Flugzeuge der amerikanischen Geleitträger, die nicht einmal mit Torpedos und panzerbrechenden Bomben bestückt waren, Kuritas Schiffe ab, bis diesen erneut der Mut verließ und er die Flucht durch die San-Bernardino-Straße antrat. Die Amerikaner hatten das Glück lediglich einen Geleitträger einzubüßen. Dagegen bedeutete der Verlust von vier Trägern, drei Schlachtschiffen und zehn Kreuzern im Verlauf mehrerer Flottengefechte das Ende der Kaiserlichen Flotte als ernst zu nehmende militärische Streitmacht.

Während die US Navy ihre Träger aus dem Gebiet der Philippinen abzog, kämpften MacArthurs Einheiten gegen enorm verstärkte japanische Einheiten am Boden und in der Luft um die Einnahme von Leyte. Die Amerikaner hatten mit einer raschen Einnahme der Insel und dem alsbaldigen Bau von Flugplätzen gerechnet. Aber der Widerstand der Japaner war stärker als erwartet und die anhaltenden Regenfälle wurden für die Bautrupps zum Alptraum. Während die Fähigkeiten der japanischen Flieger weiter abnahmen, erhielt der Krieg einen noch übleren Beigeschmack mit der Einführung von Kamikaze-Flugzeugen, deren Piloten sich bereitwillig mitsamt ihren Maschinen auf die Schiffe der US Navy stürzten. Die amerikanische Luftverteidigung zerstörte zwar die Mehrheit der anfliegenden Kamikaze-Maschinen, doch innerhalb der nächsten zehn Monate versenkten oder beschädigten die Japaner immerhin 46 Frachtschiffe.

Die Räumung der Philippinen ging voran und gleichzeitig vergrößerten die Amerikaner ihre strategischen Bombereinheiten auf den Marianen erheblich. Die für die strategischen Bombenangriffe auf Japan eingesetzte B-29 war das Ergebnis eines der kostspieligsten Konstruktionsprogramme, das 1940 eingeleitet worden war. Bei maximaler Beladung betrug ihre Reichweite ca. 6440 km, was in der Flugzeugtechnik einen Quantensprung darstellte. Bis zum Ende des Jahres 1942 beliefen sich ihre Entwicklungskosten bereits auf 3 Milliarden US-Dollar. Die ersten Prototypen und auch die A-Serie wiesen eine Reihe von technischen Mängeln auf. Der schlimmste war, dass die Motoren erschreckend oft Feuer fingen, wenn sie stark belastet waren. 1943 gaben einige Offiziere der USAAF der Maschine

Blick auf das Flugdeck eines Trägers, im Hintergrund schnelle Schlachtschiffe. Gegen Ende des Jahres 1943 verfügte die US-Flotte über eine beträchtliche Zahl von Trägern der Essex*-Klasse. Mit ihnen kontrollierte sie im zentral- und westpazifischen Raum nicht nur die Meere, sondern auch japanische Stützpunkte an Land.*

308
306
320
335
321
303
436912
311
330

den Namen „Vernichterin“, allerdings nicht aufgrund ihrer Fähigkeit dem Gegner zu schaden.

Jagdflugzeuge vom Typ P-51 „Mustang“ auf einem amerikanischen Flugplatz. Die Luftüberlegenheit der Amerikaner wurde durch die Flexibilität ihrer Luftstreitkräfte ermöglicht. Diese konnten von Flugplätzen operieren, die durch amphibische Landeeinheiten angelegt worden waren.

Die Beharrlichkeit der Amerikaner machte sich bezahlt: Ende Herbst 1944 waren sie zu einer Neuauflage der strategischen Bombardements auf die japanischen Mutterinseln von den Marianen aus gerüstet. Die Kontrolle über diese Offensive übertrug Arnold dem General Haywood Hansell, der bereits in den 30er-Jahren einer der führenden Theoretiker von Präzisionsbombardements gewesen war. Die Amerikaner hatten bereits in Arizona Versuche mit strategischen Bombardements durchgeführt. Doch in Asien – ebenso wie schon in Europa – gestalteten sich diese schwieriger als angenommen. Einerseits machte das Wetter über Japan oft einen Strich durch die Rechnung der amerikanischen Militärs: Wolken verdeckten die Ziele und böige Höhenwinde machten genaue Bombardements nahezu unmöglich. Andererseits waren die Präzisionsziele am Boden sehr schwer auszumachen, da die japanische Wirtschaft dezentralisiert war, und die Radarstation auf Iwo Jima warnte die Japaner rechtzeitig vor. Darüber hinaus musste das XXI. Bomber Command all die Instandhaltungs- und Versorgungsprobleme bewältigen, die mit der Einführung eines neuen Flugzeugs in das Kampfgeschehen und mit Basen in vorgeschobener Stellung verbunden waren.

Im Januar 1945 löste Arnold General Hansell durch General Curtiss LeMay ab, der ein Verfechter der Angriffe auf Schweinfurt und Regensburg war. Der Zigarre rauchende und mitunter bärbeißige Absolvent der Ohio State University löste die Instandhaltungs- und Versorgungsprobleme mit der für ihn typischen Härte. Doch die Verluste an Bombern innerhalb seines Befehlsbereichs nahmen ein unvertretbares Ausmaß an. Der unter großen Opfern im Februar 1945 von Marineinfanteristen durchgeführte Angriff auf Iwo Jima verkürzte die Vorwarnzeit für die Japaner beträchtlich und führte zu einer Verringerung der amerikanischen Bomberverluste. Außerdem diente die Insel als Notlandeplatz für beschädigte B 29-Bomber, die den Rückflug zu ihren Basen nicht mehr bewältigen konnten. Von hier aus konnten die P-51 den Bombern bis zu den Mutterinseln Jagdschutz geben. Doch noch immer fehlte es dem amerikanischen Bombardement an Genauigkeit. Im Februar 1945 führte LeMay Versuche mit Brandbomben durch, die er auf japanische Großstädte

Das japanische Jagdflugzeug „Zero“.

Die B-29 „Superfortress“ war ein wirklicher interkontinentaler Bomber.

abwerfen ließ. Deren Ergebnisse veranlassten ihn zu einer Änderung der Taktik des XXI. Bomber Command. LeMay ließ sich von der Wirkung der feindlichen Flak und von der schlechten Witterung nicht beeindrucken, sondern verfolgte mit seinen Brandbomben eine Vernichtungstaktik, die der des Bomber Command in Deutschland ähnelte. Die Amerikaner gingen nun außerdem zu Bombardements aus geringerer Höhe über. LeMay verfügte über mehr als dreihundert B 29-Bomber. Bei einigen von ihnen ließ er die Panzerung und die meisten Bordkanonen entfernen und begann eine Offensive mit Nachtbombardements auf japanische Städte, die die Japaner zur Kapitulation zwingen sollte. Da die Gebäude in Japans Städten weitestgehend aus Holz und Papier bestanden, waren solche Angriffe äußerst vernichtend.

Bereits beim ersten mit Brandbomben geführten Angriff auf Tokio funktionierte die neue Taktik perfekt. Die Japaner, die praktisch über keine Abwehr durch Nachtjäger verfügten, waren völlig überrascht. Auch ihre Fliegerabwehr war nur wenig ausgebaut. Am schlimmsten war jedoch, dass die Tokioter Feuerwehr den Anforderungen zur Brandbekämpfung überhaupt nicht gewachsen war. Die in der Nacht vom 8. zum 9. März 1945 aus geringer Höhe abgeworfenen Brandbomben lösten einen Feuersturm aus, der die japanische Hauptstadt verschlang. Insgesamt verbrannte eine Fläche von fast 26 km^2, 83 000 Menschen starben und 41 000 wurden verletzt. Das Ergebnis war schrecklicher als das der Bombardements von Hamburg und Dresden. Weitere Angriffe von LeMays Bombern verwüsteten Nagoya, Osaka, Yokohama, Kawasaki und Kobe sowie eine Reihe kleinerer Provinzstädte. Ronald Spector, ein Fachmann für Marinegeschichte, schreibt dazu:

> Während sie durch die dichten Wolken aus Rauch und Asche flogen und den Geruch der brennenden Großstädte wahrnahmen, deren Flammen die Flieger aus über 80 km Entfernung sehen konnten, wurde einigen Bomberbesatzungen wohl bewusst, dass dies etwas Neues und Furchtbareres war als nur der Schrecken des Krieges. Die Kriegsmaschinerie hatte die zerstörerische Gewalt von Naturkatastrophen erreicht, die weder Jung noch Alt, weder die Unschuldigen noch die Hilflosen verschonte.

Die B-29 zerstörten jedoch nicht nur japanische Großstädte. Im März begannen LeMays Bomber mit der Verminung der Japanischen Inlandsee und unterbanden dadurch jeglichen zivilen und wirtschaftlichen Zwecken dienenden Schiffsverkehr. Ende Frühjahr war die Lage für Japan hoffnungslos.

Das japanische Außenministerium sandte eine Reihe von Nachrichten an die Moskauer Botschaft, die Stalin zum Einschreiten aufforderten. Historiker auf dem Gebiet der Diplomatie betrachten das als einen Beleg für die japanische Bereitschaft den Krieg zu beenden. Sie vertreten die Ansicht, dass diese Tatsache der zivilen und militärischen Führung der USA bekannt war, lassen dabei aber zwei Dinge außer Acht: Einerseits hielt das japanische Militär noch immer die Geschicke seines Landes fest in der Hand. Andererseits handelte es sich bei den der US-Führung vorliegenden entschlüsselten Informationen um militärische Nachrichten, aus denen hervorging, dass die japanische Militärführung eine Kapitulation ablehnte und dass ihr das Leid der Zivilbevölkerung gleichgültig war.

Darüber hinaus unterstrichen die entschlüsselten Nachrichten, dass sich vom Frühjahr bis in den Sommer 1945 auf der Insel Kyushu eine umfangreiche Truppenkonzentration vollzog. Die Garnison der Insel vergrößerte sich von etwa 100 000

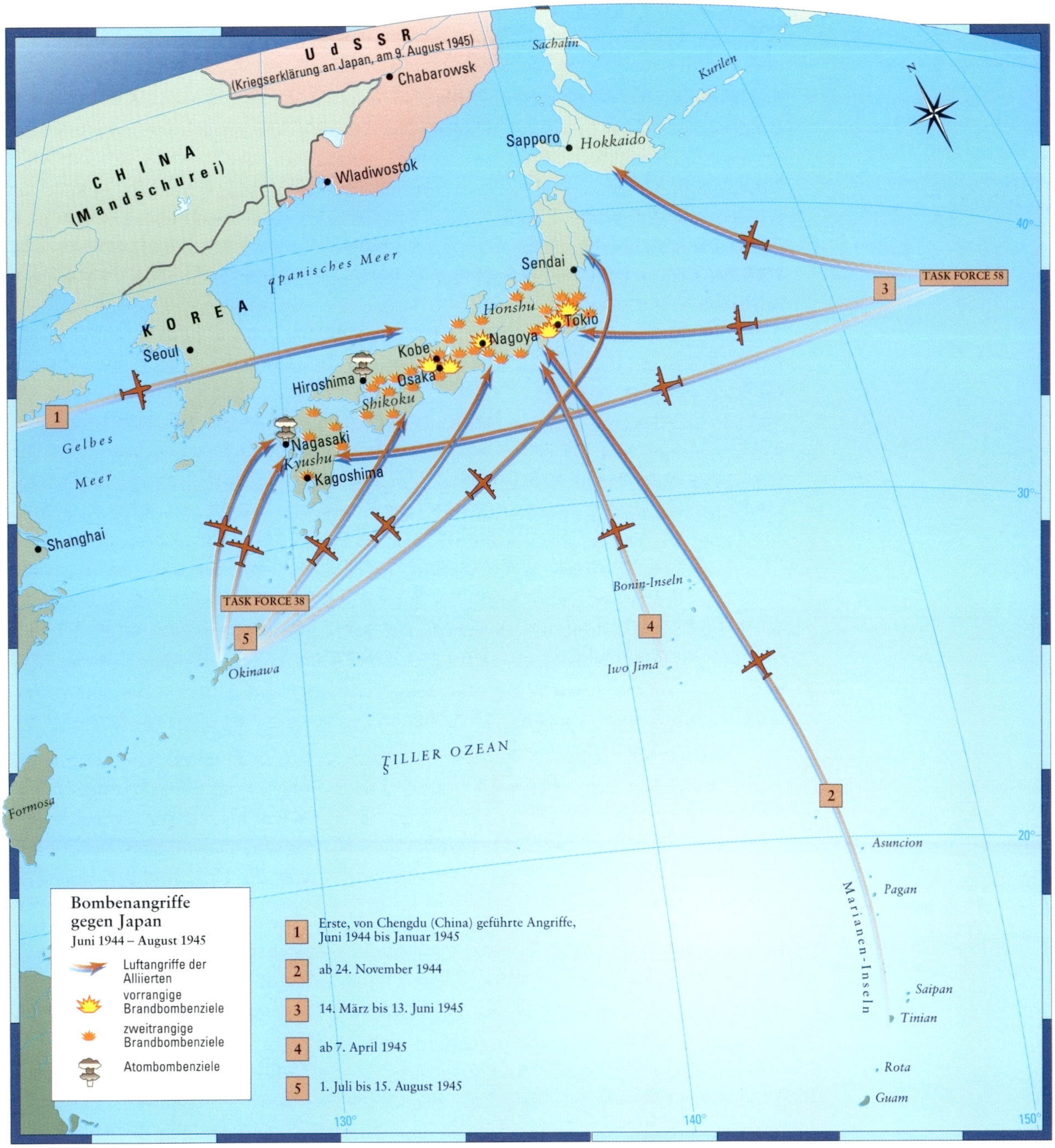

Die Enola Gay *war das Flugzeug mit der todbringenden Fracht. Mit dem Abwurf der Atombombe war der Krieg beendet.*

auf beinahe 500 000 Soldaten. Diese Zahl war für die amerikanische Führung besonders deshalb so Besorgnis erregend, weil die US-Streitkräfte auf Iwo Jima und Okinawa sehr schwere Verluste erlitten hatten. Auf Iwo Jima waren fast 7000 Mann getötet und 20 000 verletzt worden. Auf Okinawa waren im April 1945 bei den amerikanischen Landeoperationen heftige Kämpfe ausgebrochen, die auch im Mai noch anhielten. Die Amerikaner hatten die Insel angegriffen um sie zum Hauptstützpunkt für die bevorstehende Invasion in Japan zu machen. Sie stießen dort jedoch auf eine von den 70 000 Mann der japanischen 32. Armee außergewöhnlich gut organisierte Verteidigung. Die Schlacht gehörte zu den blutigsten im Pazifikkrieg und deutete an, was die Amerikaner und ihre Verbündeten bei einer Invasion in Japan erwartete.

Aufgrund der lang anhaltenden Kämpfe und des Ausmaßes der unternommenen Anstrengungen war die US-Flotte im Gebiet um die Insel relativ ungeschützt. Sie war daher einer Reihe heftiger Attacken japanischer Kamikaze-Flugzeuge ausgesetzt, die von den Mutterinseln und Taiwan aus operierten. Am 7. April griffen siebenhundert japanische Maschinen, die Hälfte von ihnen Kamikaze-Flugzeuge, die amerikanische Flotte an. Im Verlauf von sechs Wochen setzten die Japaner die US-Flotte insgesamt zehn massiven Kamikaze-Angriffen aus, bei denen zwischen fünfzig und dreihundert Maschinen zum Einsatz kamen. Die Mehrheit der ungeübten Piloten wurde von patroullierenden Kampfflugzeugen und von der Flak abgeschossen. Die meisten Kamikaze-Flieger, denen der Durchbruch durch den Flugzeugschutzschirm gelang, verfehlten entweder ihr Ziel oder wurden von der Schiffsflak mit Sperrfeuer belegt und vernichtet.

Doch diejenigen, die auch diesen Beschuss überstanden, richteten auf den von ihnen getroffenen Schiffen furchtbaren Schaden an. Nicht nur ihre Bomben trafen die Schiffe, sondern die mit maximaler Geschwindigkeit fliegenden Maschinen und ihr Treibstoff verursachten auch Brände, Explosionen und beträchtliche Beschädigungen. Die Royal Navy leistete mit ihren erst kurz zuvor in der Region eingetroffenen Trägern einen erheblichen Beitrag zur Abwehr der Kamikaze. Auf den britischen Flugzeugträgern befanden sich bedeutend weniger Maschinen, doch ihre Flugdecks waren stark gepanzert und konnten den Kamikaze-Treffern daher besser standhalten als die amerikanischen Träger. Die Gefechte auf Okinawa kosteten über 60 000 amerikanische Marineinfanteristen und Soldaten das Leben, während bei den Angriffen auf die amerikanische Flotte mehr als 5000 Seeleute getötet und weitere 5000 verwundet wurden. Die Zahl der Opfer zusammen genommen war ebenso hoch wie die der auf Okinawa getöteten japanischen Soldaten. Die politische und militärische Führung der Amerikaner konnte daraus Rückschlüsse ziehen, was ihnen bei der Invasion auf Kyushu (Operation „Olympic") bevorstehen würde, die für den 1. November 1945 geplant war. Dieser Unternehmung sollte – falls nötig – im Frühjahr 1946 die Operation „Coronet" mit Landungen auf Honshu folgen.

Doch dazu sollte es nicht mehr kommen. Ein großes Forschungsprojekt, das die USA Anfang 1940 eingeleitet hatten, kam der Invasion zuvor. Es trug den Namen *Manhattan Project* und befasste sich mit dem Bau der ersten Atombombe der Welt. Vom Standpunkt der an der Vorbereitung der Invasion im Pazifik Beteiligten war die Entwicklung der Bombe ein Geschenk des Himmels, denn keiner hielt sie mehr für vermeidbar.

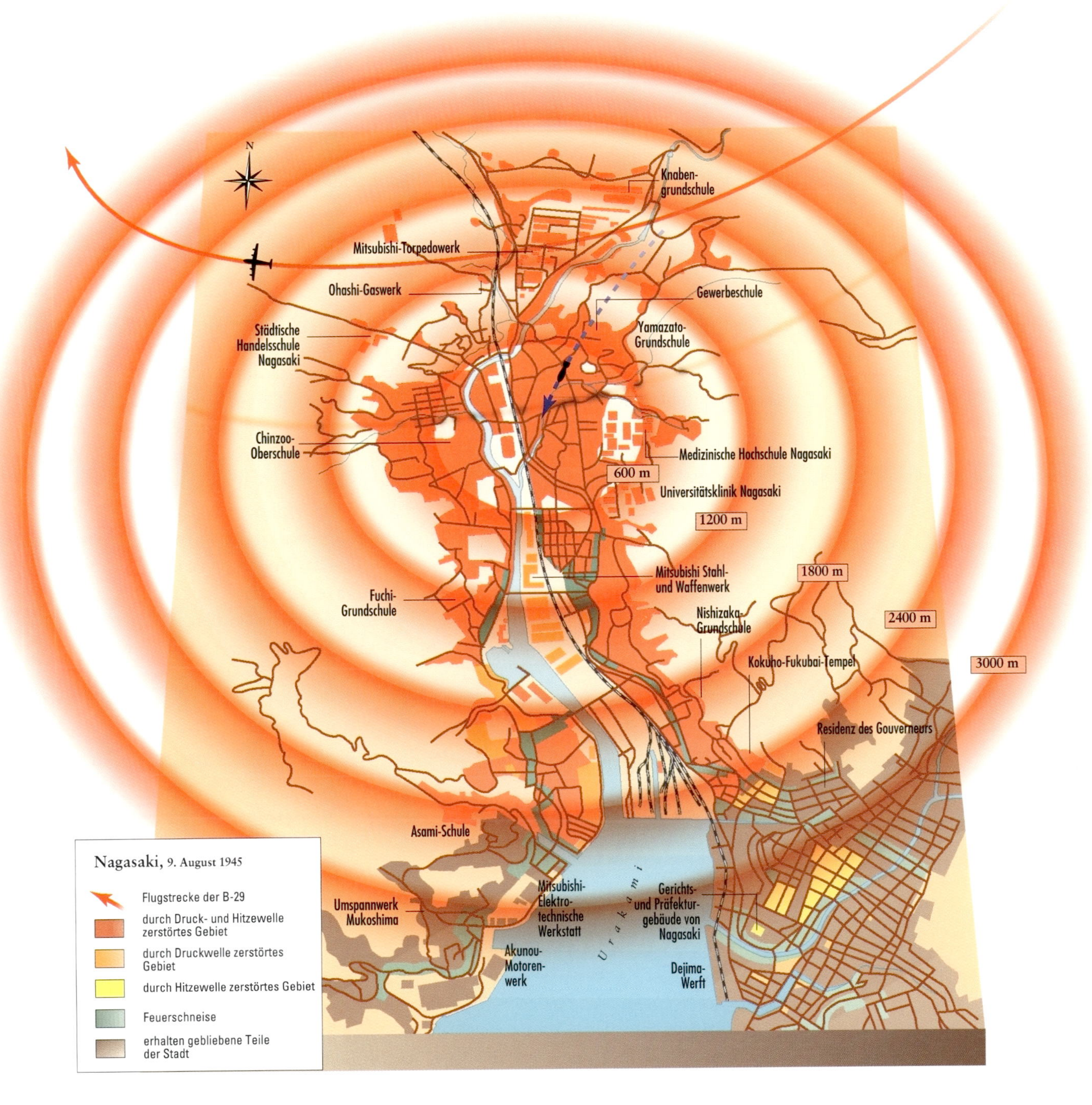

Am 9. August 1945 detonierte über Nagasaki die zweite Atombombe.

Am frühen Morgen des 6. August 1945 tauchten am Himmel über dem Süden Japans drei B-29 auf. Die japanische Verteidigung nahm von ihnen jedoch kaum Notiz. Einerseits verfügten die Luftstreitkräfte Japans nicht mehr über ausreichend Treibstoff für Abfangmissionen, andererseits schien der Verband der drei Maschinen für eine Bomberflotte zu klein zu sein. Es handelte sich wohl um weitere Wetter- oder Aufklärungsflugzeuge. Doch das Führungsflugzeug, dessen Pilot Colonel Paul Tibbets war, hatte die erste Atombombe an Bord. Um 8.15 Uhr warf Tibbets' Bombenschütze die Bombe ab und 45 Sekunden später wurde der Großteil der Stadt Hiroshima blitzartig ausgelöscht. Fast 100 000 Menschen kamen beinahe sofort um, Zehntausende starben später an den Folgen der radioaktiven Strahlung. Doch zunächst schenkten die japanischen Militärs den Auswirkungen der Bombe relativ wenig Beachtung. Unmittelbar nach dem Abwurf marschierten sowjetische Truppen in der Mandschurei ein und drei Tage später warfen die Amerikaner eine zweite Atombombe auf Nagasaki. Diesmal ließen 35 000 Menschen ihr Leben. Der Angriff auf eine weitere Stadt ließ darauf schließen, dass die Amerikaner über noch mehr solcher Waffen verfügten. Dennoch war die militärische Führung Japans geteilter Meinung über die Beendigung des Krieges. Der Kaiser, dessen Berater nicht in der Lage waren eine eindeutige Entscheidung zu fällen, bewies jedoch großen persönlichen Mut, als er einschritt und verkündete, seine Regierung würde die Bedingungen der Potsdamer Erklärung annehmen. Damit war der Krieg im Pazifik beendet.

Schlussfolgerungen

Wie im Verlauf des Krieges in Europa spielten die Luftstreitkräfte auch für den Sieg der Amerikaner eine ganz entscheidende Rolle. Doch im Gegensatz zu den Behauptungen der Luftkriegspropheten der Vorkriegszeit waren sie – vielleicht mit Ausnahme der Atombombe – nicht von allein zu einer entscheidenden Größe geworden. Sie hatten sich stattdessen zu einer der Kräfte entwickelt, die zur organisatorischen und wirtschaftlichen Stärke der USA beitrugen. Die Japaner hatten den Krieg mit einem beträchtlichen Vorteil begonnen, was ihre Erfolge der ersten sechs Kriegsmonate belegen. Doch dann setzte eine Zermürbung ein und im Verlauf des folgenden Jahres machten die Amerikaner die Vorteile der Japaner völlig zunichte.

In der zweiten Hälfte des Jahres 1943 setzte die große Flut der US-amerikanischen Industrieproduktion ein, gestützt auf ein großartiges Bildungs- und Logistiksystem. Gegen die Flugzeugträger der *Essex*- und *Independence*-Klasse mit einer neuen Generation von Jagdflugzeugen und Torpedobombern sowie gegen die große Zahl landgestützter Flugzeuge war die japanische Verteidigung machtlos. Der Vorstoß durch den zentralpazifischen Raum führte zur Einnahme von Stützpunkten auf den Marianen-Inseln, von denen aus ein Bombardement japanischer Großstädte durch Fernfliegerkräfte möglich war. Doch trotz der Zerstörung ihrer Städte und ihrer Marine, trotz eines Zusammenbruchs des Schiffsverkehrs und der Einnahme wichtiger Stützpunkte in unmittelbarer Nähe der Mutterinseln trat die Militärführung der Japaner weiterhin für einen Widerstand ein. Erst der Einsatz der Atombombe, einer Waffe von unheimlicher Vernichtungskraft, die die düstersten Prophezeiungen der Fürsprecher eines Luftkrieges erfüllte, zwang die Militaristen in Tokio zur Kapitulation und verhinderte dadurch ein Abschlachten hunderttausender Soldaten auf beiden Seiten und von Millionen japanischer Zivilisten. Vielleicht erreichte der Abwurf dieser Bomben auch noch einen weiteren wichtigen Zweck: Er diente den Supermächten in der Zeit des Kalten Krieges als grausige Warnung vor der enormen zerstörerischen Kraft von Kernwaffen.

Biografien

Bennett, Donald. C. (1910–1986)
Marshal Donald Bennett, ein Offizier australischer Herkunft, war während des Zweiten Weltkrieges einer der innovativsten dienstälteren Offiziere innerhalb der Führung der RAF. Er war zunächst zuständig für die Organisation des Transports von in den USA gefertigten Flugzeugen über den Nordatlantik. Er überlebte einen Abschuss über Norwegen und floh über neutrales schwedisches Gebiet. 1942 wurde er Kommandeur der RAF-Pfadfindereinheiten, die den strategischen Bombern am Himmel über Deutschland den Weg wiesen. Bis zum Ende des Krieges galt Bennett als einer der fähigsten Neuerer auf taktischem und operativem Gebiet. Er trat als heftiger Kritiker der Führungsweise von Harris bei der Schlacht um Berlin auf.

Boelcke, Oswald (1891–1916)
Boelcke war der vielleicht beste und einer der ersten Jagdflieger des Ersten Weltkrieges. Er maß dem Erlangen einer vorteilhaften Position vor dem Beginn eines Angriffs auf andere Flugzeuge große Bedeutung bei. Im Januar 1916 wurde ihm für den Abschuss seines achten Feindflugzeugs der „Blauer Max“ genannte Orden „Pour le mérite“ verliehen. Im September 1916 begann er mit der Aufstellung der deutschen Jagdstaffeln, deren Aufgabe es war, feindliche Jagdflugzeuge abzuschießen und damit den Weg für deutsche Aufklärungsflugzeuge frei zu machen. Er war ein großartiger Lehrer, dessen Worte für seine Schüler wie beispielsweise von Richthofen ein Evangelium waren. Boelcke kam im Oktober 1916 bei einem Zusammenstoß in der Luft ums Leben. Seine Kampfgefährten hielten für ihn einen grandiosen Trauergottesdienst in der Kathedrale von Cambrai ab.

Doolittle, James (1896–1993)
Der talentierte, aggressive und vielseitige James Doolittle begann im Jahr 1917 seine militärische Laufbahn und absolvierte 1922 den ersten Flug über Nordamerika in weniger als 24 Stunden. In den 20er-Jahren war er ein hervorragender Jagdflieger des US Army Air Corps. In den Jahren zwischen den Kriegen beschäftigte er sich mit der Konstruktion von Flugzeugarmaturen und entwickelte das erste amerikanische Zielfindungssystem. 1930 verließ er das US Army Air Corps, wurde jedoch 1940 wieder zum aktiven Dienst einberufen und war der einzige Offizier des Zweiten Weltkrieges, der als Nicht-Berufssoldat eine bedeutende Luftflotte befehligte. Im April 1942 begannen unter seinem Befehl Flugzeuge vom Typ B-25 mit der Bombardierung Tokios. Es waren die ersten Angriffe, die den Krieg bis zu den japanischen Mutterinseln trugen. Für diese Leistung erhielt er die US-amerikanische „Medal of Honor“. Im weiteren Verlauf des Jahres 1942 wurde ihm der Befehl über die 12. US Air Force übertragen, die er auf die Operation „Torch“ vorbereitete. 1944 übernahm er das Kommando über die 8. US Air Force, die die strategischen Bombenangriffe gegen Deutschland flog. Nachdem er den aktiven Dienst 1945 quittiert hatte, war er Angehöriger zahlreicher Kommissionen des Präsidenten. In den 80er-Jahren überreichte ihm Präsident Ronald Reagan seinen vierten Stern.

Douhet, Giulio (1869–1930)
Douhet war ab 1918 Chef der italienischen Heeresfliegereinheiten und gehörte zu den ersten Theoretikern des Luftkrieges in den Jahren zwischen den Kriegen. Bereits vor 1918 erklärte er, dass Bombenangriffe auf dicht besiedelte feindliche Gebiete dem Krieg ein rasches Ende bereiten könnten und jede finanzielle Unterstützung des Heeres und der Marine eine völlige Geldverschwendung wäre. Ebenso wie sein amerikanisches Pendant William Mitchell machte sich Douhet durch sein Eintreten für starke Luftstreitkräfte äußerst unbeliebt. Er wurde 1916 vor ein Kriegsgericht gestellt, weil er öffentlich die Fähigkeiten der italienischen Flieger verunglimpft hatte. Nach der Schlacht von Karfreit wurde er freigelassen. Seine Schriften zu strategischen Bombenangriffen besaßen in den Jahren zwischen den Kriegen bedeutenden Einfluss.

Dowding, Sir Hugh (1882–1970)
Dowding begann seine Laufbahn beim Royal Flying Corps und befehligte während des Ersten Weltkrieges dessen Staffeln an der Westfront. Als Leiter der Forschungs- und Entwicklungsabteilung der RAF Anfang der 30er-Jahre überwachte er die Entwicklung des Radars und die Konstruktion der Jagdflug-

zeuge „Hurricane“ und „Spitfire“. 1937 wurde er zum Kommandeur des Fighter Command ernannt und wandelte die britische Luftverteidigung in ein organisiertes und zusammenhängendes System um. Dowding war sich der Bedeutung einer sorgfältigen Koordinierung des Luftverteidigungssystems bewusst, das Frühwarnsysteme und Standorte von Jagdfliegerkräften über eine klar definierte Befehlskette miteinander verband. Dowdings zielstrebige Anwendung neuer technischer Entwicklungen rettete Großbritannien zweifellos vor den Offensiven der Luftwaffe während der Schlacht um England. Nach dem Ende seines Einsatzes in den USA ließ er sich 1942 in den Ruhestand versetzen.

EAKER, IRA (1898–1987)
Eaker war von 1942–1943 Kommandeur der 8. US Air Force in Großbritannien und überwachte dort den Aufbau amerikanischer strategischer Luftstreitkräfte. Er befürwortete strategische Bombardements und leitete die erste Bomberoffensive der Amerikaner auf Westeuropa, die mit dem Angriff auf Rouen im August 1943 begann. Eaker nahm an der Konferenz von Casablanca teil und überzeugte die Stabschefs von der Notwendigkeit amerikanische Fliegerkräfte weiterhin Präzisionsangriffe bei Tag fliegen zu lassen, während die RAF gleichzeitig Nachtangriffe durchführte. Ende 1943 wurde er als Befehlshaber der alliierten Streitkräfte im Mittelmeerraum eingesetzt. Auch er erhielt in den 80er-Jahren seinen vierten Stern aus den Händen von Präsident Ronald Reagan.

FOKKER, ANTHONY (1890–1939)
Fokker brachte sich selbst das Fliegen bei und konstruierte sein erstes Flugzeug im Jahr 1911. Zwei Jahre später gründete er in Schwerin die Flugzeugwerke Fokker Aeroplanbau, die während des Ersten Weltkrieges über vierzig äußerst erfolgreiche Flugzeugmodelle für Deutschland fertigten. Außerdem entwarf er ein synchronisiertes Unterbrechergetriebe, welches es ermöglichte, synchronisiert mit einem Maschinengewehr durch den Luftschraubenkreis zu feuern, ohne das Propellerblatt zu treffen. 1922 emigrierte Fokker in die USA, wo er die Fokker Aircraft Corporation leitete.

FONCK, RENÉ (1894–1953)
Fonck, das größte Flieger-As der Franzosen im Ersten Weltkrieg, erzielte 75 bestätigte Abschüsse. Er verfügte über ein unglaubliches Sehvermögen und beeindruckte seine Kampfgefährten dadurch, dass er feindliche Maschinen aus größter Entfernung abschoss.

GALLAND, ADOLF (1912–1996)
Galland war eines der erfolgreichsten Asse der Luftwaffe im Zweiten Weltkrieg. In der Schlacht um England gehörte er der III. Gruppe des Jagdgeschwaders 26 an und wurde 1940 als Geschwaderkommodore über Frankreich und Großbritannien eingesetzt. Er ermutigte Messerschmitt, die neue düsengetriebene Me 262 zu bauen um der P-51 „Mustang“ etwas entgegensetzen zu können. Er setzte sich konsequent für die Interessen der Piloten ein, indem er eine Verbesserung ihrer Ausrüstung forderte. Im Januar 1945 übernahm er den Befehl über einen Elite-Jagdverband und wurde im April jenes Jahres abgeschossen und von den Briten gefangen genommen.

GÖRING, HERMANN (1893–1946)
Göring war während des Ersten Weltkrieges eines der führenden Flieger-Asse der Deutschen und schoss 22 Flugzeuge ab. Er gehörte von Richthofens Geschwader an und übernahm dort nach dem Tod des „Roten Barons“ im Jahr 1918 die Befehlsgewalt. In den Jahren zwischen den Weltkriegen trat er schon früh in die NSDAP ein und bei Hitlers Machtübernahme wurde er zunächst Reichskommissar für die Luftfahrt, im Mai 1933 Reichsminister für die Luftfahrt und ab 1934 Oberbefehlshaber der Luftwaffe. Er überwachte deren Entwicklung zu einer hervorragenden Teilstreitkraft bis zum Beginn des Zweiten Weltkrieges. Mitunter stellte er übertriebene Forderungen an die Leistungsfähigkeit der Luftstreitkräfte, die diese nicht erfüllen konnten. Im Mai/Juni 1940 gelang es der Luftwaffe beispielsweise nicht, die BEF bei Dünkirchen zu vernichten, obwohl Göring dies im Voraus großspurig verkündet hatte. Noch im gleichen Jahr traf er eine schwerwiegende Fehlentscheidung, als er die Angriffe der Luftwaffe auf britische Flugplätze abbrechen ließ und stattdessen London bombardierte. Er verlor dadurch die Initiative und letztlich die gesamte Schlacht. Während der Schlacht um Stalingrad im Winter 1942/1943 versprach Göring die eingeschlossene 6. Armee täglich mit 500 t Nachschub aus der Luft zu versorgen. Seine bereits überforderten Streitkräfte konnten dieses Versprechen jedoch nicht einlösen. Parallel mit dem verloren gegangenen Nimbus ging ein Persönlichkeitsverfall

vonstatten und verursacht durch eine Morphiumabhängigkeit büßte Göring auch die für die heftigen Schlachten von 1942–1944 erforderlichen Führungsqualitäten ein. Stattdessen überließ er Entscheidungen seinen Unterstellten Milch und Jeschonnek.

Harris, Arthur (1892–1984)
„Bomber-Harris" – so sein Spitzname – wurde im Februar 1942 Chef des Bomber Command. Harris leitete die strategische Bomberoffensive der Briten in geregelte Bahnen und sorgte für deren Härte und Wirksamkeit. Er ließ von seinen Einheiten eine deutsche Stadt nach der anderen mit dem Ziel bombardieren, die deutsche Wirtschaft zu zerstören und die Zivilbevölkerung zu demoralisieren. Harris' unnachgiebiges Vorgehen ist wiederholt sowohl hinsichtlich seiner militärischen Wirkung als auch seiner moralischen Seite in Frage gestellt worden.

Immelmann, Max (1890–1916)
Immelmann war einer der Begründer von Luftkampftaktiken für Jagdflieger und erwarb sich mit seinen außerordentlichen Fähigkeiten den Beinamen „Der Adler von Lille". Er erfand 1915 den nach ihm benannten Immelmann-Turn, einen angesetzten Looping, gefolgt von einer halben Rolle (vgl. Darstellung S. 34/35).

Jeschonnek, Hans (1899–1943)
Jeschonnek, ein Flieger-As des Ersten Weltkrieges und Klassenbester an der Kriegsakademie, wurde 1939 Generalstabschef der Luftwaffe. Unter dem Eindruck der Katastrophe von Stalingrad und der schweren Bombenangriffe auf deutsche Städte, nahm er sich im ostpreußischen Hauptquartier der Luftwaffe das Leben.

Kenney, George C. (1889–1977)
Kenney war einer der innovativsten Fliegeroffiziere des Zweiten Weltkrieges. Unter MacArthur befehligte er die 5. US Air Force und veränderte die Taktiken seiner Piloten und Besatzungen, sodass diese den Japanern bei der Schlacht in der Bismarcksee eine vernichtende Niederlage zufügen konnten.

Kesselring, Albert (1885–1960)
Kesselring, der von manchen Historikern als äußerst talentiert angesehen wird, während andere seine Fähigkeiten sogar überbewerten, wechselte 1933 vom Heer zur Übernahme des getarnten Luftwaffenverwaltungsamtes. Er trat für strategische Bombenangriffe ein und unterstützte 1940 Hitlers Entscheidung London zu bombardieren. Doch das Fehlschlagen von zweien seiner Tagangriffe führte zur Verschiebung der Operation „Seelöwe". Er übte von 1942–1943 einen äußerst negativen Einfluss auf die Strategie der deutschen Luftstreitkräfte im Mittelmeerraum aus.

LeMay, Curtis (1906–1990)
LeMay war im Zweiten Weltkrieg einer der besten Bomberkommandeure der Amerikaner. Unter seiner Regie fanden im August 1943 die Angriffe auf Schweinfurt und Regensburg statt. 1944 wurde er Oberbefehlshaber der 20. US-Luftflotte in Fernost, die von China und den Marianen aus mit den strategischen Bombern B-29 die japanischen Mutterinseln bombardierten und u. a. nach der Methode LeMays die nächtlichen Flächenbombardements mit Brandbomben auf Tokio führten.

Messerschmitt, Willy (1898–1978)
Der talentierte und einfallsreiche Flugzeugkonstrukteur Messerschmitt begann seine Laufbahn als Konstrukteur ausgeklügelter Segelflugzeuge und gründete 1923 eine eigene Firma zum Bau von motorgetriebenen Flugzeugen. 1933 gab die Luftwaffe ein neues Jagdflugzeug in Auftrag und Messerschmitt entwickelte 1934/35 die Bf 109, den erfolgreichsten Jäger der Deutschen im Zweiten Weltkrieg. Sein Glanzstück war jedoch das erste strahlgetriebene Flugzeug Me 262, welches im Juli 1944 in Dienst gestellt wurde und für die Zerstörung von wenigstens einhundert US-amerikanischen Bombern sorgte. Nach dem Krieg setzte Messerschmitt seine Arbeit auf dem Gebiet des Flugwesens fort und stellte eine Reihe von Satelliten, Raketen und Flugzeugen her.

Mitchell, William (1879–1936)
Mitchell galt als einer der besten amerikanischen Piloten des Ersten Weltkrieges und befehligte die Fliegereinheiten beim Angriff auf den Mihielbogen. Nach dem Krieg sprach er sich in den USA massiv für strategische Bombenangriffe aus. Im Gegensatz zu den meisten seiner Zeitgenossen vertrat er den Standpunkt, dass vor der Aufnahme strategischer Bombardements zunächst die gegnerischen Luftstreitkräfte zerschlagen werden müssen.

Moffet, William (1869–1933)
Moffet, der erste Kommandeur des US-amerikanischen Bureau of Aeronautics, konstruierte Trägerflugzeuge und trug erheblich dazu bei, dass die Marinefliegereinheiten ihre Unabhängigkeit behielten.

Nimitz, Chester (1885–1966)
Nimitz übernahm Ende Dezember 1941 den Befehl über die US-Marineflieger im Pazifik. Mit seinen Trägereinheiten besiegte er im Frühjahr 1942 zunächst die Japaner in den Schlachten in der Korallensee und bei den Midway-Inseln und erlangte dann die Vorherrschaft über den zentralpazifischen und westpazifischen Raum.

Richthofen, Manfred Freiherr von (1892–1918)
Der führende Jagdflieger an der Westfront des Ersten Weltkrieges schoss mit seinem scharlachroten Fokker-Dreidecker insgesamt achtzig feindliche Flugzeuge ab. Dieser Maschine verdankte er auch den Spitznamen „Der Rote Baron". Seine Staffel wurde als „Fliegender Zirkus" bekannt und vernichtete von 1917 – Anfang 1918 alliierte Fliegereinheiten. Von Richthofens Tod im Frühjahr 1918 gab in Deutschland Anlass zur Staatstrauer.

Sikorski, Igor (1889–1972)
Sikorski war ein russischer Luftfahrtpionier, der 1917 den ersten viermotorigen Bomber, die „Ilja Muromez", konstruierte. Nach der Oktoberrevolution floh er in die USA, wurde dort zu einem der führenden Flugzeugkonstrukteure und beschäftigte sich mit der Entwicklung von Hubschraubern.

Spaatz, Carl (1891–1974)
Spaatz wurde 1941 Brigadegeneral und Chef der Planungsabteilung der Heeresluftwaffe, im Juni 1942 Generalmajor und erster Oberbefehlshaber der 8. US Air Force in Großbritannien. In seinem Verantwortungsbereich befanden sich 1942/43 die amerikanischen Fliegerkräfte im Mittelmeerraum. Im Januar 1944 wurde er Oberbefehlshaber der strategischen US-Luftstreitkräfte in Europa (USSAFE). Spaatz war ein großer Fürsprecher der Luftstreitkräfte und arbeitete für das Erreichen der alliierten Zielstellungen eng mit den Befehlshabern des Heeres und der Marine zusammen. Im Mai 1944 überredete er Eisenhower zur Durchführung intensiver Luftangriffe auf die Treibstoffindustrie des Dritten Reiches.

Tedder, Arthur (1890–1967)
Tedder war während der ersten Jahre des Zweiten Weltkrieges der führende britische Fliegeroffizier im Mittelmeerraum. Er erreichte eine enge Zusammenarbeit zwischen den Luft- und Landstreitkräften.
Bei der Invasion in Europa agierte er als Eisenhowers Stellvertreter. Sein Beitrag zum Erfolg der Operation „Overlord" bestand in der Ausarbeitung eines Einsatzplanes für die Zerstörung des von den Deutschen genutzten Verkehrsnetzes. Mit dessen Ausführung wurde in den letzten Kriegsmonaten die deutsche Wirtschaft lahm gelegt.

Trenchard, Hugh (1873–1956)
Während des Ersten Weltkrieges war Trenchard Befehlshaber der Einheiten des Royal Flying Corps an der Westfront. Für den Großteil der 20er-Jahre kommandierte er die RAF, nachdem er 1918 bereits deren strategische Bombereinheiten befehligt hatte.

Weiterführende Literatur

Bailey, Ronald H. (Hrsg./Bearb.): Der Zweite Weltkrieg: Der Luftkrieg in Europa. Bechtermünz Verlag, Eltville am Rhein, 1994.
Botting, Douglas (Hrsg./Bearb.): Die Geschichte der Luftfahrt. Die Luftschiffe. Bechtermünz Verlag, Eltville am Rhein, 1993.
Bowen, Ezra (Hrsg./Bearb.): Die Geschichte der Luftfahrt. Kampfflieger des Ersten Weltkriegs. Bechtermünz Verlag, Eltville am Rhein, 1993.
Facon, Patrick (Hrsg./Bearb.): Illustrierte Geschichte der Luftfahrt. Die Flugpioniere und ihre Maschinen vom 18. Jahrhundert bis heute. Bechtermünz Verlag, Eltville am Rhein, 1994.
Groehler, Olaf: Geschichte des Luftkriegs 1910 bis 1980. Militärverlag der Deutschen Demokratischen Republik, Berlin.
Hardt, Karl Heinz (Hrsg.): Unvergeßliche Flüge. Piloten erzählen über sich und über andere. Militärverlag der Deutschen Demokratischen Republik, Berlin, 1989.
Jablonski, Edward: Die Geschichte der Luftfahrt. Amerika im Luftkrieg. Bechtermünz Verlag, Eltville am Rhein, 1993.
Keegan, John (Hrsg.): The Times: Atlas Zweiter Weltkrieg. Bechtermünz Verlag, Augsburg 1999.
Meyer, Günter: Luftfahrt. Wie der Mensch das Luftreich eroberte. Urania-Verlag, Leipzig/Jena, 1959.
Mondey, David (Hrsg.): Illustrierte Geschichte der Luftfahrt. Südwest-Verlag, München, 1980.
Mosley, Leonard (Hrsg./Bearb.): Der Zweite Weltkrieg: Die Luftschlacht um England. Bechtermünz Verlag, Eltville am Rhein, 1994.
Piekalkiewicz, Janusz: Der Erste Weltkrieg. Econ Verlag GmbH, Düsseldorf.
Piekalkiewicz, Janusz: Der Zweite Weltkrieg, Econ Verlag GmbH, Düsseldorf, 1985.
Price, Alfred: Fliegende Legenden. Mensch und Maschine in den Luftkämpfen des Jahrhunderts. Bechtermünz Verlag, Augsburg 1998.
Schmitt, Günter (Hrsg./Bearb.): Das Junkers Flugzeugtypenbuch. Die Junkers-Flugzeuge und die JFM-Flugzeuge, vorgestellt in Texten, Fotos, Daten, Tabellen und Dreiseitenzeichnungen. Anhaltische Verlagsgesellschaft, Dessau, 1997.
Thürk, Harry: Pearl Harbor. Die Geschichte eines Überfalls. Militärverlag der Deutschen Demokratischen Republik, Berlin, 1965.
Zentner, Christian: Heimatfront und Bombenkrieg. 1943–1945. Naturalis-Verlag, München/Köln, 1989.

Register

Kursiv gedruckte Seitenzahlen verweisen auf eine Abbildung zu dem betreffenden Stichwort.

A-7 „Corsair", Jagdflugzeug 94, *194–195*
A-20 193
Abessinien 108
Adlertag (1940) 123
Afrika 147
Afrikakorps 147, 148
Ägypten 147
Aichi D3A, Sturzkampfbomber *112*, *180*
Akagi, 187
Akron 92
Alaska 186
Albanien 131
Albatros D.III *51*, 52, 55, 56
Algerien 148
Amerikaprogramm 61
Anzacs 45
Ardennen 119, 167
Arktis, Geleitzüge in der 145
Ärmelkanal 121, 122
Arnold, Henry, General 149, 160, 192, 198, 201, 205
Arras, Schlacht bei (1917) 53, 62
Artillerieaufklärung 32, 74
Asquith, H. H. 57
Athen 131
Atlantik, Schlacht im 142–146, *145*, 171
Atlantischer Ozean 61, 78, *80–81*, 116
Aufklärung 32, 74, 87
Australien 42, 70, 184, 185

„Avenger", Marine-Torpedobomber *174*

„Battle", leichter Bomber 93, 119
Bader, Douglas 126–127
Baku 141
Baldwin, Stanley 84
Balkan 45, 131–133, 160
Ball, Albert 16, *17*
Ballons 32–33, 40, 52, 71
Bastogne *158*
Bataan, 182
B.E.2C *26–27*, *30*, *54*, *55*
„Beaufighter" *22–23*, 23, 193
Belgien 71, 73, 119
Belgrad 132
Bennett, D. C., Marshal 152
Berlin 73, 126, 151–152, 161, 162
Beschwichtigungspolitik 87–88
Beyerchen, Alan 90
Bismarcksee, Schlacht in der (1943) 192
Blitz 127
Blücher 117
Blum, Léon 109
Bock, Fedor von, General 119
Boeing 94
Boeing 314, Langstreckenflugboot *102–103*
Boeing B-17 „Flying Fortress", Bomber 19, 22, 94, *153*, *158*, *159*, 161, *166*, *170*, 182, 185, 186, *188*, 192, 193
Boeing B-24 „Liberator" 22, 94, *146*, 161, *168*, *169*
Boeing B-25 94, 183, 184–185, 192, 193
Boeing B-26 94
Boeing B-29 „Superfortress" 198, 201, 205–206, *206*, 210
Boeing P-12D, US-Jagdflugzeug 96
Boelcke, Oswald 16, 37, 42, 49–52
Bomber 20–23
Bedeutung für die Niederlage Deutschlands 171–172;
Brandbomben 74;
Flächenbombardements 172;
Kamikaze-Flugzeuge 201, 208;
Langstrecken- 89–90, 95–96, 99–102, 129;
Luftschiffe 72, 73;
Nachtbombardements 69–70, 73–74, 151, 171;
Präzisionsbombardements 153, 205;
strategische Bombardements 84–86, 89–90, 98–99, 116–117, 169–171, 205;
Sturzkampfbomber *112*, *116*
Bomber Command:
erste Feldzüge des Zweiten Weltkrieges 119;
Grenzen 89–90;
Luftwaffe, Niederlage der 150–152, 162–165, 168–169;
Operation „Overlord" 162–165;
Verluste 19, 152
Bomberoffensive 150, 155, 159, 171
Borneo 198, 199
Bougainville 193
Brandbomben 74
Breguet, Korporal Louis 26
Bristol „Blenheim", leichter Bomber *130*
Bristol F.2B 56
Bristol S.E.5A 56, *59*
British Army 86, 89, 147;
3. Armee 67;
5. Armee 67;
8. Armee 147-148
British Expeditionary Force (BEF) 28, 41, 52, 62
Brooks, A. R. *67*
Brown, Roy, Captain 69
Brussilow-Offensive (1916) 49
Brjansk 135
Bulgarien 45, 131
Burma 182, 196–197
Burmastraße 197
Butt-Report

C-46 Frachtflugzeug 197
C-47 94, *158*
Cambrai 65
Caproni Ca-1 49
„Catalina", Flugboot *144*
Ceylon 184
Chamberlain, Neville 87, 143
Charkow 140
Chatham-Werft 73
Chemin des Dames 52–53, 75

Chennault, Clare, General 197, 198
Chiang Kai-shek 196, 197, 198
China 110, 112, 176–177, 185, 196, 197–198
Churchill, Winston 16, 89, 90, 162;
und der „Blitz“ 127;
Atlantik, Schlacht im 142;
Gallipolifeldzug 45;
London, Luftangriffe auf 126;
Verteidigung Frankreichs 120
Clausewitz, Carl von 20
Coastal Command 88, 143
Conningham, Arthur, Marshal 147
Courtrai 56
Coventry 127
Curtiss P-40 „Tomahawk“, Jagdflugzeug *150*
Curtiss P-40 „Warhawk“, Jagdflugzeug *189*

Dänemark 61, 117
Dardanellen 45
DC-2, 93, *100–101*
DC-3, 94
de Havilland 99
Deullin, Albert 19–20, 42–44
Deutschland:
Erster Weltkrieg:
Flandernfeldzug 63;
Flugzeugherstellung 56-57, 58, 61, 71–72;
Luftkampf *34–35*, 37, *43*, 51–52, 53;
Luftunterstützung, direkte 53, 98, 103–105;
Maschinengewehr, Unterbrechergetriebe für *32*, 35;
Operation „Michael“ 65–69;
Ostfront 48–49;
Somme, Schlacht an der 41;
strategische Bombardements 72–74;
Verdun, Schlacht bei 39–41, *52*;
Verluste 69;
Westfront 38–41
Jahre zwischen den Weltkriegen:
Entwicklung des Flugwesens 78, 97–106;
Langstreckenbomber 99–102;
Luftkriegsdoktrin 82, 98;
Radar 91;
Russland, Zusammenarbeit mit 97, 109;
Spanischer Bürgerkrieg 102–103;
Versailler Vertrag 78, 97, 100;
Wiederaufrüstung 102, 105–106
Zweiter Weltkrieg:
Atlantik, Schlacht im 142–146;
Balkanfeldzug 131–133;
Einmarsch in den Niederlanden und Frankreich 118–120;
England, Schlacht um 120–129;
Flugzeugherstellung 153;
Luftwaffe, Niederlage der 150-169, 171–173;
Mittelmeerraum, Feldzug im 147–150;
Norwegenfeldzug 117–118;
Polenfeldzug 117;
Unternehmen „Barbarossa“ und die Ostfront 131, 133–141;
Verluste 160, 161–162
DH-5 65
Dnepr (Fluss) 140
Dolomiten 49
Don (Fluss) 137, 139, 140
Dönitz, Karl, Admiral 143, 144
Doolittle, James, General 149, 160, 165, *183*
Doppeldecker 113
Dornier Do X *106–107*
Douglas, Sholto 38
Douhet, Giulio 49, 82–84, 86, 91, 107–108, 118, 126, 159, 172
Dowding, Sir Hugh 41, 87, 90–91, 120, 121, 123
Dresden 206
Dünkirchen 121
Düppel 151, 152, 160

Eaker, Ira, General 153, 155, 160
Eben Emael, Fort 119
Eisenhower, Dwight 160, 162, 165
El Alamein, Schlacht bei (1942) 148
El Gasala, Schlacht bei (1942) 147
England, Schlacht um (1940) 18–19, *18–19*, 73, 118, 120–129, *120–121*, *124–125*
Enigma 144
Eniwetok 196, 198
Enola Gay *208*, 210
„Enterprise“ 185, 189
Erster Weltkrieg 25–75;
letztes Kriegsjahr 65–72;
Ostfront 27, 47–49;
strategische Bombardements 72–74;
Verlustraten 17–18, 41–42;
Westfront 28–45, 61–65, 82
Essex, USS 210
Essex-Klasse, Flugzeugträger 194, *202–203*
Ewart, Gavin 23

F6F „Hellcat“ 193
Falkenhayn, Erich von, General 39, 41, 49
Fall „Gelb“ 118
Fallschirme 42, 44
Faschisten 108
Fighter Command 16, 87
Bildung des 90–91;
England, Schlacht um 121–129;
Frankreich, Schlacht um 120;
Verluste 18–19, 127
Flächenbombardements 172
Flakbatterien 171–172
Flandern 61, 62–65
Fletcher, Frank, Admiral 188
Fliegerabwehrgeschütze 33, 74, 103, 159
Fliegerkorps, IV. 133
Flugboote 79, *102–103*, *106–107*, *144*
Flugplätze *162*
Flugzeugherstellung 57–61, 71-72, 129, 153
Flugzeugträger 88–89, 92–93, 110, 180, 183, 194, *202–203*, 208, 210
Foch, Ferdinand, Marschall 78
Focke-Wulf 190, *166*, *170*

Focke-Wulf „Condor“ (Fw 200) *138*, *142–143*, 143
Foggia 160
Fokker, Anthony *32*, *35*
Fokker D.VII *54*, *55*, *68*, 70
Fokker-Dreidecker *54*
Fokker-Eindecker *33*, *35–37*, 40, *54*, *55*
Folkestone 73
Fonck, René 49–51
Franco, Francisco, General 102, 108
Frankreich:
deutscher Einmarsch 118;
erste Feldzüge des Zweiten Weltkrieges 119–120;
Flugzeugherstellung 57–58, 61, 72;
(und) Indochina 177;
Jahre zwischen den Weltkriegen, Entwicklung in den 108–109;
Operation „Overlord“ 162–165;
Verdun, Schlacht bei 39–41, 52
Franticek, Josef, Feldwebel 127
Französische Revolution 16
Freyburg, Bernard, General 133
Fritzsche, Peter 78
Funkleitverfahren 113

Galiläa *44*
Galland, Adolf 123
Galliéni, Joseph-Simon, General 26–27
Gallipoli 45–46,49
Garros, Roland 32, 34–35
Gilbert-Inseln 183, 196, 198
Gloster „Gauntlet“ *90*
Goebbels, Joseph 103
Golgit *83*
Göring, Hermann 97–98, 99, 105, 121, 123, 126, 138, 143, 159
Gorlice 48
Gotha-Bomber *69*, *70*, 73, 74, 91
Griechenland 131–133
Großbritannien
Erster Weltkrieg:
Ausbildungsprogramme 38, 42, 53, 70–71, 89;
Flandernfeldzug 62–65;
Flugzeugherstellung 56–57, 58–61, 72;
Gallipolifeldzug 45–46;
Langstrecken-Bombereinheiten 74;
RAF, Bildung der 73, 74, 75, 82;
Somme, Schlacht an der 41;
Verteidigung gegen strategische Bombardements 73–74
Jahre zwischen den Weltkriegen:
Entwicklung von Flugzeugen 86–91;
Luftkriegsdoktrin 82–84
Zweiter Weltkrieg:
Ardennenfeldzug 119;
Atlantik, Schlacht im 142–146;
China-Burma-Indien 196–198;
England, Schlacht um 120–129, *120–121*, *124–125*;
Flugzeugherstellung 129;
Luftwaffe, Niederlage der 150–152, 162–165, 168–169;
Mittelmeerraum, Feldzug im 147–149;
Verluste 152
Grumman „Hellcat“, Jagdflugzeug 94, *200*
Guadalcanar 185, 187, 188-192, *188*, *190–191*
Guam 182, 198,199
Guderian, Heinz, General 119

Haag, Den 118
Haig, Douglas, Field Marshal 52,62–63, 65, 73
Halifax-Bomber 152
Hallion, Richard P. 53
Halsey, William, Admiral 92, 195, 199, 200
Hamburg 151, 206
Hamilton, Sir Ian, General 45
Handley-Page 0/400, *71*
Hansell, Haywood, Brigadier 201–205
Harris, Arthur Marshal 82, 87, 129, 150–152, 162–165, 168
Hartmann, Erich 140–141
Hawaii 184
Hawker „Fury“ 88–89
Hawker „Hart“ 83
Hawker „Hurricane“ 90, 91, *94–95*, 122, 123, 126–127
Hawker, Lanoe, Captain 35
Heer, Britisches (s. British Army)
Heinkel He 51 102
Heinkel He 111 *18–19*, 99, 103, *114*, *137*
Heinkel He 177 101–102
Henderson Field 188
Heraklion 132, 133
Hermes, HMS 184
Heurtaux, Alfred 51
Hiei 189
Himalaja 197
Hindenburg *76*, *104*
Hindenburg, Paul von, Feldmarschall 27, 49, 61
Hirohito, japanischer Kaiser 210
Hiroshima 16, 210
Hiryu 187
Hitler, Adolf 99, 169;
Balkanfeldzug 131–132, 133;
London, Luftangriffe auf 126;
Luftwaffe, Niederlage der 151, 159;
Mittelmeerraum, Feldzug im 148;
Unternehmen „Barbarossa“ und die Ostfront 131, 136–140;
Wiederaufrüstung 97–98, 102, 105-106
Honshu 208
Hornet, USS *183*, 184–185, 189

Ilja Muromez 46–47, *46–47*, 48
Illustrious 131
Immelmann, Max 16, *34–35*, 37
Imphal 197
Independence; USS 210
Independence-Klasse, Flugzeugträger 194
Indien 196, 197
Indischer Ozean 184
Indochina 177
Industriestandorte, Bombardement auf 94–95
Irak 87
Irland 143
Island 146
Isonzo 49, 72
Italien:
Erster Weltkrieg 49, 65;

Erster Weltkrieg, Verluste 107–108;
Flugboote 79;
Jahre zwischen den Weltkriegen, Entwicklung 106–108;
Luftkriegsdoktrin 82–84, 86;
strategische Bombardements 72;
Zweiter Weltkrieg 131, 149
Iwo Jima 205, 207

Jagdflugzeuge:
Fernbegleitjäger 89–90, 95–96, 99, 129;
Luftkampf 34–37, *40*, 42-45, *43*, 49–51;
Nachtjäger 159–160;
Piloten 19–20;
Verlustraten 41–42
Jagdstaffeln 51
Jägerkommando (s. Fighter Command)
Japan:
China-Burma-Indien 196–198;
Jahre zwischen den Weltkriegen, Entwicklung 109–113;
Niederlage 198–210;
Pazifik, Krieg im 177–196;
Pearl Harbor 176, *177–179*, 180–182;
Zwischenfall an der Marco-Polo-Brücke 110, 112, 176–177
Jelnja-Bogen 134
Jeschonnek, Hans, General 98, 105, 131, 159
Joffre, Marschall 52
Johnes, R.V. 127
Jugoslawien 131–132
Junkers, J. I. 65
Junkers Ju 52 102, 108–109, *111*, 117, *118–119*, 139
Junkers Ju 87 Stuka 103, *116*, 121, 140
Junkers Ju 88 99, 105
Junkers W-33, *80*

Kaga 187
Kamikaze-Flugzeuge 201, 208
Kanada 42, 142
Karibik 144
Kasserinen-Pass 148
Kaukasus 136, 137, 139–140, 141
Kawasaki 206
Kenney, George C., General 192–193
Kenia 184
Kernwaffen 209–210, *209*, *211*
Kesselring, Albert, Feldmarschall 98, 99,126, 135, 147, 149
Kiggell, Lancelot 63
King, Ernest J., Admiral 188, 198, 208
Knickebein 127
Kobe 206
Konstantinopel 45
Korallensee, Schlacht in der (1942) 185
Koshedub, Iwan N. 140
Kreta 132–133
Kristiansand 117
Kurita, Takeo, Admiral 200–201
Kursk 140
Küstenkommando (s. Coastal Command)
Kwajalein 196, 198
Kyushu 207, 208

„Lancaster“, Bomber 101, *154*
Langemark, Schlacht bei (1915) 28
Langstreckenbomber 99–102, 145-146, 155
Lee, Arthur 63–65
„Legion Condor“ 102
LeMay, Curtiss, General 205–206
Leningrad 135
Lewis, Cecil 41
Lexington, USS 92, 93, 183, 185
Leyte 199
Leyte, Bucht von
Schlacht in der (1944) 200–201
Libyen 131, 147, 148
Limoges 165
Lindbergh, Charles 78
Lloyd George, David 57, 72
Lódz 29
London *21*, 72, 73, 74, 87, 91, 126-127, *128*
Londoner Feuerwehr 74
Loos, Schlacht bei (1915) 32
Ludendorff, Erich, General 49, 61, 65, 70
Luftaufnahmen 32
Luftfahrt, zivile 92, 97, 100
Luftfahrtministerium (Großbritannien) 74, 89-90, 120
Luftflotte 2 147
Lufthansa 97,98
Luftkriegsdoktrinen 79–86, 91, 94-95, 98, 151, 169–173
Luftschiffe *104*
Luftunterstützung, direkte 53, 98, 103–105, 117
Luftwaffe 90
Atlantik, Schlacht im 142-146;
Ausdehnung 97–99, 105;
Balkanfeldzug 132;
Einmarsch in den Niederlanden und Frankreich 118–120;
England, Schlacht um 120–129;
Langstreckenbomber 99–102;
Mittelmeerraum, Feldzug im 147–150;
Niederlage der 150–169, 171–173;
Norwegenfeldzug 117–118;
Polenfeldzug 117;
Spanischer Bürgerkrieg 102–103;
Unternehmen „Barbarossa“ und die Ostfront 133–141;
Verluste 19, 127, 136, 150, 160, 161–162
Luke, Frank 71
Lunga, Reede 199
Lüttich 27

Maas 119
MacArthur, Douglas, General 182, 192, 195, 198, 199, 201
Magic 185, 186, 193, 196, 199, 200
Malaya 177, 180, 181, 182, 196
Maleme 132, 133
Malta 147
„Manchester“-Bomber 101
Mandschurei 110, 210
Manhattan Project 172, 209
Manstein, Erich von 98, 140
Mao Tse-tung 197
Marianen-Inseln 196, 198, 199, 201–205, 210
Marneschlacht (1914) 27, 28
Marshall-Inseln 183, 196, 198
Maschinengewehre *32*
Erhöhungswinkel *36*;
Unterbrechergetriebe *32*, 34–35

Messerschmitt Bf 109 99, 103, 120, 122, *122*, 123, *131*, *134*, 136, 140
Messerschmitt Bf 110 99, 122, 123, *128*, *132*, 160
Messerschmitt Me 262 *136*
Messines 53, 62
Midway-Inseln, Schlacht bei den (1942) *181*, 185, 186–187
Mihielbogen 71
Milch, Erhard, Feldmarschall 98, 133, 135
Mindanao 198, 199
Mitchell, William „Billy" 91–92, 93, 94
Mittelmeerraum 131, 145, 147–150, 153, 155
Moffet, William 92
Montgomery, Bernard Law, General 147–148
Morosowskaja 139
Morrow, John jr. 42–44, 56, 70
Moskau 134–135, 141
„Mosquito" 99
Motoren
Herstellung im Ersten Weltkrieg 57–61, 72; Reihenmotor 93, 94; Sternmotor 93–94
Münchener Abkommen (1938) 87, 105
Murmansk 145
Musashi 200
Mussolini, Benito 102, 108, 131

Nachtbombardements 69–70, 73–74, 151, 171
Nachtjäger 159–160
Nagasaki 16, *209*, 210, *211*
Nagoya 206
Naher Osten 147, 184
Nanking 177
Naval War College (USA) 92, 93
Navigationshilfen 89, 113
Nazipartei 97–98, 131
Neufundland 146
Neuguinea 183, 185, 192–193, 195
Neue Hebriden 187
New York 76
Nichtangriffspakt, deutsch-sowjetischer 105
Niederlande 61, 87, 109, 118
Niederländisch-Indien 177, 180, 182
Nieuport 11 *39*, 40, 41, *53*
Niltal 147
Nimitz, Chester, Admiral 185, 188, 195, 196, 198, 199
Nivelle, Robert, General 52–53
Nordafrika 138, 148, 149
Normandie 162–165, 171, 172
Norwegen 117–118, 123, 145
Nürnberg 152, 160, *173*

Österreich 160
Österreich-Ungarn 45, 46, 47, 49, 57, 107
Okinawa *194–195*, 207–208
Operation „Coronet" 208
Operation „Husky" 149
Operation „Market Garden" *158*
Operation „Michael" 65–69
Operation „Olympic" 208
Operation „Overlord" 162–165
Operation „Torch" 145, 148, 153
Operation „Zitadelle" 140
Osaka 206
Oslofjord 117
Ostfront (Zweiter Weltkrieg) 131–141

P-38 „Lightning" 155, 193
P-47 94, 155, 161
P-51 „Mustang" 160–161, *160*, *204*, 205
Paris 26, 73
Passchendaele, Schlacht um (1917) 62, 65, 69
Pazifik, Zweiter Weltkrieg 175–196, 198–210
Pearl Harbor 93, 176, *177–179*, 180–182, 185
Peenemünde 159
Pennsylvania 182
Pétain, Philippe, Marschall 39, 52
Pfadfinder 127, 151, 152
Philippinen 180, 181, 182, 195, 199–201
Philippinisches Meer, Schlacht im (1943) 199
Phillips, Tom, Admiral 182
Ploiesti 165
Polen 48, 103.105, 117
Port Moresby 185
Portal, Sir Charles 90
Präzisionsbombardements 153, 205
Prince of Wales 182

Rabaul 185, 192
Radar 90, 91, 113, 122, 123, 151, 152, 159–160
Reed, Lieutenant *58–59*
Regensburg 154, 160
Regia Aeronautica 108
Reichsluftfahrtministerium (Deutschland) 100
Reihenmotoren 93, 94
Rekrutierung, Werbeplakate zur *64*
Repulse 182
Rhein 155
Richthofen, Manfred Freiherr von, 16, *24*, *42*, *50*, 53, *56*, 61, 69
Richthofen, Wolfram Freiherr von, General 134, 138, 140
„Richthofens Fliegender Zirkus" *50*, *55*, *56*
Rickenbacker, Eddie *62*
Riesenbomber 74
Rio de Janeiro 79
River Clyde 45
Rommel, Erwin, Feldmarschall 147, 148
Roosevelt, Franklin Delano 72, 197
Rote Armee 137, 140, 141
Rotterdam 118
Royal Air Force (RAF): Bildung der 73, 74, 75, 82;
China-Burma-Indien 197;
Jahre zwischen den Weltkriegen, Entwicklung 86–91;
Kolonialpolitik 87;
Luftaufklärung 87;
Niederlage der Luftwaffe 150–152, 162–165, 168–169;
Verluste 152;
Verteidigung von Malta 147
Royal Flying Corps (RFC):
Flandernfeldzug 63;
Rekruten 42

Flugzeuge *55–56*;
Somme, Schlacht an der 41
Verluste 30, 41–42, 52, 53, 56
Royal Naval Air Service 88
Royal Navy:
Atlantik, Schlacht im 143, 144;
Entwicklungshilfe für japanische Marinefliegereinheiten 109;
Flugzeugträger 88–89, 92;
Gallipolifeldzug 45;
Norwegenfeldzug 117–118;
Pazifik, Krieg im 208
Rivalitäten mit R.A.F. 86;
Unterschätzen Japans 112
Rudel, Hans 19
Ruhrgebiet 73, 151
Rumänien 45, 131, 133, 165, 172
Russisch-Japanischer Krieg (1904–1905) 110
Russland (s. Sowjetunion)

Saipan 198, 199
Sakai, Saburo 112, 192, 193
Salomonen 187–192, 193
Samson, Charles, Commander 45
San-Bernardino-Straße 200–201
Saratoga 92, 93
Savoia-Marchetti SM-79, Torpedobomber *149*
Savoia-Marchetti SM-81 113
Savo-Insel, Schlacht um die (1942) 188
Schlechtwetternavigation 99, 113
Schlesien 172
Schlieffenplan 28
Schmid, Beppo, Oberst 122
Schweinfurt 129, 153–155, 159, 160
Scout-Flugzeuge *58–59*
Seeckt, Hans von 97
Segelflugzeuge 78
Seine (Fluss) 165
Sewastopol 137
Shenandoah 92
Shoho 185
Shokaku 185, 189
„Short Stirling", Bomber *153*
Sikorski, Igor 46–47, 48
Sims, William, Admiral 92
Singapur 182
Sizilien 149
Slessor, John 87
Slim, William, General 197
Smolensk 135
Smuts, Jan 73
Somme, Schlacht an der (1916) 41, 49, 52, 61, 69, 70
Sopwith 11/2 Strutters 53
Sopwith „Camel" 52, 56, 57
Soryu 187
Southampton 123
Sowjetunion:
deutscher Einmarsch 131, 133–141;
Erster Weltkrieg 46–49, 65;
Flugzeugherstellung 57;
Gallipolifeldzug 45;
Jahre zwischen den Weltkriegen, Entwicklung 109;
Jahre zwischen den Weltkriegen, Zusammenarbeit mit Deutschland 97, 109;
Verluste 133–134
Spaatz, Carl, General 160, 165
SPAD 13, *54*, *55*, *66*, *67*
Spanischer Bürgerkrieg 99, 102–103, 108, *110–111*
Spector, Ronald 206
Speer, Albert 151, 154, 171
Spirit of St. Louis 80
„Spitfire" *18–19*, 90, 91, 121, 122, 123, *123*, 126-127, *126*
Spruance, Raymond, Admiral 195, 196, 198, 199
SS 165
Stalin, Joseph 109, 206
Stalingrad 136, 137–139, *139*, 141, 149
Steinhoff, Johannes 149, 150
Sternmotoren 93–94
Stilwell, Joseph, General 197
„Stirling"-Bomber *156*
Strange, L. A., Captain 34
strategische Bombardements 72–74, 84–86, 89–90, 98–99, 116–117, 169–171, 205
Sturmowik, Schlachtflugzeug *141*
Sturzkampfbomber 112, 116, 180
Südostasien 182–183, 196
Sutherland, Richard, General 192
Suvla-Bucht 45–46
„Swordfish"-Doppeldecker 131

Taiwan 208
Tanks/Panzer *63*, *65*, 103
Tannenberg, Schlacht bei (1914) 27, 47
Tarawa-Atoll 196
Tarent 131
Tarnów 48
Tedder, Arthur, Marshal 87, 147, 162, 169, 172
Tenedos 45
Tibbets, Paul, Colonel 210
Tinian 199
Tirpitz, Alfred von, Admiral 72, 73
Tokio *183*, 184–185, 206
Trenchard, Sir Hugh 37, 41, 53, 73, 74, 86–87, 88, 91, 172
Triest 49
Tschechoslowakei 87, 99, 105
Türkei 45
Tulagi 185
Tunesien 138, 148–149

U-Boote 88, 116, 142–146, *144*
Ultra 133, 144, 149, 168
Ungarn 47, 131
Unternehmen „Barbarossa", 131, 133–141
Unternehmen „Taifun" 135
US Air Corps Tactical School 94
US Air Transport Command 197
US Army Air Corps 94, *95–96*
US Army Air Force (USAAF) 129, 145
5. US Air Force 192–193;
8. US Air Force 20–23, 96, 140, 153, 154–155, 160–161, 172;

15. US Air Force 160, 165, 172
US Bureau of Aeronautics 92
US-Kongress 92, 94
US Navy 91, 92–93, 112, 182, 186, 194–196;
3. Flotte 194–195, 199, 200;
5. Flotte 194–195, 198
US Task Force 58 198, 199

V1-Rakete 172
V2-Rakete 117, 172
Verdun, Schlacht bei (1916) 39–41, 49, 51, 52, 69
Vereinigte Staaten von Amerika:
Atlantik, Schlacht im 142, 144;
China-Burma-Indien 196–198;
Erster Weltkrieg 61, 70–71;
Flugzeugherstellung 72, 129;
Luftkriegsdoktrin 82, 91, 94–95;
Jahre zwischen den Weltkriegen Entwicklung 91–97;
Japan, Sieg über 198–210;
Luftwaffe, Niederlage der 153–155, 160–162, 165, 167–169, 172;
Mittelmeerraum, Feldzug im 147, 149;
Pazifik, Krieg im 180–196;
Pearl Harbor 176, *178–179*, 180–182;
Rekrutierung, Werbeplakate zur *64*;
Verluste 153, 154–155
Verrier, Anthony 170–171
Versailler Vertrag (1919) 78, 82, 97, 100
Vickers „Vimy" *78*, *80*
Vickers „Wellington", Bomber *129*
Vierfingertaktik 103
Volksfront (Frankreich) 109

Wake (Insel) *184*
Warschau 117
Washingtoner Flottenabkommen (1922) 92, 110
Wasserflugzeuge und Flugboote *79*, *102–103*, *106–107*, *144*
Wavell, Archibald 89
Wehrmacht 109, 117, 118, 131, 132, 133, 165, 169
Weimarer Republik 78, 109
„Wellington"-Bomber *152*
Weltwirtschaftskrise 78
Western Approaches Command 144
Wever, Walther 98, 105
Wjasma 135
Wilson, Woodrow 72
Wingate, Ordre 197
Woronesh 137

X-Gerät 127

Yamamoto, Admiral Isoroku 180, 186, 187, 193
Yeager, Chuck 162
Yokohama 206
Yorktown, USS *181*, 183, 185, 187

Zeppeline 27, *38–39*, 72, 73
„Zero", Jagdflugzeug 112, 180–181, *181*, *186–187*, 187, *205*
Zielfindung, Geräte zur 99, 113, 127, 129
Zuiho 189
Zuikaku 185
Zweiter Weltkrieg:
Atlantik, Schlacht im 142–146;
Balkanfeldzug 131–133;
Einmarsch in den Niederlanden und Frankreich 118–120;
England, Schlacht um 120–129;
Flugzeugherstellung 57;
Luftkrieg in Europa 115–173;
Luftkriegsdoktrinen 169–173;
Luftwaffe, Niederlage der 150–169, 171–173;
Mittelmeerraum, Feldzug im 147–150;
Norwegenfeldzug 117–118;
Pazifik, Krieg im 175–196;
Polenfeldzug 117;
Sowjetunion: strategische Bombardements 116–117;
Unternehmen „Barbarossa" und die Ostfront 131–141;
Verlustraten 18–19

BILDNACHWEIS

Der Verlag dankt den folgenden Personen und Einrichtungen für die freundliche Genehmigung zur Reproduktion der Fotografien in diesem Buch:

Corbis U.K. Limited S. 8, 67, 114, 124, 128, 158, 163, 164, 168, 170, 174, 176, 177, 178, 181, 183, 184, 186–187, 188, 190-191, 194, 202, 204, 210; Peter Newark Military Pictures S. 14, 17, 24, 31, 40, 42, 50, 54, 60, 62, 63, 64, 75; Hulton Getty S. 18, 23, 76, 104, 173; Philip Jarrett S. 22, 26-27, 29, 36, 47, 58–59, 68, 70, 71, 79, 80, 83, 88, 90, 93, 94, 96, 100–101, 102–103, 106–107, 111, 112, 113, 116, 118, 119, 120–121, 122, 124, 128, 129, 130, 132, 134, 136, 137, 138, 141, 142–143, 144, 146, 150, 152, 153, 154, 156, 158, 180, 189, 200, 205, 208; Weidenfeld and Nicolson S. 30, 33, 37, 39, 51, 56, 57, 59, 66, 68, 123, 131, 149, 160, 181, 206; e.t. Archive S. 44, 142, 144; US Public Records office S. 148, 159, 161, 165, 166, 169.

Illustrationen von Peter A. B. Smith und Malcolm Swanston: Titelseite, 32, 78, 79, 80 (3), 162 (2), 165, 166.

Kartografie: Peter Gamble, Elsa Gilbert, Peter Smith, Malcolm Swanston, Jonathan Young von Arcadia Editions Limited.